Learn to understand and speak Languages quickly and easily!

친절한 김수진 교수의
완전 레알 스페인어

저자_ 김수진

1판 1쇄 발행_ 2013년 11월 30일
1판 6쇄 발행_ 2018년 3월 15일

발행처_ 북커스베르겐
발행인_ 신은영

등록번호_ 제 396-2009-0000217호
등록일자_ 2009년 10월 6일

주소_ 경기도 고양시 일산동구 무궁화로 11 한라밀라트 B동 215호
전화_ (02)722-6826 팩스_ (031)911-6486

값은 표지에 있습니다.
ISBN 978-89-97343-07-2 14700
978-89-97343-11-9(세트)

이메일_ bookersbg@naver.com

북커스베르겐은 **옥당**의 외국어 출판브랜드입니다.

이 도서의 국립중앙도서관 출판시도서목록(CIP)은 서지정보유통지원시스템 홈페이지(http://seoji.nl.go.kr)와
국가자료공동목록시스템(http://www.nl.go.kr/kolisnet)에서 이용하실 수 있습니다.
(CIP제어번호: CIP2013022279)

It's the perfect book
for any self-learner.
From basic greetings and expressions to grammar and conversations!
Pronunciation Guide
The quickest way for slow learners!
Basics Grammar
Void of all nonessentials!
Common Expressions
Start speaking the second language in minutes.
Practical, Useful and Easy-To-Understand Lessons!
ESPAÑOL PERFECTO Y REAL*
From basic greetings and expressions to grammar and conversations!

 들어가는 말!

이 책은 이제 바야흐로 대세가 된 국제언어,
배워두면 엄청난 경쟁력이 되는 스페인어
초보 학습자 여러분들을 위해 특별히 기획되었습니다.

대한민국 스페인어 학습 분야의 국가대표급
교수님께서 성의를 꽉 채워 준비한 프로젝트입니다.
답답하고 숨 턱턱 막히는 꼴통 문법서가 아니라,

스페인어 자체에 대한 흥미와 관심이
외국어 능력으로 곧바로 이어지는 고딴 책입니다.
스페인어 학습, 그 자체 궁극의 뿌듯함을 선사하고자
이제 학습자 여러분을 만납니다.

그런데 말입니다?

우리가 애정을 가지고, 부담감 없이 친해질 수 있는
스페인어는 진심 없는 걸까요?

점수의 대상으로서의 외국어가 아닌
내가 좋아서 시작하고,
가까운 어느 날 나 자신에게 효도하는 그런 스페인어,
그리고 배우는 과정 자체가 교양이 되고 희망이 되는
그런 보약 같은 스페인어 말입니다.

 그래서 준비했습니다!

방금 배운 문법이 바로 활용 가능한,
그래서 스페인어에 대한 응용력이 생기고,
회화가 덤으로 해결되는 그야말로 스페인어에 대한
자신감이 만땅 채워지는 정말 제대로 된 스스로 학습서!

대한민국 모든 초보 학습자를 위한
절대 친절, 완벽의 학습서를 말입니다!

레알 친절한 스페인어 교재에 대하여!

초순식간에 스페인어와 친구되기!

그래서 본서는 스페인어 문법을 '이야기의 대상' 으로
그리고 '문법과 사람이야기' 라는 콘셉트로
설명해드릴 것입니다.

이번 시리즈는 학습자 스스로가 문법구조를 또박또박 짚어가며,
자신의 스페인어 능력을 꾹꾹 눌러 다지는 시스템입니다!

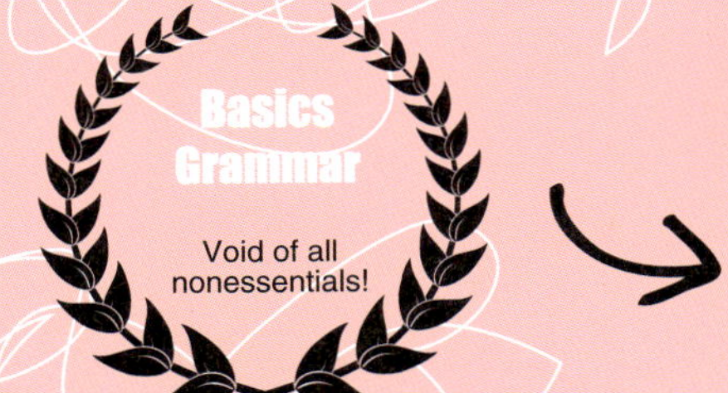

불확실성의 앵무새 죽이기!

'A:B 대화형식의 문장 외우기' 는 어디로 튈지 모르는
상대방 대화의 불확실성을 전제로 하고 있습니다.

그렇기 때문에 학습자에게 중요한 것은
어떤 상황에서든 내가 만들어 낼 수 있는 '문장생성능력' ,
그리고 '문법의 근본적인 이해능력' 입니다.
바로 이런 부분들이 해결되어야
자연스럽게 회화능력이 쌓이는 것이고요.

그래서 우리는!

**본서가 여러분이 새롭게 만나는 스페인, 스페인어의
레알 완벽한 파트너가 될 것이라 믿습니다!**

For the Smart Device and Mobile User!

1st mp3

친절한 mp3 청취파일!

대한민국 첫걸음 학습서 역사상 최초로
모든 mp3 파일을 일련번호 정리해서 제공해드립니다.

이제 필요한 문장만 콕 찝어서 찾아 들을 수 있습니다.
바야흐로 듣고 말하기 연습이
학습자 중심의 인터페이스를 가지게 되었습니다.

스마트 기기에 mp3 파일을 다운로드 하시고
싱싱한 원어민 발음을 즐겨보십시오!
이 정도는 되어야 친절한 첫걸음 학습서, 되겠습니다!

2nd PDF

PDF 파일로 제공되는 학습자료

청취용 스크립트 자료는 PDF 파일로 제공됩니다.
여러분의 스마트, 모바일 기기에 다운로드 하시면,
본 교재를 대신하는 두번째 학습서가 될 것입니다.

여러분의 손 안의 청취 학습서로
자투리 시간의 경쟁력을 챙기십시오~!

생활회화와, 여행회화 따로 찾아 공부하실 필요 없이
all-in-one 으로 제공해드립니다.
그래서, 이 정도면 여러분은 진짜 다국어 학습자!

Practical,
Useful and
Easy-To-
Understand
Lessons!

Contents

The quickest way
for slow learners!

The quickest way
for slow learners!

Contents 01

Practical, Useful and Easy-To-Understand Lessons!

Practical, Useful and Easy-To-Understand Lessons!

Contents 02

Practical, Useful and Easy-To-Understand Lessons!

Start speaking the second language in minutes.

Practical, **Useful** and **Easy-To-Understand** Lessons!

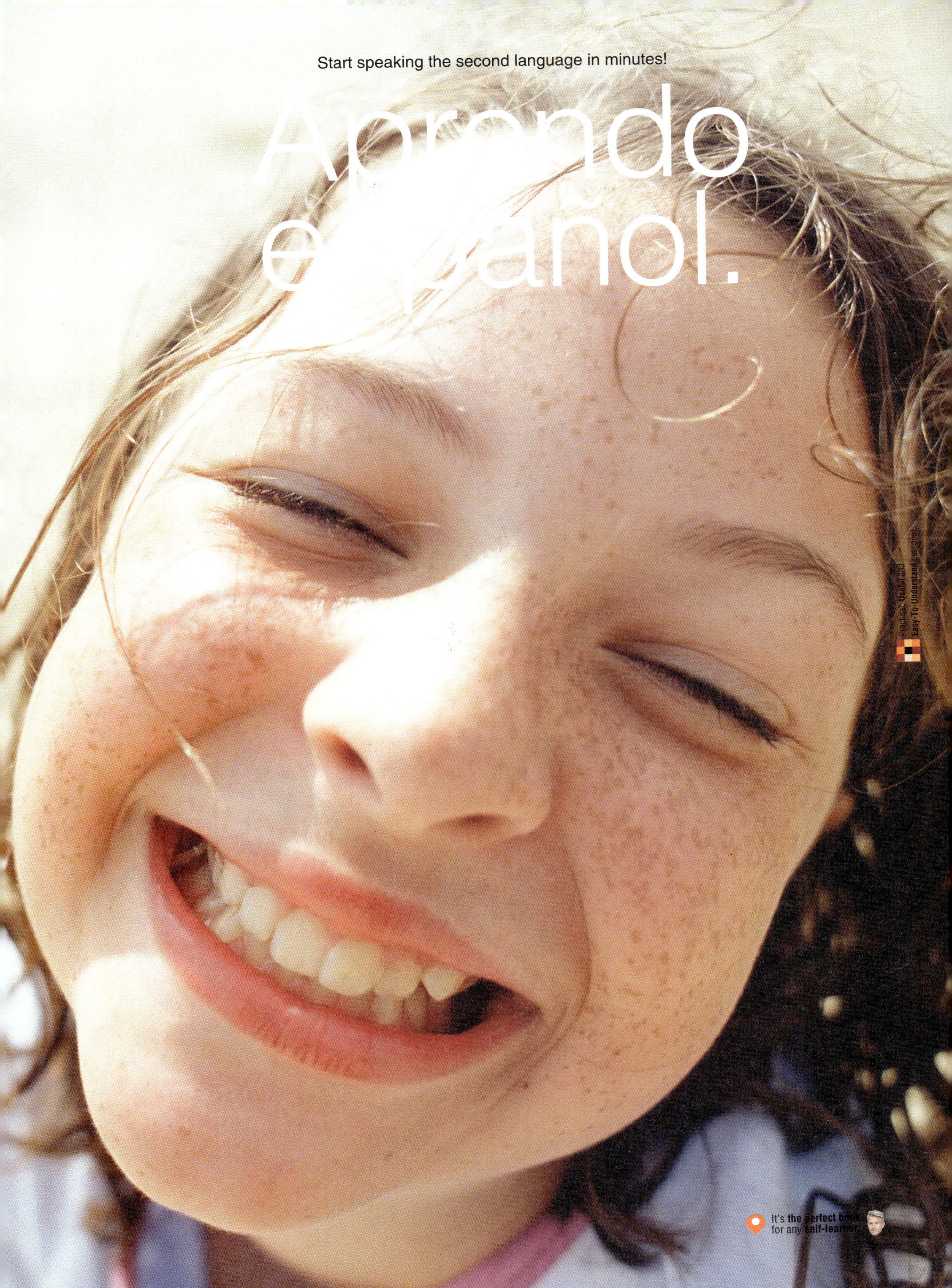
Start speaking the second language in minutes!
Aprendo español.
Practical, Useful and
Easy-To-Understand Lessons!
It's the perfect book
for any self-learner.

01.
Capítulo 01
스페인어가 대세, 제2외국어!
El español

[엘 에스빠뇰] 스페인어

언제부턴가 영어는 더 이상 '제2외국어' 가 아닙니다.
영어가 아닌 또 다른 무언가로 나를 남다르게 만드는, '플러스 알파' 로서의 언어!
우리시대 진정한 의미의 제2외국어는 두말할 것도 없이 스페인어입니다.
21세기를 사는 경쟁력, 전 세계 5억 스페인어 사용자와의 소통!
우리는 지금 제2외국어의 본좌인 스페인어를 만나려고 합니다.

 1-1. 스페인어가 21C 대세!

스페인어가 21세기 대세 언어라는 반증이 곳곳에서 확인되고 있습니다!
스페인어는 스페인을 비롯해 라틴아메리카 전역(브라질 제외)과 미국 내 히스패닉을 포함하여 전 세계 5억 명 이상이 사용하는 언어입니다. 미국에서는 스페인어를 못하면 병원이고 변호사고 개업이 불가능할 정도로 중요한 언어이고요. 따져 보면 영어에 이어 사용자 수 기준으로 세계 제2위 공용어가 스페인어입니다. 아울러 UN이 정한 세계 6개 공용어 중의 하나로 '21세기 인류를 대표하는 언어' 가 되어있죠.

 1-2. 스페인어의 친척들!

라틴어를 뿌리로 한 스페인어, 프랑스어, 이탈리아어, 포르투갈어 등은 모두 한 식구입니다. 이들을 로망스어라고 하는데요, 포르투갈어/스페인어를 '이베로로망스어', 프랑스어를 '갈로로망스어', 이탈리아어를 '이탈로로망스어' 라고 부릅니다. 스페인어가 이베로로망스어인 것은 이베리아 반도 지역의 언어라는 뜻이죠. 이들 언어는 서로 엄청나게 닮아서 스페인어 하나만 배우면 프랑스어, 이탈리아어 등은 마치 이웃집 놀러 가듯 쉽고 편하게 습득할 수 있습니다. 마치 덤으로 얻을 수 있는 마트의 패키지 상품처럼 말이죠. ·0·

 1-3. 마드리드의 스페인어가 레알 표준어!

우리가 배우게 될 스페인어는 '스페인어, 스페니쉬, 에스빠뇰, 까스떼야노' 등의 다양한 이름으로 불립니다. '까스떼야노' 라고 불리는 이유는 애초에 스페인 까스띠야 지역에서 탄생한 언어이기 때문입니다. 원래 스페인에서는 중세 왕국시대 이래로 스페인 중부 까스띠야 지방의 까스띠야어, 동쪽의 까딸루냐어, 서쪽의 갈리시아어 그리고 북쪽의 바스크어 등이 사용되었습니다. 그러다가 까스띠야 왕국을 중심으로 오늘의 스페인으로 통일되면서 까스띠야어가 국어가 되었고요. 아직도 여전히 바르셀로나에서는 까딸루냐어가, 서쪽의 갈리시아 지역에서는 포르투갈어의 '조상어' 인 갈리시아어가 혼용되고 있지만, 우리는 콜럼부스가 라틴아메리카에 전파했고 오늘날 전 세계적으로 통용되고 있는 정통 까스띠야어를 배울 것입니다.

Castilla
[까스띠야] 까스띠야

Cataluña
[까딸루냐] 까딸루냐

Galicia
[갈리시아] 갈리시아

País Vasco
[빠이스 바스꼬] 빠이스 바스꼬

Madrid
[마드리드] 마드리드

Barcelona
[바르셀로나] 바르셀로나

1-4. 스페니쉬 스타일!

스페인 사람들은 출신 지역에 대한 자부심이 대단합니다.
국가보다도 고향을 더 따지죠. 종종 스페인 사람들의 고집스러운 개인주의적 성향을 꼬집기도 하지만, 반대로 상대에 대한 존중도 남다릅니다. 따지되 친화를 위한 노력은 적극적이라는 것이죠. 그래서 스페인보다는 스페인어를 중심으로 한 중남미 모든 나라들의 연대가 끈끈하고 조화로운 것이고요. 모래알 같은 기질에도 불구하고 '콤비네이션의 끝판 왕' 을 보여주는 스페인 축구가 절대 왕위를 누리고 있는 이유이기도 합니다.

1-5. 역사를 빛낸 스페니쉬 핫피플!

스페인에는 역사와 문명을 뒤바꾼 인물들이 바글바글합니다.
무적함대 스페인의 영광은 세계 곳곳에 '스페인 문화' 라는 이름으로 족적을 남겼습니다.
그래서 준비했습니다. 스페인어와 친해지는 첫 번째 시간!
스페인 그리고 스페인어를 빛낸 인물들과 함께 하는 스페인어 읽기연습!

Miguel de Cervantes
[미겔 데 쎄르반떼스] 세르반테스

Gabriel García Márquez
[가브리엘 가르씨아 마르께스] 가르시아 마르케스

Mario Vargas Llosa
[마리오 바르가스 요사] 요사

Camilo José Cela
[까밀로 호세 쎌라] 셀라

Diego Velázquez
[디에고 벨라스께스] 벨라스케스

Pablo Picasso
[빠블로 삐까소] 파블로 피카소

Joan Miró
[호안 미로] 호안 미로

Salvador Dalí
[살바도르 달리] 살바도르 달리

Luis Buñuel
[루이스 부뉴엘] 루이스 부뉴엘

Pedro Almodóvar
[뻬드로 알모도바르] 페드로 알모도바르

Javier Bardem
[하비에르 바르뎀] 하비에르 바르뎀

Penélope Cruz
[뻬넬로뻬 끄루스] 페넬로페 크루즈

Lionel Messi
[리오넬 메씨] 리오넬 메시

Iker Casillas
[이께르 까시야스] 이케르 카시야스

Xavi Hernández
[사비 에르난데스] 사비 에르난데즈

La Armada Invencible
[라 아르마다 인벤씨블레] 무적함대

어떠세요? 줄 맞추느라 몇 명 소개하는데 그쳤지만, 그야말로 '빵빵한 라인업' 아닌가요? ㅎㅎ
일단 많이 들어본 이름들이라 발음에 크게 어려움을 느끼진 않으셨을 것입니다.
다만 **Llosa** 의 **Llo** [요], **Casillas** 의 **lla** [야], **Joan** 의 **Jo** [호], **Javier** 의 **Ja** [하] 그리고 **Hernández** 의 **He** [에]는 영어와 다르게 발음되고 있는 게 독특하지요. 얘들은 다음 과에서 찬찬히 설명해드릴 테니까 여기선 그냥 눈도장만 찍어주세요~.

1-6. 스페인식 살가운 인사 & 대표급 인사표현!

스페인 사람들은 만나면 도스 베소스(**dos besos** : 두 번의 볼키스)를 나눕니다.
살짝 가볍게 포옹을 하면서 서로의 양쪽 뺨을 오른쪽 한 번, 왼쪽 한 번 맞대면서
'쪽' 소리를 내는 방식입니다. 정말 살이 맞닿는 레알 살가운 인사법이죠.
자! 묻지도 따지지도 말아야 할 스페인어 표현!
하루에 수도 없이 사용하는 스페인어의 얼굴 같은 표현, '인사말' 을 소개합니다.
스페인어 알파벳의 음가가 어떻게 되는지 미리 한번 구경하신다 생각하시고 읽어봐주십시오.
인사는 인사답게! 맑게 밝게 경쾌하게~!!

❶ 만났을 때 하는 인사

¿Hola?
[올라?] 안녕?

¿Qué tal?
[께 딸?] 안녕? / 안녕하세요?

¿Cómo está?

[꼬모 에스따?] 안녕하세요? (존대어)

¿Cómo estás?

[꼬모 에스따스?] 안녕?

¿Cómo están?

[꼬모 에스딴?] 여러분 안녕하세요? (그분들 안녕하시죠?)

Mucho gusto.

[무초 구스또.] 반갑습니다! (처음 만났을 때)

❷ 시간에 따른 인사

Buenos días.

[부에노스 디아스.] 안녕하세요! (아침)

Buenas tardes.

[부에나스 따르데스.] 안녕하세요! (낮, 오후)

Buenas noches.

[부에나스 노체스.] 안녕하세요! (해가 진 다음)

❸ 헤어질 때 하는 인사

¡Hasta luego!

[아스따 루에고!] 다음에 또 만나요!

¡Hasta pronto!

[아스따 쁘론또!] 곧 또 봐요!

¡Hasta mañana!

[아스따 마냐나!] 내일 또 봐요!

¡Hasta la vista!

[아스따 라 비스따!] 또 볼 때까지 안녕!

¡Adiós!

[아디오스!] 안녕!

¡Chao!

[차오!] 안녕!

Capítulo 01+ Multi Plus

여러분의 스페인어가 든든해지는 코너, 멀티플러스!

연습문제와 함께 복습과 표현력 강화를 해결하세요!

1. 스페인어 사용 인구는 전 세계적으로 약 (　　) 명입니다.

❶ 2억　❷ 3억　❸ 4억　❹ 5억

2. 다음 중 아침 인사로 어울리지 않는 표현을 고르세요.

❶ **¿Qué tal?**　❷ **Buenas noches.**　❸ **¡Hola!**　❹ **Buenos días.**

3. 다음 중 처음 만난 사람과 나누기에 가장 적합한 인사말을 고르세요.

❶ **¡Chao!**　❷ **¡Adiós!**　❸ **¡Mucho gusto!**　❹ **¡Hasta mañana!**

4. 다음 중 스페인 언어권 태생이 아닌 인물을 고르세요.

❶ **Pablo Picasso**　❷ **Lionel Messi**　❸ **Umberto Eco**　❹ **Gabriel García Márquez**

5. 다음의 로망스어군 중 스페인어는 어디에 속할까요?

❶ 이탈로로망스어 ❷ 이베로로망스어 ❸ 갈로로망스어 ❹ 발칸로망스어

6. 다음 중 스페인에 있는 도시가 아닌 것을 고르세요.

❶ 마드리드 ❷ 바르셀로나 ❸ 멕시코시티 ❹ 톨레도

7. 다음 중 스페인 또는 라틴아메리카 출신의 화가가 아닌 사람을 고르세요.

❶ 살바도르 달리 ❷ 디에고 벨라스케스 ❸ 페드로 알모도바르 ❹ 호안 미로

8. 다음 중 헤어질 때 나누는 인사로 가장 적합한 인사말을 고르세요.

❶ **¿Cómo estás?** ❷ **¿Hola?** ❸ **¡Hasta luego!** ❹ **¡Mucho gusto!**

9. 다음 중 스페인어를 가리키는 말이 아닌 것을 고르세요.

❶ **portugués** ❷ **castellano** ❸ **español** ❹ **spanish**

10. 다음 중 라틴어에 뿌리를 둔 언어가 아닌 것을 고르세요.

❶ 포르투갈어 ❷ 한국어 ❸ 이탈리아어 ❹ 스페인어

정답 : 1. ❹ 2. ❷ 3. ❸ 4. ❸ 5. ❷
6. ❸ 7. ❸ 8. ❸ 9. ❶ 10. ❷

Capítulo #
02
Alfabetos

It's the perfect book for any self-learner.

Alfabetos

02.
Capítulo 02
완전 반갑다, 스페인어의 알파벳!
Alfabetos

[알파베또스] 알파벳

감사하게도 스페인어의 문자는 우리가 알고 있는 알파벳 그대로입니다. 문자를 이미 알고 있다는 사실은 당장이라도 본격적인 언어학습이 가능하다는 뜻입니다. 이번 시간 스페인어 '알파베또' 가 영어와 어떻게 같고 다른지를 살펴보면서 본격적으로 발음공부를 시작해보겠습니다.

2-1. 스페인은 열려있다!

로마문화, 무슬림문화, 유대문화 등 역사적으로 이종 문화에 대한 융합력이 대단했던 스페인. 크리스토퍼 콜럼버스 이후에는 중남미 문화의 적극적인 수용으로 화려한 식민시대의 영광을 누렸습니다. 대서양과 지중해를 거느린 '해양국가' 답게 스페인 사람들에게는 다양성과 개방성이 있습니다. 유도, 태권도 등 동양무예가 유럽에서도 특히 스페인에서 일찌감치 뿌리 내린 배경이기도 하죠. 스페인 사람들의 개방적 기질은 이방인에 대한 친절로 이어집니다. 특히나 스페인어를 하는 사람이면 이미 환대할 준비가 되어 있는 사람들이죠.

2-2. 스페인어 알파베또!

스페인어 알파벳은 우리가 알고 있는 알파벳 모양 그대로입니다.
이 정도면 이미 알만큼 아는 충분히 친한 문자인 셈이죠.
스페인어 알파벳은 총 27자(모음 5개 + 자음 22개)로 되어 있습니다. 2010년까지만 해도 29개였지만 세계인을 위한 보다 친절하고 편한 언어로의 진화를 위해 스페인 한림원이 **ch** 와 **ll** 를 삭제하고 지금의 27자로 개정했습니다. 결국 모든 알파벳의 모양이 영어와 같고, 스물여섯 개 영어 알파벳에 스페인어의 얼굴 격인 글자 **Ñ ñ** (에네)만 추가되었다고 생각하시면 됩니다.

A a 아 [ㅏ]	**B b** 베 [ㅂ]	**C c** 쎄 [ㄲ/ㅆ]
D d 데 [ㄷ]	**E e** 에 [ㅔ]	**F f** 에페 [ㅍ]
G g 헤 [ㄱ/ㅎ]	**H h** 아체 [묵음]	**I i** 이 [ㅣ]
J j 호따 [ㅎ]	**K k** 까 [ㄲ]	**L l** 엘레 [ㄹ]

M m 에메 [ㅁ]	**N n** 에네 [ㄴ]	**Ñ ñ** 에녜 [녜]
O o 오 [ㅗ]	**P p** 뻬 [ㅃ]	**Q q** 꾸 [ㄲ]
R r 에레 [ㄹ]	**S s** 에세 [ㅅ]	**T t** 떼 [ㄸ]
U u 우 [ㅜ]	**V v** 우베 [ㅂ]	**W w** 도블레 우베 [ㅜ]
X x 에끼스 [엑스/ㅎ]	**Y y** 예 [ㅣ]	**Z z** 쎄따 [ㅆ]

 2-3. 깔끔한 스페인어 모음들!

스페인어의 모음은 우리가 발성 연습 때 즐겨 부르던 '아에이오우~'
(**A a**, **E e**, **I i**, **O o**, **U u**), 요거 5개입니다.
영어의 **A** 가 [아, 에, 애, 에이, 어 ...] 등등 종잡을 수 없는 다양한 소리를 요구했다면 '착한 언어' 스페인어의 모음은 화끈하게 깔끔합니다. 스페인어 사전에 발음기호가 나오지 않는 이유가 바로 이것이지요.

A	**abuelo** [아부엘로] 할아버지	**amigo** [아미고] 친구
E	**eco** [에꼬] 메아리	**enero** [에네로] 1월
I	**igual** [이구알] 같은	**interesante** [인떼레산떼] 흥미로운

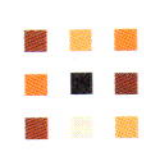

O	**oficina** [오휘씨나] 사무실	**oro** [오로] 황금
U	**uno** [우노] 1	**uva** [우바] 포도

그리고 **Y** 는 실제로 '반모음' 역할을 합니다. [ ]의 음가를 갖는 거죠. 쉽게 이야기하면 모음에 '작대기 하나가 더 붙는다' 라고 생각하시면 됩니다.

Y	**yate** [야떼] 요트	**yerno** [예르노] 사위

 2-4. 친숙한 스페인어 자음들!

스페인어 자음의 대부분은 영어와 같은 소리를 냅니다. 말하자면, 따로 볼 것도 없이 이미 우리와 친숙한 자음들이라는 얘깁니다. 예컨대 **B** (베), **D** (데), **F** (에페), **M** (에메), **N** (에네), **S** (에세), **V** (우베), **X** (에끼스) 등은 그야말로 영어와 똑같다고 보시면 됩니다.

B : [ㅂ]	**bailar** [바일라르] 춤추다	**D :** [ㄷ]	**dinero** [디네로] 돈
F : [ㅍ]	**falda** [팔다] 치마	**M :** [ㅁ]	**mamá** [마마] 엄마
N : [ㄴ]	**nombre** [놈브레] 이름	**S :** [ㅅ]	**sol** [솔] 태양
V : [ㅂ]	**verano** [베라노] 여름	**X :** [ㅅ]	**examen** [엑싸멘] 시험

단, **X** 는 지명이나 국명 표현 시 [ㅎ]로 발음되기도 합니다. (**México** [메히꼬] 멕시코 : 고대 멕시코 왕국에서 스스로를 '메히꼬' 라고 불렀기 때문입니다.)

 2-5. 살짝 다른 스페인어 자음들!

물론 일부 다른 발음들도 있지만, 몇 가지 규칙만 익히고 나면 나머지 스페인어 자음 발음 역시 쉽게 정복할 수 있습니다.

1) 먼저 스페인어 자음은 된소리로 발음됩니다.
영어의 **P** [ㅍ], **T** [ㅌ]는 스페인어에서는 [ㅃ], [ㄸ]로 소리 납니다.
'뚜리스따' 를 '투리스타' 로 발음하면 마치 '미쿡' 사람이 어설픈 스페인어 하는 것 같은 느낌이 들죠.

P [ㅃ] **pan** [빤] 빵

T [ㄸ] **turista** [뚜리스따] 관광객

2) **L** (엘레)는 [ㄹ] 소리로 영어와 같지만, 두 개가 겹치면 발음이 **lla** [야], **lle** [예], **lli** [이], **llo** [요], **llu** [유]가 됩니다. 앞에서 만난 **Iker Casillas** [이께르 까시야스] 선수가 이런 케이스죠.

L [ㄹ] **libro** [리브로] 책

LL **lluvia** [유비아] 비

R (에레) 역시 하나일 때는 [ㄹ]로 발음하지만, 2개가 나란히 오거나 단어 첫머리 혹은 맨 끝에 올 때는 [ㄹㄹ…]로 소리 납니다. 오토바이의 '부르르릉' 소리죠.

R [ㄹ] **río** [리오] 강

RR : **ferrocarril** [페로까릴] 철도

3) **Z** 는 [ㅆ], 일명 '노홍철 뻔데기' 발음입니다.

Z [ㅆ]

zapatería [싸빠떼리아] 신발가게

zorro [쏘로] 여우

4) **H** 는 묵음, 즉 소리가 나지 않습니다.

H

huevo [우에보] 달걀

5) 외래어 표기 때만 쓰는 자음들이 있습니다.
K (까), **W** (우베 도블레)는 원래 스페인어엔 사용하지 않았던 자음들입니다. 당연히 그다지 많이 등장하지 않겠죠?

K [ㄲ]

Kuwait [꾸와이뜨] 쿠웨이트

W [ㅜ]

whisky [위스끼] 위스키

2-6. 개성 있는 스페인어 자음들!

문장을 보는 순간, 외관상 한눈에 구별할 수 있는 스페인어만의 결정적 특징이 있습니다.
바로 느낌표(!)와 물음표(?)를 문장 맨 앞에 거꾸로 한 번 더 쓰는 것(**¡**, **¿**)과, 알파벳 **Ñ** (에네)의 존재가 그것이죠. 그밖에도 독특하고 개성 강한 자음 몇 가지가 스페인어임을 증명해줍니다.

1) **C** (쎄)는 **a**, **o**, **u** 와 함께 쓰면 **ca** [까], **co** [꼬], **cu** [꾸]가 되고, **e**, **i** 와 만나면 **ce** [쎄], **ci** [씨]가 됩니다.

C

camión [까미온] 트럭

cena [쎄나] 저녁식사

2) **G** (헤)는 **ga** [가], **go** [고], **gu** [구]와 **ge** [헤], **gi** [히], 그리고 **gue** [게], **gui** [기]와 **güe** [구에]와 **güi** [구이]로 발음됩니다.

G

guante
[구안떼] 장갑

gente
[헨떼] 사람들

guerra
[게라] 전쟁

pingüino
[삥구이노] 펭귄

3) 영어와 전혀 다른 발음으로 **J** (호따) [ㅎ]와, 두 모음 사이에서만 사용하는 **Ñ** (에녜)가 있습니다. **N** 자 위에 **tilde** (띨데)라 부르는 물결 모양의 부호가 붙어 있지요.

J

joven
[호벤] 청년

Ñ

señora
[세뇨라] 부인

4) 그리고 끝으로 **Q** (꾸)는 **que** [께], **qui** [끼]의 경우에만 사용합니다.

Q

queso
[께소] 치즈

quizá
[끼싸] 아마

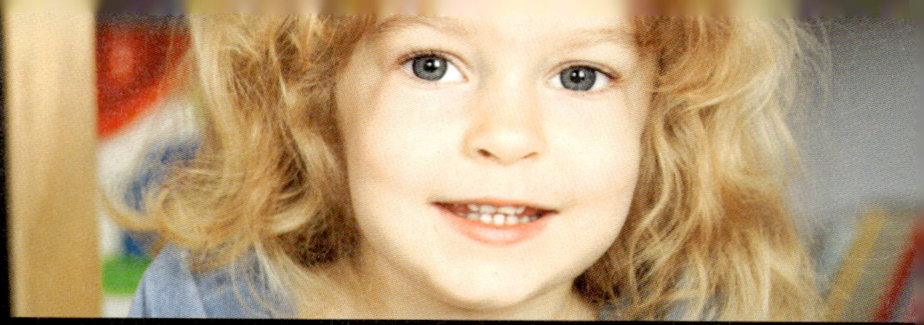

Capítulo 02+ Multi Plus

여러분의 스페인어가 든든해지는 코너, 멀티플러스!

연습문제와 함께 복습과 표현력 강화를 해결하세요!

1. 다음 중 자음 **c** 의 소리가 다르게 발음되는 것을 고르세요.

❶ **casa** ❷ **cielo** ❸ **coche** ❹ **curiosidad**

2. 다음 중 **enero** 의 **r** 과 같은 소리는 어느 것인지 고르세요.

❶ **naranja** ❷ **guerra** ❸ **rosa** ❹ **bailar**

3. 다음 중 스페인어의 모음이 아닌 것을 고르세요.

❶ **a** ❷ **e** ❸ **o** ❹ **y**

4. 다음 중 **g** 의 소리가 다르게 발음되는 것을 고르세요.

❶ **guante** ❷ **gente** ❸ **guerra** ❹ **pingüino**

5. 스페인어 자모에 대한 설명 중 틀린 것을 고르세요.

❶ 스페인어 알파벳은 모두 27개다.
❷ 스페인어 모음은 **a**, **e**, **i**, **o**, **u** 의 다섯 개다.
❸ 스페인어의 **a** 는 다양하게 소리 난다.
❹ 스페인어에서는 물음표와 느낌표를 문장 앞뒤에 모두 써준다.

6. 다음 중 현재 스페인어의 공식 27개 자모에 해당되지 않는 것을 고르세요.

❶ **c** ❷ **ll** ❸ **t** ❹ **z**

7. 다음 중 스페인어 단어와 우리말 뜻이 잘못 짝지어진 것을 고르세요.

❶ **oro** - 금 ❷ **falda** - 매매 ❸ **lluvia** - 비 ❹ **zapatería** - 신발 가게

8. 다음 **u** 모음의 발음이 다르게 소리 나는 것을 고르세요.

❶ **queso** ❷ **turista** ❸ **huevo** ❹ **pingüino**

9. 스페인어 자음에 대한 설명 중 틀린 것을 고르세요.

❶ **H** 는 [ㅎ] 소리를 냅니다.
❷ **P**, **T** 는 스페인어에서는 [ㅃ], [ㄸ]로 소리 납니다.
❸ **L** (엘레)는 [ㄹ] 소리로 영어와 같지만, 두 개가 겹치면 발음이 **lla** [야], **lle** [예], **lli** [이], **llo** [요], **llu** [유]가 됩니다.
❹ **r** 는 하나일 때는 [ㄹ]로 발음하지만, 2개가 나란히 오거나 단어 첫머리 혹은 맨 끝에 올 때는 [ㄹㄹ…]로 소리 납니다.

10. 다음 중 외래어 표기에 해당되는 어휘를 고르세요.

❶ **señora** ❷ **río** ❸ **whisky** ❹ **zorro**

정답 : 1. ❷ 2. ❶ 3. ❹ 4. ❷ 5. ❸
6. ❷ 7. ❷ 8. ❶ 9. ❶ 10. ❸

Gracias.

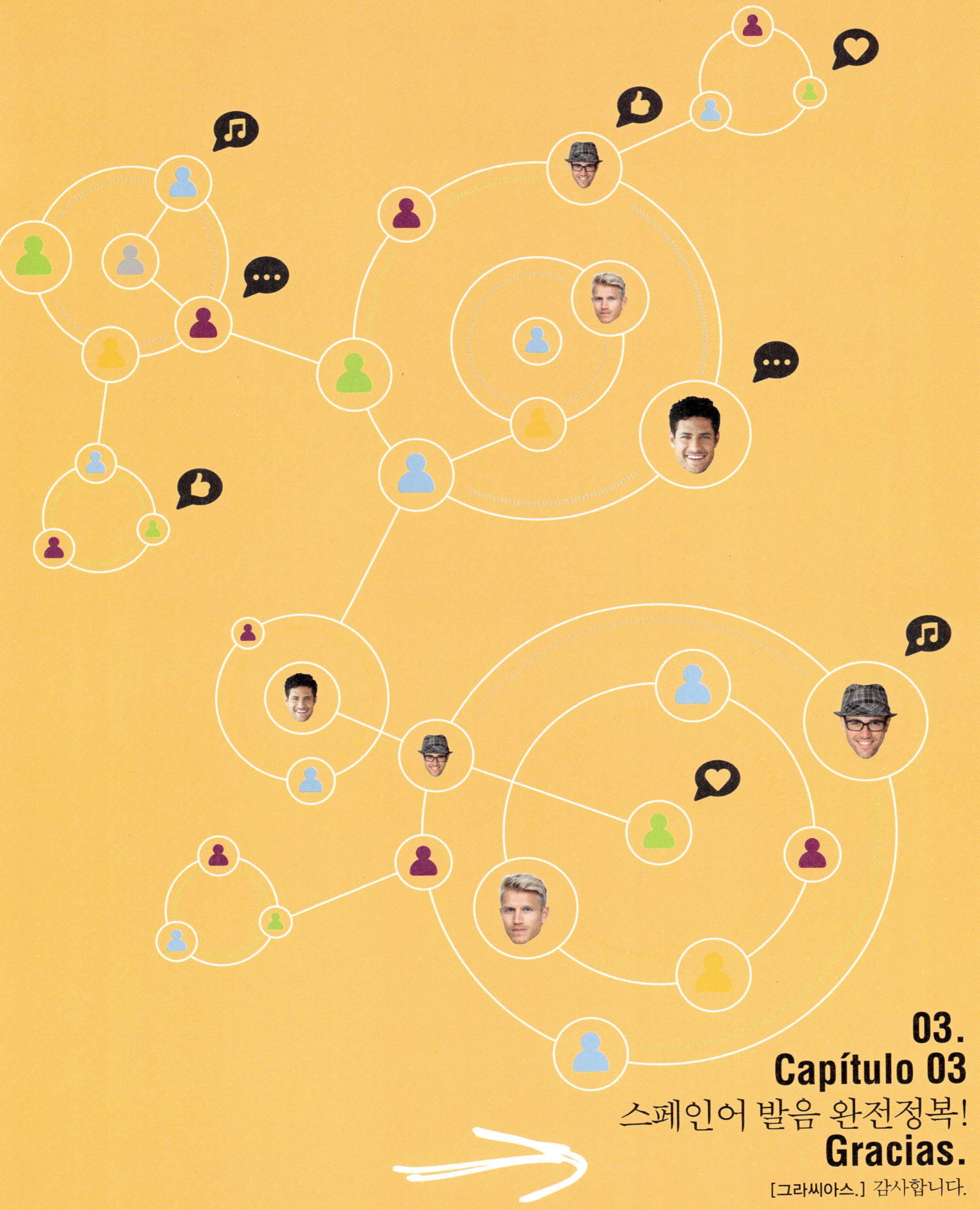

03.
Capítulo 03
스페인어 발음 완전정복!
Gracias.

[그라씨아스.] 감사합니다.

스페인어를 정확히 읽으려면 '음절'에 대한 이해가 필요하고,
스페인어를 세련되게 구사하려면 '강세'를 알아야 합니다.
이번 시간에 만날 '음절과 강세'는 여러분의 스페인어를
네이티브 뺨치는 수준으로 한 차원 업그레이드시켜 드릴 것입니다.
바야흐로 여러분께서는 스페인어 발음법 완전정복을 목전에 두고 있습니다.

3-1. 스페인 사람들, 똑 부러진다!

스페인 사람들은 스스로 자부심이 강하고, 명예를 중요시합니다.
예절과 매너를 지키는 '젠틀함' 이 있고, 상대의 취향은 존중하되 간섭은 하지 않는 '쿨함' 이 있습니다.
서양 특유의 개인주의 성향은 있지만 출신 국가보다는 출신지역을 기반으로 한 끈끈함이 더 강합니다.
그럼에도 불구하고 스페인어 아래에서는 모든 스페인어권 나라가 하나가 되는 강력한 유대감도 보여줍니다.

3-2. 스페인어 음절로 소리를 만들다!

스페인어를 정확하게 발음하려면 조음(調音) 과정에 대한 이해가 필요합니다.
기본적으로 모음은 혼자서도 소리를 만들어낼 수 있으며, 자음은 모음과의 조화를 통해 소리를 빚어내게 됩니다. 바로 '음절' 을 형성하는 것이지요.

음절이란 쉽게 말해서 '한 번에 소리 낼 수 있는 음(音)의 단위' 를 말하는데, 음절 자체를 공부하는 것은 큰 의미가 없지만 제대로 된, 진짜 스페인어다운 스페인어를 구사하기 위해서는 어디까지가 한 음절인지 분간할 수 있어야 합니다. 세련된 스페인어를 구사하기 위해서는 정확한 자리에 적절한 강세를 주는 것이 중요하기 때문입니다.
자! 스페인어 '음절의 분해' 와 '강세' , 시작해 보겠습니다.

❶ 단음절 : 하나의 모음(군)으로 이루어진 단어들입니다.

sol
[솔] 태양

fin
[핀] 끝

❷ 다음절 : 모음과 모음 사이에 자음이 올 때는 자음(군) 앞에서 음절의 경계가 형성됩니다.

ca-ma
[까마] 침대

me-sa
[메사] 테이블

can-ción
[깐씨온] 노래

com-pa-ñe-ro
[꼼빠녜로] 동료

❸ 모음이 나란히 올 때는 강약에 따라 음절 규칙이 다르게 적용됩니다.
같은 모음이라도 센 녀석과 약한 녀석이 있는데요, '아/에/이/오/우' 다섯 개 모음 중에서 '**a**, **e**, **o**' 는 강모음, '**i**, **u**' 는 약모음입니다. '강모음+강모음' 이 만나게 되면 각각의 음절로 분리합니다. 센 녀석들끼리 부딪치면 싸움이 나니까요. ·L· 그리고 '강+약' 이 어우러지거나 '약+약' 이 만나는 경우에는 모두 하나의 모음으로 간주하시면 됩니다. 뭉쳐야 사는 녀석들이죠.

pa-se-o
[빠세오] 산책

po-e-ma
[뽀에마] 시(詩)

ciu-dad
[씨우닫] 도시

rui-se-ñor
[루이세뇨르] 나이팅게일

3-3. 스페인어 강세, 세련미를 살리다!

단어 하나하나에 적절하게 떨어지는 강세는 스페인어 특유의 리듬을 만들어 냅니다.
강세는 세련된 스페인어의 증거이기도 하지만, 강세에 따라 어휘의 의미가 달라지는 경우도 있기 때문에 정확한 강세는 필수적입니다.
그래서 너무나 중요한 강세 규칙을 아주 간단하게 정리해봤습니다.

❶ 단어가 자음으로 끝나면 바로 앞의 모음에 강세가 있습니다!
단, **n** 이나 **s** 로 끝나는 경우는 예외입니다.

pa-pel
[빠뻴] 종이

com-pu-ta-do-ra
[꼼뿌따도라] 컴퓨터

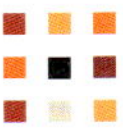

u-ni-ver-si-dad
[우니베르시닷] 대학교

❷ 모음으로 끝나거나 **n**, **s** 로 끝나면 뒤에서 두 번째 모음에 강세가 있습니다!

cor-ba-ta
[꼬르바따] 넥타이

i-ma-gen
[이마헨] 이미지

lu-nes
[루네스] 월요일

❸ 모음이 줄지어 오는 경우에는 나름의 규칙을 적용합니다.
'강모음' 과 '강모음' 이 만나면 당연히 강모음에 강세(**a**, **e**, **o**)! '강모음' 과 '약모음' (**i**, **u**)이 만나도 강모음에 강세! '약모음' 과 '약모음' 이 만날 경우엔 뒤에 있는 약모음에 강세를 주면 됩니다.

pa-e-lla
[빠에야] 빠에야

pia-no
[삐아노] 피아노

rui-nas
[루이나스] 유적

❹ 태어날 때부터 강세 표시(**acento** [아쎈또])를 달고 태어난 어휘들도 있습니다.
(요런 식으로요, **Á á**, **É é**, **Í í**, **Ó ó**, **Ú ú**) 이런 문자를 포함하면 그냥 그 모음에 강세가 있습니다.

a-zú-car
[아쑤까르] 설탕

co-ra-zón
[꼬라쏜] 심장

3-4. 스페인어 간지나게 리딩!

발음연습 완주 기념 이벤트로 준비했습니다. 이제 여러분은 스페인어를 '한발음' 하시게 되었습니다. 의미는 이 책의 끝에서 다시 확인하기로 하고, 정확하고 세련되게 다음의 문장을 읽어 봐주십시오. 부록으로 제공된 MP3 파일을 '적극 활용' 해주시기 바랍니다!

Jaime se llevó la copa a los labios. Su aspecto contrastaba con la vigorosa humanidad de su cliente. La nariz ligeramente aguileña bajo una frente despejada y noble, el cabello blanco pero todavía abundante, las manos finas y cuidadas, transmitían un aire de serena dignidad.

Arturo Pérez-Reverte <El maestro de esgrima>

3-5. 스페인어 강세, 세련미를 살리다!

막간을 이용해서 살짝 쉬어가는 의미로 스페인어에서 사용하는 주요 문장부호 몇 가지를 소개해드리겠습니다. 이제 두툼한 소설책도 겁날 것 없습니다. 아~ 이거였구나! 하실 테니까요.

1) **, coma** [꼬마] 쉼표

2) **. punto** [뿐또] 마침표

3) **: dos puntos** [도스 뿐또스] 콜론

4) **; punto y coma** [뿐또 이 꼬마] 세미콜론

5) **¿? signos de interrogación** [시그노스 데 인떼로가씨온] 의문부호

6) **¡! signos de exclamación** [시그노스 데 엑스끌라마씨온] 느낌표

7) **- guión** [기온] 데시

8) **< >** " " **comillas** [꼬미야스] 인용부호

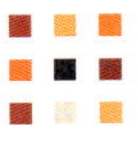

3-6. 매너 넘치는 스페인어 생활표현들!

툭 하면 감사하고, 미안하고, 고맙다는 스페인 사람들. 뭐 그리 고마울 일도 아니고, 미안한 일을 한 것 같지도 않은데 그들은 미소와 함께 열심히 인사를 합니다. 그래서 준비했습니다. 스페인어 베스트 감사와 사과와 부탁의 인사말!

❶ 스페인어 감사 표현

Gracias.
[그라씨아스.] 감사합니다.

Muchas gracias.
[무차스 그라씨아스.] 대단히 감사합니다.

De nada.
[데 나다.] 천만에요.

Es mi placer.
[에스 미 쁠라쎄르.] 저의 기쁨이죠.

❷ 스페인어 사과 표현

Perdón.
[뻬르돈.] 미안합니다. / 죄송합니다.

Perdóneme.
[뻬르도네메.] 죄송합니다. (존대어)

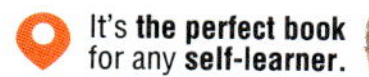

Lo siento mucho.

[로 시엔또 무초.] 죄송합니다.

Está bien.

[에스따 비엔.] 괜찮습니다.

❸ 스페인어 부탁 표현

Por favor.

[뽀르 파보르.] 부탁합니다. (**Please.**)

Con su permiso.

[꼰 수 뻬르미소.] 실례합니다.

(잠시 자리를 뜨면서, 또는 비좁은 공간을 지나다 부딪치려 할 때 사용합니다.)

Capítulo 03+ Multi Plus

여러분의 스페인어가 든든해지는 코너, 멀티플러스!

연습문제와 함께 복습과 표현력 강화를 해결하세요!

1. 다음 중 음절분해가 잘못된 단어를 고르세요.

❶ ma-má ❷ pi-a-no ❸ ciu-dad ❹ as-cen-sor

2. 강세의 위치가 잘못 표시된 것을 찾아보세요.

❶ computador ❷ paella ❸ agua ❹ azúcar

3. 발음 규칙 중 잘못 설명된 것을 고르세요.

❶ 스페인어 모음은 **a**, **e**, **i**, **o**, **u** 의 5개다.
❷ **c** 는 전모음 **e**, **i** 와 만나서 [쎄], [씨]로 소리 난다.
❸ **h** 는 경우에 따라 소리를 내지 않거나 [ㅎ] 소리를 낸다.
❹ **n**, **s** 를 제외한 자음으로 끝나는 단어는 마지막 음절 모음에 강세를 준다.

4. 다음 대화에 알맞은 표현을 고르세요.

Pedro : ¿Como estás?
Rosa : Bien, ____________________. Y ¿tú?

❶ lo siento ❷ perdón ❸ de nada ❹ gracias

5. 다음에 알맞는 기호 2개를 차례로 고르세요.

Ana ( ) Patricia y Juan son estudiantes ( )

❶ **. (punto)** ❷ **- (raya)** ❸ **; (punto y coma)** ❹ **, (coma)**

6. 다음 중 단음절 단어가 아닌 것을 고르세요.

❶ **fin** ❷ **mesa** ❸ **pan** ❹ **sol**

7. 다음 중 강세의 위치가 마지막 음절에 있는 것을 고르세요.

❶ **papel** ❷ **piano** ❸ **ruinas** ❹ **azúcar**

8. 다음에 알맞은 표현을 고르세요.

Pedro : Lo siento mucho.
Rosa : ____________________

❶ **Perdón.** ❷ **Muchas gracias.** ❸ **Está bien.** ❹ **Es mi placer.**

9. 다음 중 **Por favor.** 의 의미는 어떤 것입니까?

❶ 고맙습니다. ❷ 미안합니다. ❸ 안녕하세요? ❹ 부탁합니다.

10. 다음 중 스페인어 단어와 우리말 뜻이 올바르게 짝지어진 것을 고르세요.

❶ **corbata** - 컴퓨터 ❷ **sol** - 소나무 ❸ **cama** - 테이블 ❹ **poema** - 시

정답 : 1. ❷ 2. ❸ 3. ❸ 4. ❹ 5. ❹, ❶
6. ❷ 7. ❶ 8. ❸ 9. ❹ 10. ❹

Aprendo español.

04.

Capítulo 04

진짜 초보 학습자를 위한 '친절한 스페인어 오리엔테이션'

(Yo) Aprendo español.

[(요) 아쁘렌도 에스빠뇰.] 나는 스페인어를 배웁니다.

본격적인 스페인어 학습을 앞둔 여러분의 부담을 덜어 드리면서 스페인어를 좀 더 편안하고 친밀하게 느낄 수 있도록 특별한 시간을 마련했습니다. 이름하여 '친절한 스페인어 오리엔테이션' 입니다! 스페인어 문법의 대략을 훑을 수 있는 대표적인 4문장을 통해 스페인어의 주요 특성을 미리 만나보시게 될 것입니다. 무엇보다도 이번과는 가벼운 마음으로 한번 후우욱~! 읽고 넘어가는 그런 코너가 되겠습니다!

4-1. 스페인어, 납득이 간다!

우리가 알고 있는 기본적인 영어문장과 비교해 보면 스페인어가 어떻게 다른지 알 수 있습니다.

I am a Korean.
(Yo) Soy coreano / coreana.
[(요) 소이 꼬레아노 / 꼬레아나.]
나는 한국남자/여자입니다.

먼저 동사입니다.
스페인어 역시 영어와 마찬가지로 '나, 너, 우리' 와 같은 주격 인칭대명사에 따라 동사의 형태가 변합니다. 예를 들어, 영어의 **be** 동사가 **am**, **are**, **is** ... 등으로 각각 변하듯, 스페인어의 **ser** 동사 역시 1,2,3인칭과 단 · 복수에 따라 총 여섯 가지 형태로 변화합니다. 중요한 것은 동사가 워낙에 변별력을 확보하고 있기 때문에 주어를 생략해도 이해에 문제가 없고, 실제로 대화 중에는 주어를 생략한 채로 말하는 것이 일반적입니다. 결과적으로 같은 의미의 말을 좀 더 짧게 말할 수 있다는 것이죠.

I am ···
Yo soy ···
(**Yo** 생략) **Soy**···
[소이 ...]
나는 ~이다

You are ···
Tú eres ···
(**Tú** 생략) **Eres** ···
[에레스 ...]
너는 ~이다

다음은 관사입니다.
비교해 보면 영어의 부정관사(**a** / **an**)가 스페인어에서는 사용되고 있지 않습니다.
그렇다고 스페인어에 부정관사가 없는 것은 아닙니다. 이 경우에는 특별히 관사가 생략되고 있지만, 기본적으로 스페인어의 모든 명사는 정관사나 부정관사를 동반합니다. 스페인어 역시 다른 유럽어들처럼 잘 발달된 관사(정관사/부정관사) 시스템을 가지고 있습니다.

끝으로 명사입니다. 영어 예문 말미에 등장한 보어 **Korean** 이 스페인어에서는 **coreano** [꼬레아노] / **coreana** [꼬레아나]로 구분됩니다. 주어가 남성인지 여성인지에 따라 보어도 남성 **coreano**와 여성 **coreana** 로 구분되는 것이지요. 다시 말해, 스페인어의 모든 명사들은 남성과 여성으로 구분됩니다. 스페인어는 명사의 '성' (性)을 무척이나 중시하는 언어임을 살짝 귀띔해드리겠습니다.

(참고로, 이후 모든 명사와 형용사의 남성과 여성형은 **coreano/-a** 처럼 표기하겠습니다.)

그래서 스페인어의 특성을 '3줄요약' 하면,

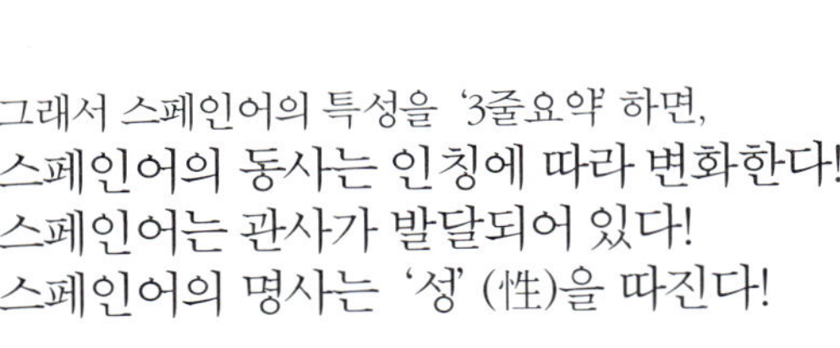

스페인어의 동사는 인칭에 따라 변화한다!
스페인어는 관사가 발달되어 있다!
스페인어의 명사는 '성' (性)을 따진다!

4-2. 스페인어 동사, 살아있네!

I	**learn**	**Spanish.**
(Yo)	**Aprendo**	**español.**

[(요) 아쁘렌도 에스빠뇰.]
나는 스페인어를 배웁니다.

(**yo** [요] 나, **aprender** [아쁘렌데르] 배우다, **español** [에스빠뇰] 스페인어)

이번에는 스페인어 동사 이야기입니다.
(영어문장은 **I'm learning Spanish.** 가 맞습니다만, 비교를 위해 위와 같이 표기했습니다.)
영어의 **learn** 은 3인칭의 **learns** 를 제외하고 모든 인칭과 수(단수/복수)에서 **learn** 하나의 형태지만 스페인어 동사는 인칭에 따라 6가지로 모양이 달라집니다.
(1인칭단수 : **yo aprendo**, 2인칭단수 : **tú aprendes**, 3인칭단수 : **él/ella/usted aprende**, 1인칭복수 : **nosotros aprendemos**, 2인칭복수 : **vosotros aprendéis**, 3인칭복수 : **ellos/ellas/ustedes aprenden**)

어쩌면 이 대목에서 모두들 '허걱!' 하실지도 모르겠습니다. 두 개도 머리 아팠는데 여섯 개를? 하지만 영어에 비해 훨씬 익히기 쉽다는 스페인어의 최대 핵심 포인트는 바로 동사의 활용입니다. 따라서 동사의 활용이 가능해진다는 것은 곧 스페인어 정복이 그만큼 가까이로 다가왔음을 의미하는 것이죠.

게다가 찬찬히 뜯어보면 그리 겁낼 것도 아닙니다.
스페인어 동사는 기본적으로 **-ar**, **-er**, **-ir** 형태의 세 가지 형태만 존재하며, 모든 동사는 '어간(어근)+어미' 의 구조를 지니고 있으니까요. 물론 동사의 변화에도 기본적인 룰이 있습니다. 일부 동사가 불규칙한 변화형을 갖기도 하지만 고맙게도 상당수 동사들은 규칙적으로 변화합니다.

(동사 **aprender** (배우다)의 어간은 **aprend**, 여기에 인칭별 어미 **-o / -es / -e / -emos / -éis / -en** 이 각각 붙습니다.)

그래서 스페인어 동사의 결정적 특징을 '3줄요약' 하면,
스페인어의 동사는 인칭별로 어미변화를 반드시 한다!
스페인어의 동사는 규칙동사와 불규칙동사가 있다!
누가 뭐래도 스페인어의 포텐은 동사변화이다!

4-3. 스페인어 형용사, 뒤를 부탁해!

She lives in the pretty house.
Ella vive en la casa bonita.
[에야 비베 엔 라 까사 보니따.]
그녀는 그 예쁜 집에서 삽니다.

(**ella** [에야] 그녀, **vivir** [비비르] 살다, **en** [엔] ~안에, **la casa** [라 까사] 그 집, **bonito/-a** [보니또/따] 아름다운)

이번에는 스페인어의 형용사입니다.
먼저 예문을 보시면 **vivir** 라는 동사의 3인칭단수는 **-e** 가 붙는다거나, 영어의 전치사 **in** 에 해당하는 것이 **en** 이라는 것을 유추할 수 있습니다. 그러나 이 문장에서 그 무엇보다 우리의 이목을 집중시키는 것은 형용사 **bonita** 의 위치입니다. 영어에서는 형용사 **pretty** 가 명사 앞에 위치하면서 명사 **house**를 수식한 데 비해 스페인어에서는 **bonita** 가 명사 뒤에 위치하면서, 즉 '후치' 하면서 명사를 수식하고 있습니다. 한발 더 나아가서 스페인어 형용사는 명사의 성수에 일치하기 때문에 여성명사 **la casa** 에 맞춰 형용사 **bonito** 의 어미 **o** 가 **a** 로 바뀌어 있습니다. 그야말로 명사에 충성!하는 형용사입니다. '야! 동사가 여섯 개라더니, 형용사도 변하냐?!' 하고 역정을 내기보다는 라임 작렬! 랩이 따로 없는 '라임 맞추는 놀이' 로 생각하시면 이게 스페인어의 맛이 될 수 있습니다.

그래서 스페인어 형용사의 '3줄 요약' 은,
스페인어의 형용사는 후치된다!
스페인어의 형용사는 명사와 성수일치 된다!
그래서 스페인어의 형용사는 라임이 있다!

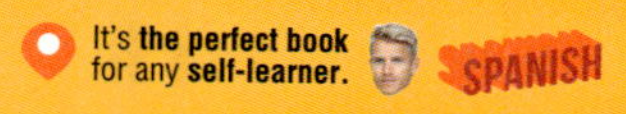

4-4. 스페인어 어순, 핵심부터 보여준다!

I can speak Spanish.
(Yo) Puedo hablar español.
[(요) 뿌에도 아블라르 에스빠뇰.)
나는 스페인어를 말할 수 있습니다.

(**yo** [요] 나, **poder** [뽀데르] 할 수 있다, **hablar** [아블라르] 말하다)

마지막으로 어순을 살펴보겠습니다.
스페인어의 어순은 영어처럼 주어 다음에 바로 동사가 위치합니다. '끝까지 들어봐야 아는' 우리말과 달리 스페인어는 문장의 '핵심' 인 동사가 곧바로 명쾌하게 등장한다는 것입니다. 특히 웬만하면 주어를 생략하는 스페인어 특성상 가장 중요한 정보가 가장 먼저 나오는 톡톡한 어순을 가지고 있습니다. 또한 예문에서 보듯이 조동사를 쓰게 되는 경우에도 영어와 마찬가지로 조동사와 본동사가 나란히 이어 나옵니다. 물론 조동사 뒤의 본동사는 형태변화 없이 원형 그대로 오고요.

그래서 스페인어 어순의 결정적 특징의 '3줄요약' 은!
스페인어의 어순은 주어 다음에 바로 동사가 온다!
주어는 생략될 수 있고, 이때 동사는 제일 먼저 나오는 것이 된다!
조동사와 본동사는 나란히 온다!

지금까지 보신 예문들은 스페인어의 기본적이고 변별적인 특징을 한눈에 보여주고 있습니다.
시작이 반이라 했으니 초보자라도 이런 기본적인 언어적 특징들을 완벽하게 이해하고 터득한다면 스페인어 학습의 절반은 성공했다고 보셔도 좋습니다.

이제 남은 과제는 이러한 문장의 구조 및 요소들과 더욱 친숙해져 문법의 세부적인 작동원리를 여러분의 것으로 만드는 일입니다. 그리고 원리의 이해를 바탕으로 스페인어 생성능력을 키우는 것입니다.

바로 그 순간까지, 여러분! 함께 진격해볼까요!

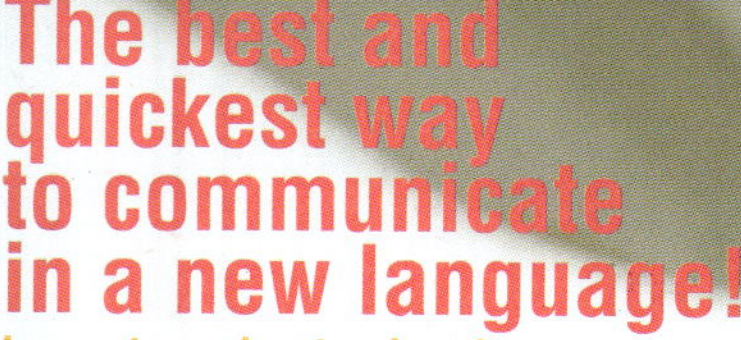

Capítulo 04+ Multi Plus

여러분의 스페인어가 든든해지는 코너, 멀티플러스!

연습문제와 함께 복습과 표현력 강화를 해결하세요!

1. 다음 중 스페인어의 특성에 대한 설명이 잘못된 것을 고르세요.

❶ 스페인어의 동사는 인칭에 따라 변화한다.
❷ 스페인어는 주어를 생략할 수 없다.
❸ 스페인어는 관사가 발달되어 있다.
❹ 스페인어의 명사는 '성'(性)을 따진다.

2. 다음 중 스페인어 동사의 결정적 특징으로 잘못된 것을 고르세요.

❶ 스페인어의 동사는 인칭별로 어미변화를 반드시 한다.
❷ 스페인어의 동사는 규칙동사와 불규칙동사가 있다.
❸ 스페인어의 모든 동사는 어미가 **-ar**, **-er**, **-ir** 로 끝난다.
❹ 스페인어 동사는 1, 2, 3인칭과 존대어, 단수와 복수의 총 8가지 형태로 변한다.

3. 다음 중 스페인어 형용사의 결정적 특징으로 잘못된 것을 고르세요.

❶ 스페인어의 형용사는 명사와 상관없이 독자적인 형태를 유지한다.
❷ 스페인어의 형용사는 일반적으로 후치 된다
❸ 스페인어의 형용사는 명사와 성수일치 된다.
❹ 스페인어의 형용사는 명사를 수식한다.

4. 다음 중 스페인어 어순의 결정적 특징으로 잘못된 것을 고르세요.

❶ 스페인어의 어순은 우리말과는 다르다.
❷ 주어 다음에 바로 동사가 온다.
❸ 조동사와 본동사는 나란히 온다.
❹ 스페인어의 어순은 우리말과 똑같아 동사가 문장 제일 끝머리에 온다.

5. '그 여자는 예쁜 집에 삽니다.' 를 스페인어로 올바르게 쓴 문장을 고르세요.

❶ **Ella vivir en la casa bonita.**
❷ **Ella en la bonita casa vivir.**
❸ **Ella vive en la casa bonita.**
❹ **Ella en la casa bonita vive.**

6. '나는 스페인어를 배웁니다.' 를 스페인어로 올바르게 옮긴 것을 고르세요.

❶ **Yo español aprendo.**
❷ **Yo español aprender.**
❸ **Yo aprendo español.**
❹ **Yo aprender español.**

7. 다음 중 형용사의 사용이 올바른 것을 고르세요.

❶ **casa bonita** ❷ **casas bonita** ❸ **casa bonito** ❹ **casas bonitos**

8. 다음 중 올바른 문장을 고르세요.

❶ **Yo puedo español hablar.**
❷ **Yo español puedo hablar.**
❸ **hablar español puedo yo.**
❹ **Yo puedo hablar español.**

9. 다음 중 스페인어 단어와 우리말 뜻이 잘못 짝지어진 것을 고르세요.

❶ **aprender** - 말하다 ❷ **vivir** - 살다 ❸ **casa** - 집 ❹ **poder** - 할 수 있다

10. 다음 중 스페인어의 특성에 대해 잘못 설명한 것을 고르세요.

❶ 스페인어 형용사는 명사의 성수에 따라 성수변화를 한다.
❷ 스페인어 동사는 인칭별로 어미변화를 한다.
❸ 스페인어 동사에는 규칙동사와 불규칙동사가 있다.
❹ 기본적으로 스페인어 형용사는 명사 앞에 놓이며, 간혹 뒤에 놓일 수도 있다.

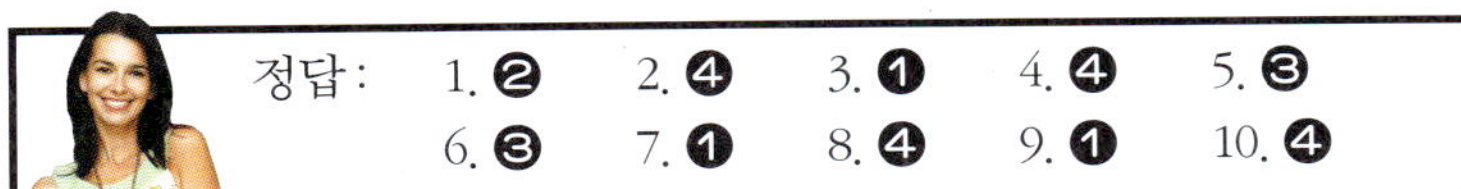

정답:	1. ❷	2. ❹	3. ❶	4. ❹	5. ❸
	6. ❸	7. ❶	8. ❹	9. ❶	10. ❹

05. Capítulo 05

스페인어 명사 & 관사, 레알 독특하다!

El hombre, la mujer

남자, 여자

스페인어 명사가 영어와 결정적으로 다른 이유는 명사에 성(性)이 있다는 것입니다.
모든 명사는 남성명사 아니면 여성명사로 나뉩니다.
그래서 결국 스페인어 명사는 남성, 여성, 단수, 복수의 4가지 형태를 갖게 되고,
그 성과 수에 따라서 관사(정관사/부정관사) 또한 각각 다른 4가지 모양으로 존재합니다.
스페인어에서 '성수 일치' 가 그토록 중요한 이유가 바로 여기에 있는 것이죠.

ADUANA
Pl. Portal de la Pau
Pl. Drassanes
Estació marítima
Balears i Gènova
Ronda Litoral
Llobregat
Parc de Montjuïc
TMB
Formació Professional:
Futur Prometedor.

 5-1. 스페인 남자, '잡은 물고기에게 떡밥은 없다!'

스페인의 남자들은 결혼 전에는 간, 쓸개를 세트로 뽑아줄 정도로 여친에게 잘하다가 일단 결혼을 하게 되면, '누구세요?' 수준으로 시침을 떼는 것으로 유명합니다. 화장실 들어갈 때와 나올 때가 다른 '세계 지존급 유형' 의 남자들이죠. '잡은 물고기에게 더 이상의 떡밥은 없다!' 를 외치는 한국 남정네와 공통되는 부분입니다. ·0· 그럼에도 불구하고 덤덤하게 은근한 사랑과 신뢰를 잃지 않고, 가족을 지키기 위해서는 물불 안 가리는 화끈한 마초가 바로 스페인 남자들입니다.

5-2. 스페인어 명사와 관사는 이와 잇몸 관계!

스페인어는 특이하게도 명사에 성별이 있습니다. '이것은 무엇입니까?' 의 '무엇' 에 해당되는 단 하나의 중성명사를 제외하고, 모든 명사가 '남성' 또는 '여성' 으로 나뉩니다. 그리고 명사의 이러한 성별을 명시하는 것이 바로 관사입니다.

스페인어의 관사는 영어의 **the** 나 **a**(**an**) 처럼 정관사와 부정관사가 있으며, 각각 단수와 복수형이 따로 존재합니다.

❶ 스페인어의 정관사

스페인어의 정관사는 4가지이며, 기본적으로 특정한 모든 명사 앞에 등장해 명사의 성과 수를 나타냅니다.

	단수	복수
남성	**el**	**los**
여성	**la**	**las**

❷ 스페인어의 부정관사

스페인어의 부정관사 역시 4가지가 있습니다. 불특정한 명사의 성과 수를 나타내주며, 여럿 중에서 '하나'의 뜻을 나타내기도 합니다.

	단수	복수
남성	**un**	**unos**
여성	**una**	**unas**

5-3. 스페인어 명사의 성별 구분법!

자! 그러면 관사 준비가 마무리되었으니 본격적으로 명사를 만나볼까요?
스페인어 명사의 특성을 소개할 텐데요, 외우지 마십시오! '아하! 이런 시스템이구나!' 하는 자세로 그냥 쭉쭉 넘어가시는 것이 좋습니다.

❶ 스페인어의 모든 명사는 남성과 여성으로 나뉘며, 기본적으로 '자연성' 을 따릅니다.
즉, 자연적으로 부여된 타고난 성을 따른다는 것이죠.

el hombre (남자)

el padre (아버지)

el hermano (형제)

el toro (숫소)

la mujer (여자)

la madre (어머니)

la hermana (자매)

la vaca (암소)

❷ 스페인어에는 일명 '문법성' 이라는 것이 있습니다.

자연성을 갖고 있지 않은 모든 명사에 문법적으로 붙여준 성이 바로 그것이지요. 보통 형태를 기준으로 성별을 구분합니다. ' **-o** 로 끝나는 명사는 남성, **-a** 로 끝나는 명사는 여성' , 이런 식으로 나누어 놓은 것이죠. 물론 예외도 있고요.

el metro (지하철) **la cama** (침대)

el palacio (궁전) **la montaña** (산)

el teatro (극장) **la plaza** (광장)

(이하의 단어 정리에서 남성명사는 **masculino** 의 약자인 **{m}**, 여성명사는 **femenino** 의 약자인 **{f}**로 표시합니다.)

(예외 : **problema {m}** 문제, **programa {m}** 프로그램, **foto {f}** 사진, **moto {f}** 오토바이 등)

❸ '자음으로 끝나면' 대부분이 남성명사이고, **-ción**, **-ad**, **-ie**, **-umbre** 로 끝나면 100% 여성명사입니다.

el papel (종이)
el sol (태양)

la canción (노래)
la universidad (대학교)
la superficie (표면)
la costumbre (풍습)

❹ 똑같은 형태를 '남 · 여성' 에 공히 사용하는 명사도 있습니다.
이때는 관사나 형용사를 통해 성별을 구분합니다.

el artista / **la artista** (예술가)
el cantante / **la cantante** (가수)
el estudiante / **la estudiante** (학생)

❺ '-o 로 끝나는 자연성의 남성명사' 의 어미를 '-a 로 바꾸면 여성명사' 가 됩니다.
또 '-자음으로 끝나는 자연성의 남성명사' 도 어미에 '-a 를 붙여주면 여성명사' 가 됩니다.

el abuelo (할아버지) ➔ **la abuela** (할머니)
el perro (수캐) ➔ **la perra** (암캐)
el profesor (남 교수) ➔ **la profesora** (여 교수)

❻ 애초부터 '남 · 여성명사' 가 따로 존재하는 명사들도 있습니다.

el actor (남자배우) **la actriz** (여자배우)
el emperador (황제) **la emperatriz** (여제)

5-4. 스페인어 명사의 복수 만드는 법!

스페인어 명사의 복수형은 단수명사에 **-(e)s** 를 붙이는 영어와 쏙 닮았다고 생각하시면 됩니다.

❶ '모음으로 끝나는 명사' 는 **-s** 를 붙여주면 됩니다!

el día (하루) ➔ **los días** (날들)
el hombre (남자) ➔ **los hombres** (남자들)
la silla (의자) ➔ **las sillas** (의자들)

❷ '자음으로 끝나는 명사' 는 **-es** 를 붙여 줍니다. 그래야 발음이 편하거든요~!

el profesor (교수) ➔ **los profesores** (교수들)

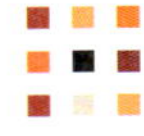

la ciudad (도시) ➔ **las ciudades** (도시들)
la flor (꽃) ➔ **las flores** (꽃들)

단! 주의하실 점은 복수형으로 될 때 강세가 변화하는 몇 개의 명사가 있습니다.

la estación (역) ➔ **las estaciones** (역들)
el joven (젊은이) ➔ **los jóvenes** (젊은이들)

그리고 그밖에 특별한 복수 형태를 갖는 소수의 동사들이 있습니다. 그저 '이런 것도 있다더라.' 정도로 참고만 해주십시오.

❶ 단 · 복수 형태가 동일한 명사가 있습니다.
단수에서 이미 끝자리에 **s** 를 달고 있는 명사들이 여기에 속하지요.

el lunes (월요일) ➔ **los lunes** (월요일들)
el paraguas (우산) ➔ **los paraguas** (우산들)

❷ 항상 복수형만 쓰는 명사가 있습니다.

los guantes (장갑) **las vacaciones** (휴가)

❸ 복수가 되면서 형태가 변화하는 명사들도 있습니다.

el frac (연미복) ➔ **los fraques** (연미복들)
la voz (목소리) ➔ **las voces** (목소리들)

❹ 그 밖에도 모음으로 끝나면서 강세가 있는 명사들 중 일부는 **-es** 를 붙여 복수형을 만들기도 합니다.

el bambú (대나무) ➔ **los bambúes** (대나무들)
el rubí (루비) ➔ **los rubíes** (루비들)

 5-5. 스페인어 관사와 명사의 하모니!

자, 그럼 관사와 명사가 이루어내는 하모니를 즐겨볼까요?
여성과 남성, 단수와 복수의 '(부)정관사 + 명사' 의 조합을 살펴보면 라임이 제대로 맞아 떨어짐을 확인할 수 있습니다.

(종이)
el papel ➔ **los papeles**
un papel ➔ **unos papeles**

(도서관)
la biblioteca ➔ **las bibliotecas**
una biblioteca ➔ **unas bibliotecas**

'도서관' 의 경우 어떤 관사를 썼는지, 명사는 단수인지 복수인지에 따라 '그 도서관 / 그 도서관들 / 한 도서관 / 몇몇 도서관들' 의 4가지로 해석될 수 있지만, 모양새만 보자면 관사와 명사가 일목요연하게 **-a** 면 **-a**, **-as** 면 **-as** 로 라임 딱딱 맞아 떨어지면서 완벽한 조화를 이루는 것이 보입니다. 완벽한 조화를 통한 아름다운 하모니야말로 스페인어의 특성이죠.

Capítulo 05+ Multi Plus

여러분의 스페인어가 든든해지는 코너, 멀티플러스!

연습문제와 함께 복습과 표현력 강화를 해결하세요!

1. 다음 중 관사와 명사가 제대로 짝지어진 것을 고르세요.

❶ el foto ❷ la programa ❸ la papá ❹ el papel

2. 다음 중 남성명사와 여성명사가 잘못 짝지어진 것을 고르세요.

❶ el toro ➔ la vaca ❷ el actor ➔ la actora
❸ el esposo ➔ la esposa ❹ el cantante ➔ la cantante

3. 다음 중 명사의 단수형과 복수형이 올바르게 짝지어진 것을 고르세요.

❶ el pintor ➔ los pintores ❷ la voz ➔ las vozes
❸ el paraguas ➔ los paraguases ❹ el rubí ➔ los rubís

4. 다음 중 관사와 명사의 조합이 잘못된 것을 고르세요.

❶ el día ❷ el bambú
❸ las fotos ❹ el moto

5. 다음 중 관사와 명사가 잘못 짝지어진 것을 고르세요.

❶ el hermano ❷ la ventana ❸ el actriz ❹ la flor

6. 다음 설명 중 옳지 않은 것을 고르세요.

❶ 스페인어의 정관사는 **el**, **los**, **la**, **las** 의 4가지다.
❷ 스페인어의 부정관사는 **un**, **unos**, **una**, **unas** 의 4가지다.
❸ 스페인어의 모든 명사는 자연적으로 부여된 성을 따른다.
❹ 스페인어 명사의 복수형은 단수명사에 **-s** 나 **-es** 를 붙여 만든다.

7. 다음 중 관사의 사용이 잘못된 것을 고르세요.

❶ **la hermana** ❷ **la montaña** ❸ **el papel** ❹ **el mujer**

8. 다음 중 스페인어 단어와 우리말 뜻이 잘못 짝지어진 것을 고르세요.

❶ **la plaza** - 광장
❷ **el metro** - 버스
❸ **la estudiante** - 여학생
❹ **el abuelo** - 할아버지

9. 다음 중 남성명사와 여성명사가 올바르게 짝지어진 것을 고르세요.

❶ **el toro - la tora**
❷ **el abuelo - la abuela**
❸ **el paraguas - la paraguasa**
❹ **el hombre - la hombra**

10. 다음 중 명사의 단수형과 복수형이 잘못 짝지어진 것을 고르세요.

❶ **el papel - los papels**
❷ **el día - los días**
❸ **el actor - los actores**
❹ **la foto - las fotos**

정답 : 1. ❹ 2. ❷ 3. ❶ 4. ❹ 5. ❸
6. ❸ 7. ❹ 8. ❷ 9. ❷ 10. ❶

06.

Capítulo 06
스페인어 형용사는 후치다!
Las camisas blancas
흰색 셔츠들

Las camisas blancas

'형용사' 를 잘 쓰면 맛깔나게 말할 수 있습니다. 형용사는 명사를 수식하는 품사인데요, 스페인어의 형용사는 영어와 다른 구석이 좀 있습니다. 형태나 위치가 다르기 때문이죠. 명사를 수식하는 형용사이다 보니 덩달아서 명사의 성수에 일치해야 하는 점과 특이하게도 명사의 뒤에 위치하는 스페인어 형용사만의 특징이 있습니다. 그래서 이번 시간은 독특한 스페인어 형용사의 속사정을 들여다보려 합니다.

6-1. 스페인 여자, 도도한 나쵸!

스페인 여성들, 콧대 높기로 정평이 났습니다.
애간장을 새까맣게 다 태울 정도로 쉽게 마음을 주지 않는 스페인 여자. 워낙 선명한 이목구비에, 날렵한 몸매, 거기에 자신에 대한 아낌없는 투자까지 더해져 웬만하면 다 **'Miss** 스페인' 입니다. 오늘날에는 어머니, 할머니 세대의 헌신적이고 전통적인 여성상에 독립적이고 세련되고 화려함을 추구하는 현대적 여성상이 뒤섞이면서 묘한 대비를 이루고 있습니다만, 그럼에도 결혼 후에는 남편과 자식, 부모님과 친척에 대한 강한 유대를 보여줍니다. 도도하지만 의리 있는 스페인 여성 특유의 모습이죠~!

6-2. 스페인어 형용사, 명사에 충성하다!

스페인어의 형용사가 영어와 결정적으로 다른 2가지 특징이 있습니다.
하나는 명사를 뒤에서 수식한다는 것이고(후치), 또 하나는 명사의 성수에 따라 형용사도 모양이 달라진다는 것입니다.

먼저 형용사의 '변화' 입니다. 반드시 주인님 격인 명사의 성과 수에 모습을 일치시켜야 하거든요. 관사도 명사에 대한 정보를 전달하지만, 형용사 역시 명사에 대한 정보를 적극적으로 전달합니다.

(**libro {m}** 책, **blanco** 흰색의, **camisa {f}** 셔츠, **grande** 큰)

❶ **-o** 로 끝나는 형용사 :

스페인어 형용사는 기본적으로 **-o** 로 끝납니다.
즉 기본적으로 남성형을 취하고 있습니다. 따라서 여성 형용사를 써야한다면 남성형용사의 어미 **-o** 를 **-a** 로 바꾸어 여성형으로 바꿔주어야 합니다. 이렇게 1단계에서 '성' 문제를 해결했다면, 다음 단계에서는 '수' 를 헤아린 뒤 단수, 복수를 일치시켜야 하고요.

복수로 만들어주는 방법은 명사에서와 똑같습니다.
모음으로 끝나면 **-s** 를, 자음으로 끝나면 **-es** 를 붙여주는 것이지요.

흰색 책
un libro blanco ➔ 흰색 책들 **unos libros blancos**

el libro blanco ➔ **los libros blancos**

흰색 셔츠
una camisa blanca ➔ 흰색 셔츠들 **unas camisas blancas**

la camisa blanca ➔ **las camisas blancas**

❷ **-o** 이외의 문자로 끝나는 형용사 :

-o 이외의 다른 문자로 끝나는 형용사의 경우에는 '성' 문제는 신경쓸 것 없이 '수' 만 일치시키면 됩니다. 실제로 **-o** 이외의 문자로 끝나는 형용사는 대부분 남성형과 여성형의 모양이 같기 때문입니다.

큰 책
un libro grande ➔ 큰 책들 **unos libros grandes**

el libro grande ➔ **los libros grandes**

큰 셔츠
una camisa grande ➔ 큰 셔츠들 **unas camisas grandes**

la camisa grande ➔ **las camisas grandes**

6-3. 스페인어 형용사, 앞에서 뒤에서!

스페인어 형용사는 주로 명사 뒤에서 수식한다고 했지만, 더러는 앞에서 수식하기도 합니다. 물론 아주 특별한 경우이기는 하지만요.

(**barco {m}** 배, **antiguo** 오래된/낡은, **noche {f}** 밤, **tranquilo** 고요한, **jugador {m}** 선수, **coreano** 한국의/한국인의, **bolsa {f}** 가방, **caro** 비싼, **blanco** 흰색의, **nieve {f}** 눈, **dulce** 달콤한, **miel {f}** 꿀)

❶ 기본적으로 품질을 나타내는 모든 형용사는 명사 뒤에 옵니다.
영어나 우리말에서 형용사가 앞에 오는 것과는 반대임을 꼭! 기억하세요.

un barco antiguo (낡은 배) **una noche tranquila** (고요한 어느 밤)

los jugadores coreanos (한국 선수들) **las bolsas caras** (값비싼 핸드백들)

❷ 다만, 타고난 본래의 속성을 나타낼 때에는 형용사가 명사 앞으로 갑니다!

blanca nieve (하얀 눈) **dulce miel** (달콤한 꿀)

6-4. 스페인어 형용사, 어미의 탈락!

몇몇 형용사는 남성 단수명사 앞에서 어미가 탈락합니다. 탈락하면서 강세가 붙는 경우도 있습니다.
-de 로 끝나는 형용사는 남성뿐 아니라 여성 단수명사 앞에서도 **-de** 가 탈락합니다.

(**uno** 하나의, **bueno** 좋은, **malo** 나쁜, **primero** 첫 번째의, **día {m}** 날/일, **segundo** 두 번째의, **alguno** 어떤, **lugar {m}** 장소/곳, **ninguno** 어떤 것도 아닌, **grande** 큰, **hombre {m}** 남자/인류)

un libro (한권의 책)

primer día (첫 번째 날) **tercer día** (세 번째 날)

algún lugar (어떤 곳) **ningún lugar** (어떤 곳도 아닌)

gran hombre (위대한 남자)

6-5. 스페인어 형용사, 위치가 의미를 바꾼다!

거의 모든 형용사는 명사 뒤에 따라오지만, 강조할 때나 형용사가 여러 개 올 때는 명사 앞에 놓기도 합니다. 다만, 형용사가 위치를 바꿈으로써 의미까지 달라지는 경우가 종종 있습니다. 예를 들어 **hombre grande** 하면 원래 '덩치 큰 남자' 의 뜻이지만 형용사가 명사 앞으로 오게 되면 **gran hombre** 로 **-de** 가 탈락하면서 의미도 '위대한 남자' 로 바뀌는 경우죠. 다행스러운 것은 이렇게 위치에 따라 의미가 달라지는 형용사가 그리 많지 않다는 겁니다.

(**mujer {f}** 여자, **pobre** 가난한, **edificio {m}** 빌딩, **nuevo** 새로운)

una mujer pobre (가난한 여인) **una pobre mujer** (가엾은 여인)

un hombre grande (큰 남자) **un gran hombre** (위대한 남자)

un edificio nuevo (새로 지은 빌딩) **un nuevo edificio** (새로 이사 간 빌딩)

6-6. 스페인어의 지시형용사!

스페인어의 '지시사'(이/그/저)는 '지시형용사'와 '지시대명사'로 나눌 수 있습니다.
지시형용사는 명사를 수식하는 일종의 형용사이어서 명사의 성수에 따라 각각 4가지씩 존재합니다.

스페인어 지시형용사

	단수(남/여)	복수(남/여)
이	**este / esta**	**estos / estas**
그	**ese / esa**	**esos / esas**
저	**aquel / aquella**	**aquellos / aquellas**

'이'는 말하는 나 자신, 즉 '화자'에게 가까이 있는 것을 가리킬 때, '그'는 듣는 '청자'에게 가까이 있는 것을 가리킬 때, 그리고 '저'는 화자/청자 모두에게서 멀리 떨어져 있는 것을 가리킬 때 사용합니다.

(**teléfono {m}** 전화기, **falda {f}** 치마, **árbol {m}** 나무, **manzana {f}** 사과, **violín {m}** 바이올린, **tienda {f}** 상점)

❶

este teléfono (이 전화기)
esta falda (이 치마)

estos teléfonos (이 전화기들)
estas faldas (이 치마들)

❷

ese árbol (그 나무)
esa manzana (그 사과)

esos árboles (그 나무들)
esas manzanas (그 사과들)

❸

aquel violín (저 바이올린)
aquella tienda (저 상점)

aquellos violines (저 바이올린들)
aquellas tiendas (저 상점들)

6-7. 스페인어 지시형용사, 완벽 라임!

스페인어의 라임! 성수일치에 따른 어미변화가 빚어낸 극도로 정교한 예술입니다.
중요한 것은 굳이 외우지 않더라도 어느 정도 연습을 통해 입에 익으면 처음 보는 단어라 할지라도 충분히 유추가 가능해 별 무리 없이 라임을 맞출 수 있다는 것입니다. 문법을 따져가며 말하는 것이 아니라 자연스럽게 말하다 보면 절로 딱딱 들어맞게 된다는 거죠. 약간의 노력과, 그것보다 '쪼끔' 더 큰 스페인어에 대한 애정이면 단박에 해결될 문제입니다.

(**corto** 짧은, **alto** 큰, **fresco** 싱싱한, **lujoso** 호화로운, **precioso** 소중한)

este teléfono antiguo (이 낡은 전화기)
estas faldas cortas (이 짧은 치마들)

ese árbol alto (그 키 큰 나무)
esas manzanas frescas (그 싱싱한 사과들)

aquella tienda lujosa (저 호화로운 상점)
aquellos violines preciosos (저 소중한 바이올린들)

Capítulo 06+ Multi Plus

여러분의 스페인어가 든든해지는 코너, 멀티플러스!

연습문제와 함께 복습과 표현력 강화를 해결하세요!

1. 다음 중 '관사 + 명사 + 형용사' 의 복수형이 잘못 짝 지어진 것을 고르세요.

❶ un libro blanco ➔ unos libros blancos
❷ el libro blanco ➔ los libros blancos
❸ una camisa blanca ➔ unas camisas blancas
❹ la camisa blanca ➔ las camisas blanca

2. 다음 중 형용사의 위치 설정이 잘못된 것을 고르세요.

❶ blanca nieve **❷ dulce miel**
❸ blanco libro **❹ camisa blanca**

3. 다음 중 형용사의 형태가 잘못된 것을 고르세요.

❶ primer día **❷ tercer día** **❸ algún lugar** **❹ grande hombre**

4. 다음 중 해석이 잘못된 것을 고르세요.

❶ una mujer pobre - 가난한 여인 **❷ una chica pobre** - 가엾은 소녀
❸ un gran hombre - 위대한 남자 **❹ un edificio nuevo** - 새로 지은 빌딩

5. 다음 중 지시형용사의 사용이 잘못된 예를 고르세요.

❶ esas tiendas grandes **❷ estos libros blancos**
❸ aqueles hombres altos **❹ estas faldas cortas**

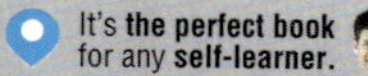

6. 형용사에 대한 다음 설명 중 옳지 않은 것을 고르세요.

❶ 스페인어의 형용사는 일반적으로 명사를 뒤에서 수식한다.
❷ 스페인어의 형용사는 명사에 따라 단·복수 변화를 한다.
❸ 일부 형용사는 남성 단수 앞에서 어미가 탈락한다.
❹ 스페인어의 지시형용사는 명사를 뒤에서 수식한다.

7. 다음 중 지시형용사와 명사의 사용이 잘못된 것을 고르세요.

❶ **aquella violín** - 저 바이올린
❷ **esta manzana** - 이 사과
❸ **ese libro** - 그 책
❹ **esa tienda lujosa** - 그 호화로운 가게

8. 다음 '단수명사+형용사' 의 복수형이 올바르게 짝지어진 것을 고르세요.

❶ **libro grande - libros grans**
❷ **barco antiguo - barcos antiguos**
❸ **gran hombre - grans hombres**
❹ **el abuelo - los abueloes**

9. 다음 중 스페인어 단어와 우리말 뜻이 잘못 짝지어진 것을 고르세요.

❶ **teléfono** - 전보
❷ **fresco** - 싱싱한
❸ **árbol** - 나무
❹ **hombre** - 남자

10. 다음 중 명사의 단수형과 복수형 결합이 잘못된 것을 고르세요.

❶ **el lugar - los lugares**
❷ **el edificio - los edificios**
❸ **el árbol - los arboles**
❹ **el hombre - los hombres**

정답 : 1. ❹ 2. ❸ 3. ❹ 4. ❷ 5. ❸
6. ❹ 7. ❶ 8. ❷ 9. ❶ 10. ❸

Yo soy estudiante.

07.

Capítulo 07
스페인어 주격인칭대명사와 동사 (1)
Yo soy estudiante. 나는 학생입니다.

영어의 인칭대명사에 주격(**he**), 목적격(**him**) 등이 있는 것처럼, 스페인어 인칭대명사에도 주격, 소유격, 전치격, 목적격 등 다양한 격이 존재합니다. 이 가운데 소유격, 전치격, 목적격은 차차 설명드리기로 하고, 오늘은 주격 인칭대명사를 본격 해부해보도록 하겠습니다. 그리고 가장 중요한 동사이자, 가장 기본이 되는 동사, 영어의 be 동사에 해당하는 **'ser** 동사' 와 **'estar** 동사' 를 만나보겠습니다.

7-1. 스페인 아줌마들!

스페인 아줌마들 참 별납니다.
특히 아줌마들의 수다, 정말 유명합니다. 대낮 집 앞에서, 동네 쁠라사 마요르 (중앙광장)에서 삼삼오오 모여서 시시콜콜 나누는 대화는 거의 맞장토론, 끝장토론 수준으로 길고도 깊습니다. 또한 우리네 어머님들이 그러셨던 것처럼 스페인 아줌마들도 집안 청소에 한목숨 거십니다. 그야말로 파리가 미끄러지도록 반질반질하게 닦고 조이고 청소하죠. 뿐만 아닙니다. 그녀들의 교육열, 역시 장난이 아닙니다. 맹모삼천지교는 우리만의 이야기가 아님을 그녀들을 보며 느낄 수 있습니다. 스페인 아줌마가 낯설지 않은 이유들입니다.

7-2. 스페인어의 주격인칭대명사!

이제 본격적으로 스페인어의 주격인칭대명사를 만나 보겠습니다.
주격인칭대명사는 문장에서 주어 노릇을 하는 문장의 주인공이죠. 한번 소리 내어 쭈욱~! 읽어보시되, 강세표시에 유의해주십시오. 스페인어에서는 강세에 따른 의미 차이가 크기 때문입니다.

	단수	복수
1인칭	**yo** (나)	**nosotros / nosotras** (우리들)
2인칭	**tú** (너)	**vosotros / vosotras** (너희들)
3인칭	**él / ella** (그/그녀)	**ellos / ellas** (그/그녀들)
존칭	**usted** (당신)	**ustedes** (당신들)

❶ **yo** (나)는 영어의 **I** 가 항상 대문자로 표기하는 것과 달리 문장 첫머리에 나올 때가 아니라면 다른 인칭대명사와 마찬가지로 소문자로 표기합니다. 영어에 비해 뭐 좀 겸손한 언어라고나 할까요.

복수형은 **nosotros** (우리들-남자) / **nosotras** (우리들-여자)입니다. 남녀가 어우러진 '우리들' 일 경우에는 대표성인 남성형을 사용합니다.

❷ **tú** (너)는 나이의 많고 적음과 상관없이 친밀한 사이에서 부담 없이 사용합니다.
일부 라틴아메리카 지역에서는 **tú** 대신 **vos** 를 사용하기도 합니다만, 우리의 '너' 는 **tú** 입니다. 복수형은 **vosotros** (너희들-남자) / **vosotras** (너희들-여자)입니다.

❸ **él** (그-남자) / **ella** (그녀)의 복수형은 **ellos** (그들) / **ellas** (그녀들)입니다. **él**, **ella**, **ellos**, **ellas** 는 때때로 의인화된 사물을 지칭하기도 합니다.

❹ **usted** (당신)의 복수형은 **ustedes** (당신들, 여러분)입니다. **usted** 은 **tú** (너)의 존칭형으로서 나이와 상관없이 존대해야 할 대상, 공적인 관계의 사람, 낯선 사람에게 사용합니다. 글로 쓸 때에는 약자로 표기하기도 하지만 (**usted = Ud.** / **ustedes = Uds.**) 약어로 썼다 하더라도 읽을 때만은 **usted**, **ustedes** 로 읽어야 합니다.

또한 '당신' 은 의미상 2인칭에 해당되지만 문법적으로는 3인칭으로 구분하기 때문에 동사 변화형태가 **él** / **ella** (그/그녀)와 동일합니다. (따라서 지금부터 3인칭 주격인칭대명사는 편의상 **él** / **ella** / **Ud.** 또는 **ellos** / **ellas** / **Uds.** 로 병기하겠습니다.)

7-3. 스페인어의 간판급 동사, **ser** 와 **estar**

자! 이제 슬슬 워밍업을 끝내고 바로 앞에서 배운 인칭대명사를 활용해볼까요?
이를 위해 스페인어의 대표동사~!, 영어의 **be** 동사에 해당하는 동사의 지존~! **ser** 동사와 **estar** 동사를 모셔보겠습니다!

영어의 **be** 동사가 '~이다' , '~있다' 의 뜻 모두로 쓰이는데 비해, 스페인어에서는 두 개의 동사가 그 임무를 분담합니다. '~이다' 에는 **ser** 동사를, '~있다' 에는 **estar** 동사를 사용하는 것이지요.

아울러 **be** 동사가 **I am**, **You are**, **He is ...** 처럼 인칭에 따라 제 각각으로 변했듯이, 스페인어의 **ser** 동사와 **estar** 동사 역시 제각각으로 변하는 대표적인 불규칙동사입니다.

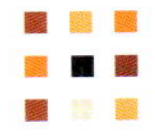

❶ ser 동사 :

ser 동사의 인칭별 변화형은 다음과 같습니다.

단수	복수
yo soy	**nosotros somos**
tú eres	**vosotros sois**
él/ella/Ud. es	**ellos/ellas/Uds. son**

ser 동사는 '(무엇)이다', '(어떠)하다' 로 해석되며, 웬만해서는 변치 않는 '본질적 속성, 정체성, 신분, 직업,' 그리고 '불변의 진리, 시간, 요일, 수량, 가격' 등을 나타냅니다.

(**corbata {f}** 넥타이, **estudiante {m/f}** 학생, **enfermera {f}** 간호사, **bonito** 예쁜, **alegre** 쾌활한, **planeta {m}** 지구, **redondo** 둥근, **hoy** 오늘, **lunes {m}** 월요일, **diez** 10의)

Esto es una corbata.
이것은 넥타이입니다. (정체성)

Yo soy estudiante.
나는 학생입니다. (신분)

Ella es enfermera.
그녀는 간호사입니다. (직업)

Ella es bonita y alegre.
그녀는 예쁘고 쾌활합니다. (본질적 속성 : 외모, 성격)

El planeta es redondo.
지구는 둥글다. (불변의 진리)

Hoy es lunes.
오늘은 월요일입니다. (요일)

Son 10 euros.
10 유로입니다. (가격)

아울러 '**ser** + 전치사 **de** ~' 를 써서 '고향이나 국적 같은 출신지, 소속, 소유의 주체, 원재료' 등을 나타낼 수도 있습니다.

(**del** (**de** + **el** : 축약형) ~의, **sur** 남쪽, **Corea del Sur** 한국, **café {m}** 커피, **Guatemala {m}** 과테말라, **edificio {m}** 건물, **hierro {m}** 철근, **y** 그리고 (접속사), **hormigón {m}** 콘크리트, **aquel** 저, **collar {m}** 목걸이, **perla {f}** 진주)

Yo soy de Busan, Corea del Sur.
나는 한국, 부산 출신입니다. (고향, 출신지)

Este café es de Guatemala.
이 커피는 과테말라 산(産)입니다. (국적)

Messi es del FC Barcelona.
메시는 FC 바르셀로나 소속입니다. (소속)

Este edificio es de hierro y hormigón.
이 빌딩은 철근과 콘크리트로 되어있다. (원재료)

Aquel collar de perlas es de Isabel.
저 진주목걸이는 이사벨의 것이다. (소유의 주체)

특정한 시공간에 개최되는 이벤트나 행사를 언급할 때에도 **ser** 동사가 사용됩니다.
공간 앞에는 전치사 **en** 을, 시간 앞에는 전치사 **a** 를 함께 써주면 '~(어디)에서, ~(몇 시)에' 를 표현할 수 있습니다.

(**juicio {m}** 재판, **mañana {f}** 내일)

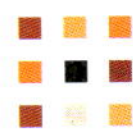

El juicio es mañana a las 2.
재판은 내일 2시에 열린다. (개최시간)

❷ estar 동사 :

estar 동사의 인칭별 동사변화형은 다음과 같습니다.

단수	복수
yo estoy	**nosotros estamos**
tú estás	**vosotros estáis**
él/ella/Ud. está	**ellos/ellas/Uds. están**

estar 동사는 '~에 있다', '~(어떤) 상태다' 의 뜻으로, 위치를 나타내거나 가변적인 상태를 표현합니다. 불변하는 고정적 속성을 표현했던 **ser** 동사에 비해, **estar** 동사는 '이동 가능한 위치', '언제라도 변화 가능한 현재의 상태', '잠정적인 속성', '주관적 느낌' 등을 표현합니다.

(**ventana {f}** 창문, **cerrado** 닫힌, **bufanda {f}** 스카프, **barato** 싼, **comida {f}** 음식, **muy** 매우, **rico** 맛있는)

La ventana está cerrada.
창문은 닫혀 있습니다. (현재 상태)

Estas bufandas están baratas.
이 스카프들은 싸다. (잠정적 속성)

La comida está muy rica.
음식이 참 맛있다. (주관적 느낌)

아울러 '**estar** + 전치사 **en**' 을 써서 구체적이거나 추상적인 위치를 표현할 수 있습니다.

(**alumno {m}** 학생, **biblioteca {f}** 도서관, **ahora** 지금, **primavera {f}** 봄)

Los alumnos están en la biblioteca.
학생들은 도서관에 있습니다. (구체적 위치-도서관)

Ahora estamos en primavera.
우리는 봄 속에 있습니다. ➔ 지금은 봄입니다. (추상적 위치-봄이라는 계절)

7-4. 스페인어 기본 인사대화

이번과는 앞서 배운 동사 **estar** 를 활용해 인사표현을 나누면서 마무리하도록 하겠습니다.
앞서 배운 인사표현들을 엮어서 만든 대화상황입니다. (**cómo** 어떻게)

Pedro : **Buenos días, Rosa.**
안녕, 로사?

¿Cómo estás?
어떻게 지내?

Rosa : **Bien, gracias.**
잘 지내, 고마워.

Y ¿tú?
그런데, 너는?

Pedro : **Bien.**
잘 지내.

Capítulo 07+ Multi Plus

여러분의 스페인어가 든든해지는 코너, 멀티플러스!

연습문제와 함께 복습과 표현력 강화를 해결하세요!

1. 다음에 적절한 것을 고르세요.

La boda (_______________) en la iglesia. (**iglesia** : 교회)

❶ **soy** ❷ **está** ❸ **estamos** ❹ **es**

2. 다음에 적절한 것을 고르세요.

Los padres de Marisol (_________________) maestros. (**maestro/-a** : 교사)

❶ **estamos** ❷ **son** ❸ **sois** ❹ **están**

3. 다음 중 주격인칭대명사의 단수형과 복수형이 잘못 짝지어진 것을 고르세요.

❶ **yo - yos** ❷ **tú - vosotros** ❸ **él - ellos** ❹ **ella - ellas**

4. 다음 부분을 주격인칭대명사로 바꿀 때 적절한 것을 고르세요.

(Esos chicos) son gemelos. (**gemelos** : 쌍둥이)

❶ **Ellos** ❷ **Uds.** ❸ **Ellas** ❹ **Nosotros**

5. 다음 중 동사의 사용이 잘못된 예를 고르세요. (**calle** : 거리)

❶ **Nosotros somos estudiantes.** ❷ **Las puertas son abiertas.**
❸ **Los perros están en la calle.** ❹ **El edificio está en Seúl.**

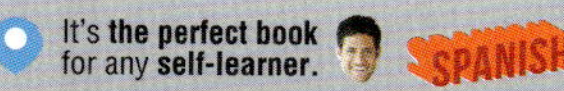

6. 다음 중 주격인칭대명사와 **ser** 동사의 변화형이 잘못 짝지어진 것을 고르세요.

❶ yo - soy　❷ vosotros - sois　❸ ustedes - son　❹ mi mamá -eres

7. 다음 중 주격인칭대명사와 **estar** 동사의 변화형이 올바른 것을 고르세요.

❶ Juan - estás　❷ Don Quijote - está
❸ mis amigos - estáis　❹ vosotros - estamos

8. 다음에 적절한 것을 고르세요.

(　　　　　　) está cerrada.

❶ Una alumna　❷ Las ventanas　❸ La puerta　❹ Unas puertas

9. 다음에 적절한 것을 고르세요.

Esta casa grande (　　　　　　) de mi tío.

❶ está　❷ es　❸ esta　❹ son

10. 다음 중 **ser** 및 **estar** 동사의 특성에 대해 잘못 설명한 것을 고르세요.

❶ **ser** 동사는 '(무엇)이다', '(어떠)하다' 로 해석되며, '가변적인 속성' 을 타나낸다.
❷ **ser** 동사는 특정한 시공간에 개최되는 이벤트나 행사를 언급할 때 사용된다.
❸ **estar** 동사는 위치를 나타내거나 가변적인 상태를 표현한다.
❹ **estar** 동사는 '**estar + en**' 을 써서 구체적이거나 추상적인 위치를 표현한다.

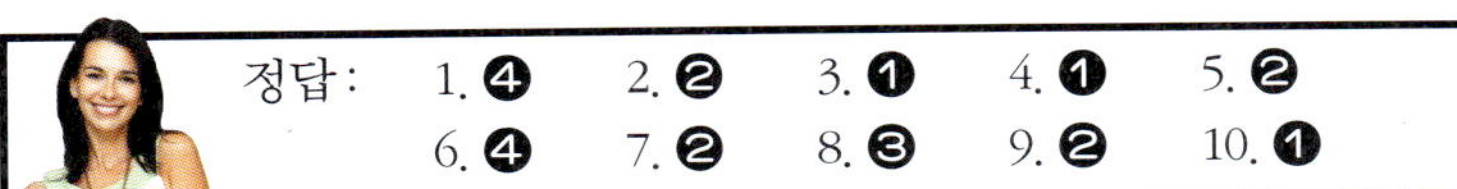
정답: 1. ❹ 2. ❷ 3. ❶ 4. ❶ 5. ❷
6. ❹ 7. ❷ 8. ❸ 9. ❷ 10. ❶

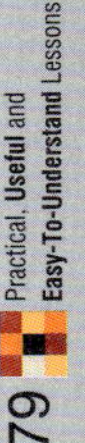

08.

Capítulo 08

스페인어의 의문문, 부정문, 감탄문 만들기

¿De dónde eres tú?

넌 어디에서 왔니?

스페인어의 의문문은 한눈에 보기에도 특이합니다. 뒤집힌 의문부호(¿)가 문장 맨 앞에 튀어나오기 때문이죠. 이번에는 '스페인어의 의문문, 부정문, 감탄문 만들기!' 시간을 준비했습니다. 여러 가지 형태의 문장을 아주 쉽게 정리해 보았습니다. 부담 없이 쉬어가는 코너라고 할 수 있죠!

¿De dónde eres tú?

8-1. 스페인 사람들, 인정이 넘친다!

종종 스페인 사람들을 우리와 비교합니다.
스페인 사람에게는 다른 서구 사람들과 비교되는 살가움, 인정머리가 있다고 말합니다.
대가족을 이루고 살았던 전통이나 자식 교육에 '올인' 하는 부모, 극성스런 자식 사랑의 어머니들, 그리고 남의 집 어린 아이들에게까지도 스스럼없이 마음을 쓰는 모습 등은 우리의 모습과 많이 닮았습니다.
아기라도 안고 나가면 인종에 관계없이 10분 안에 안면을 트고 수다로 이어가는 것이 스페인 사람들의 정서이고 인정이죠. 우리와 닮아서 더욱 친밀하게 느껴지는 스페인, 정(情)이 가는 스페인입니다.

8-2. 스페인어 의문문 만들기!

대부분의 언어들이 그러하듯이 뭔가가 궁금해서 질문을 할 때면 문장 끝이 자연스럽게 올라갑니다.
스페인어도 예외는 아니죠. 이와 함께 스페인어는 좀 더 다양한 방식으로 의문문을 만드는데요, 하나씩 소개해드리겠습니다.

(**bien** 잘, **no** 아니다, **verdad {f}** 진실/진리, **de dónde** 어디로부터, **cómo** 어떻게)

❶ 평서문 그대로이면서, 궁금한 표정을 지으며 문장 끝을 살짝 올린다!

Tú eres español. → **¿Tú eres español?**
너는 스페인 사람이니?

María está bien. → **¿María está bien?**
마리아는 잘 있니?

❷ 평서문의 끝에 동의를 구하는 표현을 덧붙인다!

Tú eres español. ➔ **Tú eres español, ¿no?**
너 스페인 사람, 아니니?

María está bien. ➔ **María está bien, ¿verdad?**
마리아 잘 있는 거, 맞지?

❸ 동사를 도치시켜 주어와 위치를 바꾼다!

Tú eres español. ➔ **¿Eres tú español?**
너는 스페인 사람이니?

María está bien. ➔ **¿Está bien María ?**
마리아는 잘 있니?

❹ 의문사를 활용해 질문한다!

Tú eres español. ➔ **¿De dónde eres tú?**
너는 어디 사람이니?

María está bien. ➔ **¿Cómo está María?**
마리아는 어떻게 지내니?

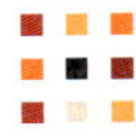

8-3. 의문문에 멋지게 대답하기!

외국어 회화능력은 묻고 답하기를 얼마나 유연하게 하느냐에 다름 아닙니다.
대화의 물꼬를 트는 첫 마디가 대부분 의문문이기 때문이죠. 그럼 이제부터 각종 의문문에 대처하는 우리의 자세를 정리해보겠습니다.

(**enfermo** 아픈, **sí** 네, **no** 아니오)

❶ 의문사가 있는 의문문 : 내용에 맞게 대답합니다.

¿De dónde eres tú? → **Soy de Madrid.**
넌 어디에서 왔니? 난 마드리드에서 왔어.

¿Cómo está María? → **Ella está enferma.**
마리아는 어떤가요? 그녀는 아픕니다.

❷ 의문사 없는 의문문 : 먼저 **Sí.** (네.), **No.** (아니오.)로 대답합니다.

¿Eres tú español? → **Sí. Soy de Madrid.**
너는 스페인사람이니? 응. 마드리드 출신이야.

¿Está bien María? → **No. Ella está enferma.**
마리아는 괜찮습니까? 아니오. 그녀는 아픕니다.

8-4. 스페인어 부정문 만들기!

문장의 속내는 딱 2가지입니다.
그렇다! 혹은 그렇지 않다! 즉 긍정, 혹은 부정입니다.
즉 **no** 가 있는 문장이냐, 아니냐. **no** 를 넣어 부정문 만드는 법을 안다는 것은 여러분의 문장력을 삽시간에 2배로 뻥튀기할 수 있다는 뜻이기도 합니다.
그래서 준비한 스페인어 부정문 만들기!

(**cansado** 피곤한, **gritar** 소리치다, **en** ~안에 (전치사), **clase {f}** 학급)

❶ 스페인어의 부정문 만들기는 간단합니다.
동사 앞에 **no** 만 붙여주면 되니까요. 더 이상의 설명이 필요치 않은 초간단 문법!

Tú eres español.
너는 스페인 사람이다.

Tú no eres español.
너는 스페인 사람이 아니다.

Él está cansado.
그는 피곤합니다.

Él no está cansado.
그는 피곤하지 않습니다.

❷ **no** 외에도 영어의 **never** 에 해당하는 **nunca** (결코 ~ 하지 않다)가 있습니다.
nunca 를 쓰면 **no** 보다는 살짝 더 강경한 부정의 뉘앙스를 풍기지요. 영어의 경우, 부정어가 두 개 쓰이면 긍정으로 의미가 전환되지만 스페인어 문법은 그렇지 않습니다. 스페인어에서는 한 문장 속에 **no** 와 **nunca** 2개를 동시에 쓸 수 있으며, 2개가 동시에 나오면 '부정의 강조' 를 나타냅니다. 단, 두 개가 같이 나오더라도 순서는 반드시 **no** 먼저, **nunca** 나중입니다!

No gritamos en la clase.
= Nunca gritamos en la clase.
우리는 교실에서 소리치지 않습니다.

No gritamos nunca en la clase.
우리는 교실에서 절대로 소리치지 않습니다.

8-5. 스페인어 감탄문 만들기!

대화를 더욱 맛깔나게 만드는 것이 감탄문입니다.
적절한 타이밍에 추임새로 사용하면 쏠쏠한 어법이죠.
가장 단순한 감탄문은 다음의 3가지 방법으로 만들 수 있습니다.
의문문처럼 감탄문도 감탄부호를 문장 앞뒤에 **¡...!** 표시합니다.

(**qué** 무엇, **alegría {f}** 환희/즐거움, **lástima {f}** 동정/유감, **bonito** 예쁜, **guapo** 잘생긴, **hombre {m}** 남자/사람)

❶ **¡Qué** + 명사!

¡Qué alegría!
와, 신난다!

¡Qué lástima!
아, 안타깝다!

❷ **¡Qué** + 형용사!

¡Qué bonita!
와, 예쁘다!

¡Qué guapo!
와, 잘생겼다!

❸ ¡명사!

¡Hombre!
어머나! / 아이고머니! / 야! / 음… 글쎄.

Capítulo 08+ Multi Plus

여러분의 스페인어가 든든해지는 코너, 멀티플러스!

연습문제와 함께 복습과 표현력 강화를 해결하세요!

1. 다음 질문에 대한 답으로 적절한 것을 고르세요.

¿Cómo está María?

❶ **Ella está en el mercado.** ❷ **Sí. Ella está muy bien.**
❸ **Ella está un poco enferma.** ❹ **No. Ella no está María.**

2. 다음 문장들 중 부정문의 형태로 적당치 못한 것을 고르세요.

❶ **Nunca gritamos en la clase.** ❷ **Ella no sabe escribir.**
❸ **Hay nunca en la plaza.** ❹ **Tú no eres español.**

3. 다음 중 동일한 의미를 갖지 않는 문장을 고르세요.

❶ **¡Qué chica tan bonita!** ❷ **¡Qué guapa!**
❸ **¡Qué bonita!** ❹ **¡Dios mío!**

4. **Yo soy español.** 은 어떤 문장의 대답입니까?

❶ **¿De dónde eres tú?** ❷ **¿Cómo estás?**
❸ **Tú estás muy bien, ¿no?** ❹ **¿Estás bien?**

5. 다음 문장을 부정문 형태로 만들었을 때 올바른 문장을 고르세요.

Él está cansado.

❶ Él está no cansado.
❷ Él no está cansado.
❸ No él está cansado.
❹ Él está cansado no.

6. 스페인어 의문문 사용과 관련한 다음 설명 중 잘못된 것을 고르세요.

❶ 의문사를 활용해 질문한다.
❷ 의문문을 글로 쓸 때 물음표를 뒤에 두 개 붙인다.
❸ 동사를 도치시켜 주어와 위치를 바꾼다.
❹ 평서문의 끝에 동의를 구하는 표현을 덧붙인다.

7. '우리는 밤에 노래부르지 않습니다.' 를 스페인어로 옮긴 것 중 잘못된 것을 고르세요.

❶ No cantamos por la noche.
❷ Nunca cantamos por la noche.
❸ Nunca no cantamos por la noche.
❹ No cantamos nunca por la noche.

8. **¿Hablas español?** 에 대한 적절한 답을 고르세요.

❶ Sí, hablo español.
❷ No, hablo español.
❸ Gracias. Hablo español.
❹ Tú no hablas español.

9. 다음 중 감탄문의 형태로 적절하지 못한 것을 고르세요.

❶ ¡Qué lástima!
❷ ¡Qué hermoso!
❸ ¡Alegría qué!
❹ ¡Hombre!

10. **Mi madre está enferma.** 는 어떤 질문의 대답입니까?

❶ ¿Cómo está tu mamá?
❷ ¿Es ella tu mamá?
❸ ¿De dónde es tu mamá?
❹ ¿Está en casa tu mamá?

정답 : 1. ❸ 2. ❸ 3. ❹ 4. ❶ 5. ❷
6. ❷ 7. ❸ 8. ❶ 9. ❸ 10. ❶

09.

Capítulo 09
스페인어의 핵, 3가지 규칙동사!

Subimos al tren para Toledo.
우리는 톨레도행 기차에 탑니다.

Subimos al tren para Toledo.

'스페인어는 동사 변화의 언어!' 라고 할 정도로 동사 변화가 중요합니다.
모든 동사는 **-ar / -er / -ir** 의 세 가지 형태로 끝나며, 일부 불규칙 변화를 하는 동사도 있지만
이 세 가지만 확실히 알면 스페인어 동사의 7~80%를 해결하는 셈입니다.
이번과가 특별히 중요한 이유입니다.

 9-1. 스페인을 찬송하다!

스페인은 뜨거운 태양, 온화한 기후, 소박함과 정겨움, 인심, 그리고 안락함과 느긋함으로 대표됩니다. 이방인들이 가장 높이 평가하는 스페인의 매력이죠. 국가공인 낮잠, 시에스타(**La Siesta**)의 나라, 서두르지 않는 자연주의적 생활방식이 여전히 예찬되고 있는 곳, 바로 스페인입니다. 현대의 모든 급격한 변화 속에서도 고수되고 있는 스페인 특유의 여유로움을 꼭 한번 느껴 보시길 바랍니다!

 9-2. 스페인어 동사, 좌우지간 변화한다!

스페인어의 동사는 주어의 인칭과 수에 따라 모양이 달라집니다. 총 6개!
하지만 각각의 인칭별로 동사의 모양이 다르니 자연스럽게 주어를 생략해도 된다는 편리함이 있습니다. 다만 3인칭의 경우는 '그 남자 / 그 여자 / 당신' 식으로 주어가 다양할 수 있어서 생략하지 않을 수도 있습니다. 스페인어 동사는 변화에 있어 특정한 패턴이 있으며, 상당수 동사들은 규칙적으로 정확하게 변하기 때문에 3개의 기본형만 익히면 상당 부분 해결할 수 있습니다.
3가지 동사의 변화 패턴을 완벽 이해하는 것이 이번과의 관건입니다.
그래서 준비했습니다! 세 줄로 요약한 스페인어 동사의 결정적 특징!

❶ 스페인어 동사는 주어의 인칭과 수에 따라 변화한다! :

스페인어의 동사는 '어근과 어미' 로 구성되어 있고, 인칭과 수에 따라 어미가 변화를 합니다.

Yo soy coreano/-a. 나는 한국 남자/여자입니다.

Nosotros/-as somos coreanos/-as. 우리는 한국 남자/여자입니다.

❷ 스페인어의 주어는 생략이 가능하다! :

주어에 따라 동사의 모양이 다르기 때문에 동사만 봐도 주어가 어떤 것인지 짐작할 수 있습니다. 그래서 생략이 가능한 것이죠. 실제 일상회화에서는 대부분 생략합니다. 단! 3인칭 동사의 경우 '그 남자 / 그 여자 / 당신 / 그 물건 / 그 고양이...' 등 여러 주어가 숨어있을 수 있기 때문에 웬만해선 생략하지 않습니다.

Nosotros somos coreanos.
➔ Somos coreanos.
(우리는) 한국인입니다.

Ellos son españoles.
그들은 스페인 사람들입니다.

이 문장에서 주어 **ellos** 를 생략하는 경우, 주어가 **los chicos** 일지 **ustedes** 일지 알 수 없고, 더 나아가 주어가 **las aceitunas** (올리브)인 경우라면 '스페인 산(産)' 으로 해석해야 할 수 있기 때문에 주어를 살려야 하겠습니다.

❸ 스페인어의 모든 동사는 **-ar**, **-er**, **-ir** 로 끝난다! :

스페인어의 모든 동사는 '**-ar** / **-er** / **-ir**' 의 세 가지 어미를 갖고 있으며, 편의상 1변화동사(**-ar**), 2변화동사(**-er**), 3변화동사(**-ir**)로 부릅니다. 전체 동사의 비중도 같은 순서입니다.

9-3. -ar 동사의 규칙변화 패턴!

규칙동사의 첫 번째 주자 **-ar** 동사(1변화동사)의 변화 패턴부터 살펴보겠습니다.
참고로 현재 학습하고 있는 동사는 '직설법 현재형' 입니다.

hablar (말하다)

단수	복수
yo hablo	**nosotros hablamos**
tú hablas	**vosotros habláis**
él/ella/Ud. habla	**ellos/ellas/Uds. hablan**

기억해 주십시오! **-ar** 동사의 어미변화 패턴은 **-o/ -as/ -a/ -amos/ -áis/ -an** 의 순서입니다.

entrar (들어가다)	**entro entras entra entramos entráis entran**
llegar (도착하다)	**llego llegas llega llegamos llegáis llegan**
visitar (방문하다)	**visito visitas visita visitamos visitáis visitan**

기타 대표적인 **-ar** 동사들!

buscar (찾다), **cantar** (노래하다), **comprar** (사다), **enseñar** (가르치다), **estudiar** (공부하다), **llamar** (부르다), **practicar** (연습하다), **preguntar** (질문하다), **preparar** (준비하다), **tocar** (건드리다), **bailar** (춤추다), **pronunciar** (발음하다)

(**profesor {m}** 교수, **bien** 잘, **coreano {m}** 한국어, **alumno {m}** 학생, **canción {f}** 노래, **joven {m}** 젊은이, **club {m}** 클럽, **visitar** 방문하다)

El profesor habla bien el coreano.
교수님은 한국어를 잘 하십니다.

Los alumnos cantan las canciones.
학생들이 노래를 부릅니다.

Los jóvenes bailan en el club.
젊은이들이 클럽에서 춤을 춥니다.

Visitamos a la profesora Kim.
(우리는) 김 교수님을 방문합니다.

Practical, Useful and Easy-To-Understand Lessons!

9-4. -er 동사의 규칙변화 패턴!

규칙동사의 두 번째 주자 **-er** 동사(2변화동사)의 어미변화 방식은
-o/ -es/ -e/ -emos/ -éis/ -en 입니다.

comer (먹다)

단수	복수
yo como	**nosotros comemos**
tú comes	**vosotros coméis**
él/ella/Ud. come	**ellos/ellas/Uds. comen**

역시 **-er** 동사의 어미변화 패턴 **-o/ -es/ -e/ -emos/ -éis/ -en** 을 다른 동사에 적용해보겠습니다.

beber (마시다) **bebo bebes bebe bebemos bebéis beben**
leer (읽다) **leo lees lee leemos leéis leen**
vender (팔다) **vendo vendes vende vendemos vendéis venden**

기타 대표적인 **-er** 동사들 :

aprender (배우다), **absorber** (흡수하다), **comprender** (이해하다), **temer** (무서워하다)

(**carne {f}** 고기, **fruta {f}** 과일, **qué** 무엇 (의문사), **alcohol {m}** 술, **universidad {f}** 대학교, **libro {m}** 책)

Yo como carne y tú comes frutas.
나는 고기를 먹고 너는 과일을 먹는다.

¿Qué aprendéis?
(너희들은) 무엇을 배우니?

No bebemos alcohol en la universidad.
(우리는) 대학교 내에서 술을 마시지 않습니다.

Ellos venden unos libros españoles.
그들은 스페인 책들을 팝니다.

9-5. -ir 동사의 규칙변화 패턴!

규칙동사의 세 번째 주자 **-ir** 동사(3변화동사)의 어미변화 방식은 **o/ -es/ -e/ -imos/ -ís/ -en** 입니다.

vivir (살다)

단수	복수
yo vivo	**nosotros vivimos**
tú vives	**vosotros vivís**
él/ella/Ud. vive	**ellos/ellas/Uds. viven**

이번에도 어미변화 패턴인 **o/ -es/ -e/ -imos/ -ís/ -en** 을 다른 동사에 적용해 변화시켜 보겠습니다.

abrir (열다)	**abro abres abre abrimos abrís abren**
escribir (쓰다)	**escribo escribes escribe escribimos escribís escriben**
recibir (받다)	**recibo recibes recibe recibimos recibís reciben**

기타 대표적인 **-ir** 동사들 :

descubrir (찾다), **describir** (서술하다), **inscribir** (등록하다), **compartir** (나누다), **prohibir** (금지하다), **partir** (출발하다), **subir** (올라타다)

(**piso {m}** 아파트, **en** 안에, **tren {m}** 기차, **ventana {f}** 창문, **para** ~행(行))

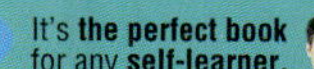

Vivo en un piso en Seúl.
(나는) 서울의 한 아파트에 삽니다.

El tren parte a las 11.
기차는 11시에 출발한다.

Abrimos las ventanas.
(우리는) 창문을 엽니다.

Subimos al tren para Toledo.
(우리는) 톨레도행 기차에 탑니다.

 9-6. 규칙동사 3종의 변화패턴 3줄정리!

자! 그럼 정리해볼까요?
스페인어의 모든 동사는 어미가 **~ar**, **~er**, **~ir** 중 하나이며, 각각의 동사변화방식을 비교해 보면, **~er** 동사와 **~ir** 동사는 1/2인칭 복수 형태에서만 **-e** 와 **-i** 로 살짝 다르게 변화하는 것 빼고는 모두 같은 형태임을 알 수 있습니다.

-ar 동사 (1변화동사) : **-o/ -as/ -a/ -amos/ -áis/ -an**
-er 동사 (2변화동사) : **-o/ -es/ -e/ -emos/ -éis/ -en**
-ir 동사 (3변화동사) : **-o/ -es/ -e/ -imos/ -ís/ -en**

Capítulo 09+ Multi Plus

여러분의 스페인어가 든든해지는 코너, 멀티플러스!
연습문제와 함께 복습과 표현력 강화를 해결하세요!

1. 다음에 적절한 것을 고르세요.

Carmen y Pedro (pronunciar : ________________) bien las palabras españolas.

❶ pronunciamos ❷ pronuncien ❸ pronuncia ❹ pronuncian

2. 다음에 적절한 것을 고르세요. (**importados** : 수입한)

Nosotros (vender: ________________) coches importados de Alemania.

❶ vendido ❷ vendéis ❸ vendamos ❹ vendemos

3. 다음에 적절한 것을 고르세요.

Yo vivo en Corea y tú (____________) en España.

❶ vives ❷ vive ❸ viven ❹ vivís

4. 다음에 적절한 것을 고르세요.

Y (____________) a la estación a las 9:35. (**estación** : 역)

❶ soy ❷ llego ❸ subo ❹ vivo

5. 다음에 적절한 것을 고르세요.

¿Beben alcohol en la universidad?
No. no (beber: ________________) alcohol en la universidad.

❶ bebo ❷ bebes ❸ bebemos ❹ bebéis

6. '학생들이 노래를 부릅니다.' 를 스페인어로 옮길 때 적당한 동사 형태를 고르세요.

Los alumnos (cantar : __________) las canciones.

❶ **canto** ❷ **cantamos** ❸ **cantáis** ❹ **cantan**

7. '그들은 싱싱한 사과를 팝니다.' 를 스페인어로 옮길 때 적당한 동사 형태를 고르세요.

Ellos (vender : ______________) las manzanas frescas.

❶ **venden** ❷ **vendan** ❸ **vendamos** ❹ **vendéis**

8. '기차는 11시에 출발한다.' 를 스페인어로 옮길 때 적당한 동사 형태를 고르세요.

El tren (partir : _____________) a las 11.

❶ **parto** ❷ **parta** ❸ **parte** ❹ **parten**

9. 다음 중 스페인어 동사와 동사변화에 대한 설명으로 잘못된 것을 고르세요.

❶ **-ar** 동사 (1변화동사) : **-o/ -es/ -e/ -amos/ -áis/ -en**
❷ **-er** 동사 (2변화동사) : **-o/ -es/ -e/ -emos/ -éis/ -en**
❸ **-ir** 동사 (3변화동사) : **-o/ -es/ -e/ -imos/ -ís/ -en**
❹ 스페인어의 모든 동사는 어미가 **-ar**, **-er**, **-ir** 중 하나이다.

10. 다음에 적당한 동사변화를 고르세요.

¿Dónde vives?
Yo (vivir : ____________) en un piso de Seúl.

❶ **vivimos** ❷ **vivo** ❸ **vive** ❹ **viva**

정답 : 1. ❹ 2. ❹ 3. ❶ 4. ❷ 5. ❸
6. ❹ 7. ❶ 8. ❸ 9. ❶ 10. ❷

Carmen habla español, francés y alemán.

10.
Capítulo 10
스페인어의 접속사와 수사

Carmen habla español, francés y alemán.

까르멘은 스페인어, 프랑스어, 독일어를 합니다.

10과는 잠시 숨 돌리는 코너로 '접속사와 수사'를 만납니다.
접속사는 단어와 단어, 문장과 문장을 자연스럽게 이어줌으로써 여러분의 스페인어를 최대한 길게 만들어 드릴 것입니다. 그리고 수사는 스페인어 생활회화에서 매우 중요한 부분입니다. 생활 속 필수 숫자를 소개해 드리겠습니다.

10-1. 스페인어 빠르거나 길거나!

스페인 사람들, 말 참 빠르게 합니다. 숨은 쉬면서 말하나 싶을 정도로 빠르죠.
평소에도 그런데 레알 마드리드 광팬에게 승전보라도 전해지면 얘기는 또 달라집니다.
악센트가 만들어내는 리듬감과 특유의 사운드가 혼을 쏙 빼놓을 정도죠. ^0^ 빨리 말하는 사람을 명석함과 연결해 생각할 수 있다면, 분명 스페인 사람들이 그 첫 번째 대상이 될 것입니다. 빠르고 길게 말하는 것이 스페인 사람처럼 말하는 것이라면, 우리의 목표도 이를 닮아야 할 것이고요.

10-2. 스페인어가 길어지는 접속사!

이번과에 소개해 드릴 접속사는 '대등접속사' 입니다.
말 그대로 단어와 단어, 또는 문장과 문장을 대등하게 연결해주는 품사입니다. 한마디로 여러분의 스페인어를 길게 만들어 줄 녀석이죠. ^0^ 대등접속사가 등장하면 그 접속사를 중심으로 좌우가 대등한 위상을 갖는 대칭 관계라고 보시면 됩니다.

(**hablar** 말하다, **español** 스페인어, **francés** 프랑스어, **alemán** 독일어, **en** ~에 (전치사), **vivir** 살다, **té {m}** 차, **mexicano {m}** 멕시코인, **colombiano {m}** 콜롬비아인, **leer** 읽다, **novela {f}** 소설, **entender** 이해하다, **nada {f}** 무/허무, **cantar** 노래하다)

❶ 접속사 **y** (그리고)

Carmen habla español, francés y alemán.
까르멘은 스페인어와 프랑스어, 그리고 독일어를 합니다.

Vivo en Seúl y ella vive en Busan.
(나는) 서울에 살고, 그녀는 부산에 삽니다.

❷ 접속사 **o** (또는 / 그렇지 않으면)

¿Tomas café o té?
커피 마셔, 또는 차 마셔?

¿Es usted mexicano o colombiano?
당신은 멕시코인입니까, 아니면 콜롬비아인입니까?

❸ 접속사 **pero** (그러나)

Leo la novela pero no entiendo nada.
(나는) 소설책을 읽지만, 하나도 이해하지 못합니다.

Ella canta pero yo no canto.
그녀는 노래하지만, 나는 노래하지 않습니다.

10-3. 스페인어의 수사, 기수!

여러분께서 지금 당장 스페인 언어권 나라로 여행을 떠나신다면, 다른 건 몰라도 숫자 정도는 비행기 안에서라도 준비해 주시길 바랍니다. 사실 숫자만큼 쓸 곳이 많은 것도 없고, 잠깐의 시간투자 대비 결과의 효용성이 높은 것도 없을 겁니다.

먼저 '세는 수' 인 기수부터 만나보겠습니다.
일단 0에서부터 10까지를 무조건 외우셔야 합니다. 11부터 15까지는 **-ce** 로 끝나는 '쎄쎄쎄~브라더스' 입니다. 16부터 19까지는 10+6, 10+7… 요렇게 해서 20+9까지 가는 형태이나 빠른 속도로 읽다보니 나중엔 '+' 가 연음되면서 **i** 로 바뀌어버렸습니다. **-s** 로 끝나는 숫자에는 단 단위 숫자 원래 강세 위치에 강세를 붙인다는 점 유념하시기 바랍니다.

0 cero		
1 un(o)/-a	11 once	21 veintiuno
2 dos	12 doce	22 veintidós
3 tres	13 trece	23 veintitrés
4 cuatro	14 catorce	24 veinticuatro
5 cinco	15 quince	25 veinticinco
6 seis	16 dieciséis	26 veintiséis
7 siete	17 diecisiete	27 veintisiete
8 ocho	18 dieciocho	28 veintiocho
9 nueve	19 diecinueve	29 veintinueve
10 diez	20 veinte	30 treinta

이번에는 31부터 100까지입니다. 31부터는 정말 만들기 쉽습니다. 연음도 없이 그저 '30 그리고 1, 2, 3...' 의 방식으로 만들면 되니까요.

31 treinta y uno/-a	10 diez
32 treinta y dos	20 veinte
33 treinta y tres	30 treinta
34 treinta y cuatro	40 cuarenta
35 treinta y cinco	50 cincuenta
36 treinta y seis	60 sesenta
37 treinta y siete	70 setenta
38 treinta y ocho	80 ochenta
39 treinta y nueve	90 noventa
40 cuarenta	100 cien

쇼핑을 하려면 좀 더 큰 숫자들이 필요하겠죠? 그러면 수백만까지는 달려봐야겠네요!

100 cien	600 seiscientos/-as
200 doscientos/-as	700 setecientos/-as
300 trescientos/-as	800 ochocientos/-as
400 cuatrocientos/-as	900 novecientos/-as
500 quinientos/-as	1.000 mil

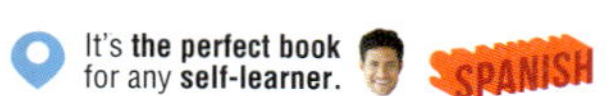

101 ciento uno
1.001 mil un(o)/-a
2.000 dos mil
1.000.000 un millón (de)
2.000.000 dos millones (de)

단! 주의하실 점이 하나 있습니다. 특이하게도 스페인어는 우리와는 반대로 천 단위마다 '마침표' 를 찍고, 소수점을 '쉼표' 로 표기합니다. 그리고 다른 숫자들은 수 형용사로 쓰일 수 있는데 **millón** (백만)만은 명사로만 쓰이기 때문에 반드시 명사와의 사이에 **de** 를 넣어 연결시켜주셔야 합니다. 그리고 명사이니까 2백만, 3백만... 으로 숫자가 올라가면 당연히 복수로 표시해줘야겠지요?

3.000 $: tres mil dólares (3천 달러)
7,35% : siete coma treinta y cinco por ciento (7.35%)
3.000.000 Won : tres millones de wones (3백만 원)

 10-4. 스페인어의 수사, 서수!

서수는 순서를 말할 때 쓰는 숫자입니다.
보통 첫 번째부터 열 번째까지 정도는 서수를 쓰지만 그 이상을 넘어가면 그냥 기수로 써주시면 됩니다.
자! 간단하게 첫 번째부터 열 번째까지만 살펴보겠습니다.

(**rey {m}** 국왕, **mundial** 세계의, **guerra {f}** 전쟁)

1. primer(o)/-a
2. segundo/-a
3. tercer(o)/-a
4. cuarto/-a
5. quinto/-a
6. sexto/-a
7. séptimo/-a
8. octavo/-a
9. noveno/-a
10. décimo/-a

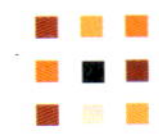

El rey don Juan Carlos I
돈 후안 까를로스 1세 국왕 (로마자 **I** 은 **primero** 라고 읽습니다.)

La Segunda Guerra Mundial
제2차 세계대전

10-5. 숫자를 활용한 요긴한 생활표현들!

숫자를 알면 시간과 날짜 등 일상생활의 중요한 표현들이 일거에 해결됩니다!

(**qué** 몇, **hora** 지금, **media {f}** 절반, **fecha {f}** 날짜, **hoy** 오늘, **día** 날/일)

❶ 스페인어로 시간 말하기!

시간과 분은 우리처럼 따로 '~시', '~분' 이라고 말해줄 필요 없이 그냥 숫자만 읽어주고 그 사이를 접속사 **y** 로 연결하면 됩니다. 즉 '2시 10분' 은 '**2 y 10**' 이렇게 말해주면 된다는 거죠. 이때 동사는 **ser** 동사를 사용하고, 1시만 단수 **es** 로, 2시부터 24시까지는 복수 **son** 을 활용하시면 됩니다.

¿Qué hora es?	지금 몇 시입니까?
- Es la una.	1시입니다.
- Son las cuatro.	4시입니다.
- Son las tres y veinte.	3시 20분입니다.
- Son las cinco y media.	5시 30분입니다.

❷ 스페인어로 날짜 말하기!

월은 '**de** + 월명' 으로 표시합니다.

1월 **enero**, 2월 **febrero**, 3월 **marzo**, 4월 **abril**,
5월 **mayo**, 6월 **junio**, 7월 **julio**, 8월 **agosto**,
9월 **septiembre**, 10월 **octubre**, 11월 **noviembre**, 12월 **diciembre**

¿Qué fecha es hoy?	오늘은 며칠입니까?
- Es siete de febrero.	2월 7일입니다.
- Es veinte de diciembre.	12월 20일입니다.
- Es primero de enero.	1월 1일입니다.

❸ 스페인어로 요일 표현하기!

일요일 **domingo**, 월요일 **lunes**, 화요일 **martes**, 수요일 **miércoles**,
목요일 **jueves**, 금요일 **viernes**, 토요일 **sábado**

¿Qué día es hoy?	오늘은 무슨 요일입니까?
- Hoy es lunes.	오늘은 월요일입니다.

Capítulo 10+ Multi Plus

여러분의 스페인어가 든든해지는 코너, 멀티플러스!

연습문제와 함께 복습과 표현력 강화를 해결하세요!

1. '까르멘은 스페인어와 프랑스어, 그리고 독일어를 합니다.' 를 스페인어로 올바르게 쓴 문장을 고르세요.

❶ **Carmen habla español o francés, alemán.**
❷ **Carmen habla español, francés y alemán.**
❸ **Carmen habla español pero francés y alemán.**
❹ **Carmen habla español, francés, alemán.**

2. 다음 중 접속사의 사용이 잘못된 문장을 고르세요.

❶ **¿Tomas café pero té?** ❷ **Ella canta pero yo no canto.**
❸ **Vivo en Seúl y ella vive en Busan.** ❹ **¿Es usted mexicano o peruano?**

3. 다음 중 스페인어의 숫자 표기가 잘못된 것을 고르세요.

❶ **dieciséis** ❷ **trés** ❸ **veintidós** ❹ **veintitrés**

4. 다음 아라비아 숫자와 스페인어 숫자가 제대로 짝지어진 것을 고르세요.

❶ **15 - diecicinco** ❷ **26 - veintiseis** ❸ **500 - quinientos** ❹ **900 - nuevecientos**

5. 다음 중 스페인어로 시간 표현이 잘못된 예를 고르세요.

❶ **4:15 - Son las cuatro y diecicinco.** ❷ **6:00 - Son las seis.**
❸ **3:20 - Son las tres y veinte.** ❹ **5:30 - Son las cinco y media.**

6. 다음 문장을 스페인어로 옮길 때 접속사의 사용이 올바른 것을 고르세요.

당신은 멕시코인입니까, 아니면 콜롬비아인입니까?
¿Es usted mexicano (_______________) colombiano?

❶ y ❷ pero ❸ o ❹ y pero

7. 다음 아라비아 숫자와 스페인어 숫자가 제대로 짝지어진 것을 고르세요.

❶ 4 - cuatro ❷ 14 - diez y cuatro ❸ 2,000 - dos miles ❹ 1,000,000 - millon

8. '지금은 9시 30분입니다.' 를 스페인어로 옮길 때 올바른 것을 고르세요.

❶ Son las nueve y medio.
❷ Son las nueve y media.
❸ Es la nueve y media.
❹ Son las nueve y treintas.

9. 다음 중 접속사의 사용이 잘못된 문장을 고르세요.

❶ Vivo en Corea y ella vive en España.
❷ Leo la novela pero no entiendo nada.
❸ ¿Es usted coreano o chino?
❹ Carmen habla español, francés pero alemán.

10. 다음 중 시간 표현이 잘못된 예를 고르세요.

❶ 1:00 - Son las una.
❷ 3:25 - Son las tres y veinticinco.
❸ 7:30 - Son las siete y media.
❹ 11:12 - Son las once y doce.

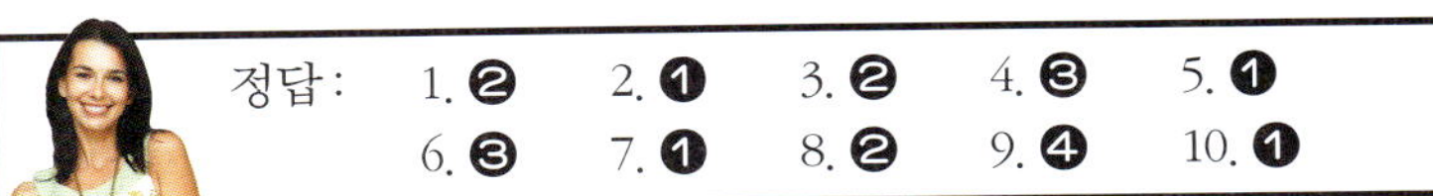

정답: 1. ❷ 2. ❶ 3. ❷ 4. ❸ 5. ❶ 6. ❸ 7. ❶ 8. ❷ 9. ❹ 10. ❶

Estoy feliz con mi familia.

11.

Capítulo 11

스페인어 인칭대명사의 소유격과 전치격!

Estoy feliz con mi familia.

(나는) 가족과 함께 행복합니다.

스페인어의 인칭대명사는 문장에서의 역할에 따라 주격인칭대명사, 소유격인칭대명사, 전치격인칭대명사 그리고 목적격인칭대명사 등으로 나뉩니다. 영어에 비해 인칭대명사가 꼼꼼하게 잘 발달된 언어라고 할 수 있습니다. 이미 주격인칭대명사를 마스터 하셨으니 이번 시간에는 소유격인칭대명사와 전치격인칭대명사를 연속해서 만나보겠습니다.

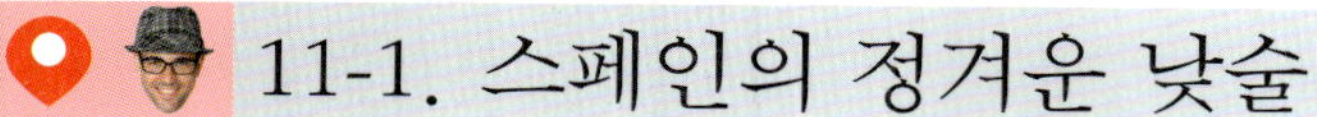

11-1. 스페인의 정겨운 낮술!

스페인 사람들, 아무렇지도 않게 낮술을 즐깁니다.
스페인에는 우리의 커피숍이나 분식점에 해당되는 작은 식당, **Bar** 가 즐비합니다.
이곳에서 스페인 사람들은 점심식사와 함께 와인을 마십니다.
대낮부터 밥상머리에서 술잔을 기울이는 거죠. 식사 주문과 동시에 어김없이 식탁 위에 등장하는 것이 바로 **Vino de Casa** (하우스 와인) 한 병입니다. 싱싱한 올리브를 안주 삼아 한참을 여유 있게 식사하면 모두 말짱한 채로 자리를 뜹니다. 음주운전을 걱정할 필요 없을 정도로 말이죠.

11-2. 스페인어의 소유격인칭대명사!

소유를 나타내는 영어의 **my**, **your**, **his**, **her** ...처럼 스페인어 역시 인칭별로 '소유격인칭대명사' 가 있습니다. 특이한 건, 위치에 따라 명사 앞에 놓이는 '전치형' 과 명사 뒤에 따라오는 '후치형' 의 2가지로 나뉜다는 점입니다. 전치형과 후치형은 모양새가 서로 다릅니다.

❶ 소유격인칭대명사(전치형)

mi mis (나의)
tu tus (너의)
su sus (그/그녀/당신의)
nuestro nuestra / nuestros nuestras (우리들의)
vuestro vuestra / vuestros vuestras (너희들의)
su sus (그/그녀/당신들의)

❷ 소유격인칭대명사(후치형)

mío mía / míos mías (나의)
tuyo tuya / tuyos tuyas (너의)
suyo suya / suyos suyas (그/그녀/당신의)
nuestro nuestra / nuestros nuestras (우리들의)
vuestro vuestra / vuestros vuestras (너희들의)
suyo suya / suyos suyas (그/그녀들의)

소유격인칭대명사 전치형은 명사의 앞에 위치하면서 다음에 나오는 명사의 성과 수에 일치시킵니다. 이름 그대로 형용사이기 때문에 형용사의 속성을 그대로 간직하고 있는 것이지요. **mi casa**, **mis casas** 가 그 예인데, 실제로는 다음에 나오는 명사의 경우의 수가 남성/여성/단수/복수 4가지이기 때문에 소유격인칭대명사도 최대 4개까지 존재합니다. 소유격인칭대명사의 명사에 대한 확실한 정보전달 덕분에 관사는 생략됩니다.

mi casa (나의 집) ➔ **mis casas** (나의 집들)
nuestra casa (우리들의 집) ➔ **nuestras casas** (우리들의 집들)
tu sombrero (너의 모자) ➔ **tus sombreros** (너의 모자들)
vuestro sombrero (너희들의 모자) ➔ **vuestros sombreros** (너희들의 모자들)

소유격인칭대명사 후치형은 명사의 뒤에 위치하면서 역시 명사의 성수에 일치시킵니다. 다만 전치형과 달리 후치형의 경우에는 명사 앞자리가 비어 있는 관계로 반드시 관사를 써줍니다. 다시 말해 '관사 + 명사 + 후치형 형용사' 의 순서가 되는 것이죠. 후치형이 이렇게 복잡하다 보니 일상생활에서는 전치형을 훨씬 많이 사용하고 있습니다.

mi maleta (나의 가방) ➔ **la maleta mía** (나의 가방)
mis maletas (나의 가방들) ➔ **las maletas mías** (나의 가방들)
nuestra maleta (우리들의 가방) ➔ **la maleta nuestra** (우리들의 가방)
nuestras maletas (우리들의 가방들) ➔ **las maletas nuestras** (우리들의 가방들)

주의하실 점은 3인칭의 경우 **su**, **sus** 를 썼을 때 그것이 '그의' 것인지, '그녀의' 것인지, '제 삼자' 의 것인지 모호할 수 있습니다. 이럴 때는 '정관사 + 명사 + **de** + 주격/고유명사' 로 주체를 명확히 밝힙니다.

(**quién** 누구, **coche {m}** 자동차, **paquete {m}** 소포, **postal** 우편의)

¿De quién es ese coche?
그 차는 누구의 차입니까?

Es su coche.
그의 차입니다. ('그' 가 누구인지 맥락 속에서 파악할 수 있을 때)

Es el coche del señor Kim.
김씨의 차입니다. (**su** 의 주체가 누구인지 모호할 때)

¿Para quién es este paquete postal?
이 소포는 누구를 위한 (누구에게 온) 것입니까?

Es su paquete postal.
그의 소포입니다. ('그' 가 누구인지 맥락 속에서 파악할 수 있을 때)

Es el paquete postal de mi mamá.
우리 엄마를 위한 겁니다. (**su** 의 주체가 누구인지 모호할 때)

11-3. 스페인어의 전치격인칭대명사!

전치격인칭대명사는 전치사와 함께 사용하는 인칭대명사를 말합니다.
전치사 다음에 올 수 있는 인칭대명사인 것이죠.

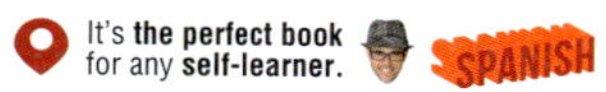

전치격인칭대명사

전치사 +	**mí**	**nosotros / nosotras**
	ti	**vosotros / vosotras**
	él / ella / usted	**ellos / ellas / ustedes**

가만히 들여다보면 1인칭단수와 2인칭단수에 해당하는 **mí**, **ti** 를 제외하고는 모두 주격인칭대명사와 똑 같다는 것을 알 수 있습니다.

(**llegar** 도착하다, **oficina {f}** 사무실, **contento/-a** 만족한/즐거운, **familia {f}** 가족, **ahora** 지금, **madre {f}** 어머니, **señorita {f}** 숙녀, **llevar** 가져가다, **estudiar** 배우다, **siempre** 항상, **pensar** 생각하다, **mismo** 자신)

❶ 대표적인 전치사들로는 **a** (~를/에게), **con** (~와 함께), **de** (~의), **en** (~속에), **por** (~때문에), **para** (~을 위하여) 등이 있습니다.

a (~를/에게)

Llego a mi oficina.
(나는) 나의 사무실에 도착합니다.

con (~와 함께)

Ella está contenta con su familia.
그 여자는 그녀의 가족과 더불어 만족합니다.

de (~의)

Este coche grande es de mi padre.
이 큰 차는 나의 아버지의 것입니다.

en (~ 속에)

El hombre piensa en ella.
그 남자는 그녀 생각을 합니다.

por (~ 때문에)

El tren llega tarde por ellos.
기차는 그들 때문에 늦게 도착합니다.

para (~을 위하여)

Mi mamá prepara la cena para mí.
나의 엄마는 나를 위해 저녁식사를 준비합니다.

❷ 전치사 **con** 은 **mí**, **ti** 와 더불어 불규칙한 형태로 변화하기 때문에 주의가 필요합니다.

con + mí = conmigo (나와 함께)
con + ti = contigo (너와 함께)

Ahora mi madre está conmigo.
지금 나의 어머니는 나와 함께 계십니다.

Tu novio siempre está contigo.
네 남자친구는 항상 너와 함께 있다.

con + 3인칭 단 · 복수 = **consigo** (손수 ~을 가져가다)

La señorita lleva sus maletas consigo.
숙녀분 자신이 그녀의 가방들을 가져갑니다.

Los jugadores llevan las raquetas consigo.
선수들은 라켓을 손수 들고 갑니다.

❸ 전치사 + 3인칭 단 · 복수 (자기 자신을 의미할 때에만)

자신을 위해, 자신에 대해 : 전치사 + **sí**

Ellos estudian español para sí mismos.
그들은 자신을 위해 스페인어를 배웁니다.

Él siempre piensa en sí mismo.
그는 항상 그 자신을 생각합니다.

Capítulo 11+ Multi Plus

여러분의 스페인어가 든든해지는 코너, 멀티플러스!
연습문제와 함께 복습과 표현력 강화를 해결하세요!

1. 다음 중 인칭대명사 소유격의 단·복수 형태가 잘못 짝 지어진 것을 고르세요.

❶ mi - mis
❷ tu - tus
❸ su - sus
❹ nuesta - nuestros

2. 다음 중 명사와 인칭대명사 소유격의 결합이 잘못된 것을 고르세요.

❶ mis casas
❷ tu sombreros
❸ vuestros libros
❹ su maleta

3. 다음 중 인칭대명사 소유격의 전치형과 후치형이 잘못 짝 지어진 것을 고르세요.

❶ mis maletas - las maletas mías
❷ nuestras maletas - las maletas nuestras
❸ su sombrero - el sombrero suyo
❹ tus libros - los libros tus

4. 다음 문장 중 올바른 문장을 고르세요.

❶ Es mis libro.
❷ Es su coche de mí.
❸ Es su paquete postal.
❹ Las mis camisas son blancas.

5. 다음 중 인칭대명사 전치격의 사용이 잘못된 것을 고르세요.

❶ Es caro para mí.
❷ Estoy feliz contigo.
❸ Mi mamá piensa en yo.
❹ Tu novio lleva sus maletas consigo.

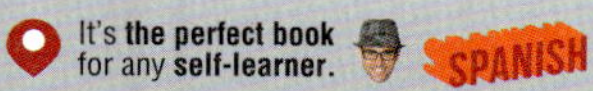

6. 다음 질문에 대한 답에서 인칭대명사 소유격의 사용이 올바른 것을 고르세요.

¿De quién es ese coche? (그 차는 누구의 차입니까?)
Es (____________) coche. (그의 차입니다.)

❶ mi ❷ tu ❸ su ❹ sus

7. 다음 중 인칭대명사 전치격의 사용이 올바르지 못한 것을 고르세요.

❶ Mi hijo me visita a mí.
❷ Este coche grande es de tú.
❸ El hombre piensa en ella.
❹ Mi mamá prepara la cena para mi padre.

8. 다음 중 인칭대명사 전치격의 사용이 올바르지 못한 것을 고르세요.

❶ Ahora mi madre está conmigo.
❷ Tu novio siempre está contigo.
❸ El tren llega tarde por ellos.
❹ Los jugadores llevan las raquetas con ellos.

9. 다음 중 주격인칭대명사와 전치격인칭대명사가 잘못 짝지어진 것을 고르세요.

❶ él - él ❷ yo - mi ❸ tú - ti ❹ ellos - ellos

10. 다음 중 명사와 인칭대명사 소유격의 형태가 잘못 짝지어진 것을 고르세요.

❶ su coche
❷ mis paquetes postales
❸ tu sombreros
❹ mi familia

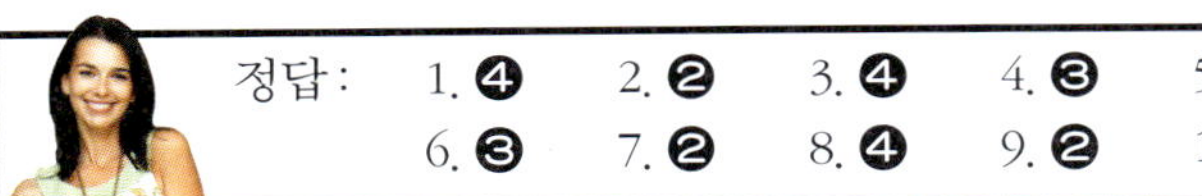

정답 : 1. ❹ 2. ❷ 3. ❹ 4. ❸ 5. ❸
6. ❸ 7. ❷ 8. ❹ 9. ❷ 10. ❸

12.

Capítulo 12
스페인어 인칭대명사의 목적격과 불규칙동사 (1)
Te quiero. 너를 사랑해.

스페인어 동사의 상당수는 규칙동사이지만 중요한 동사의 경우 다수가 불규칙동사입니다. 이번과부터 제14과까지 연이어서 스페인어 불규칙동사 대망의 3부작을 소개해드리겠습니다. 불규칙동사는 여러분의 문장력을 한층 강화시켜 드릴 것입니다. 아울러 이번과에서는 영어의 **me**, **him**, **them** … 등에 해당하는 스페인어 목적격인칭대명사도 만나 보겠습니다.

12-1. 스페인의 불규칙적 변혁!

'역사의 질곡' 을 롤러코스터처럼 온몸으로 보여주는 나라가 스페인입니다.
로마제국의 지배, 게르만의 지배, 회교도의 지배를 거쳐 기독교 왕국을 건설하고 마침내 1492년 영광의 식민지 개척시대로 이어지는 장구한 역사의 나라. 한때는 최강의 패권국으로서 화려한 정치 경제적 위상을 자랑했으나 이후 이어지는 전쟁과 내분, 그리고 20C 초반의 프랑코 독재 등으로 유럽 최빈국으로의 추락을 경험한 나라. 극적인 민주화와 유럽연합 가입(1986년)으로 괄목상대할 만한 발전을 이루며 기적과도 같이 제2의 부흥기를 누렸던 문화 강국. 바로 스페인입니다. 안타깝게도 2012년에는 글로벌 경제위기의 직격탄을 맞았고, EU발 경제위기의 뇌관으로까지 등극했습니다만, 여전히 우리는 스페인이 달리게 될 다음번의 궤적이 궁금합니다.

12-2. 불규칙동사 ir 의 변화형태

불규칙동사는 말 그대로 무쌍하게 변화하는 동사를 말합니다.
하지만 불규칙이라고 해도 변화의 유형을 종잡을 수 없을 정도는 아닙니다.
더욱이 유사한 불규칙 패턴을 따르는 동종의 동사들이 대부분이기 때문에 패턴을 기억해 두시면 다른 동사활용에도 도움이 됩니다. 일부 동사들은 어미는 물론 어간까지 바뀌기 때문에 소리 내어 발음하면서 기억하는 것이 효과적일 수 있습니다.
그럼 불규칙동사 **ir** (가다)의 인칭별 변화형태와 활용법부터 살펴보겠습니다.

단수	복수
yo voy	**nosotros vamos**
tú vas	**vosotros vais**
él/ella/Ud. va	**ellos/ellas/Uds. van**

ir (가다)	**voy vas va**	**vamos vais van**
dar (주다)	**doy das da**	**damos dais dan**

(**al** 전치사 **a** 와 정관사 **el** 이 결합된 형태, **cine {m}** 영화관, **hermano {m}** 형제, **universidad {f}** 대학교, **sábado {m}** 토요일, **chico {m}** 소년, **playa {f}** 해변, **cenar** 저녁식사하다, **restaurante {m}** 식당, **chino** 중국의)

❶ **ir** + **a** : ~에(로) 가다

Voy al cine con mis hermanos.
(나는) 나의 형제들과 영화관에 갑니다.

Vas a la universidad los sábados.
(너는) 토요일마다 대학교에 간다.

❷ **ir** + **a** + **inf.** (동사원형) : ~을 하려고 한다 (미래)

Los chicos van a ir a la playa.
아이들은 해변에 가려고 합니다.

Voy a cenar en un restaurante chino.
(나는) 중국식당에서 저녁식사를 하려고 합니다.

12-3. 불규칙동사 **tener** 의 변화형태

tener 동사는 영어의 **have** 동사에 해당합니다.
'가지다' 의 의미 외에도 영어의 **have to** 처럼 다양한 용법으로 사용하는 유용한 동사입니다.

단수	복수
yo tengo	**nosotros tenemos**
tú tienes	**vosotros tenéis**
él/ella/Ud. tiene	**ellos/ellas/Uds. tienen**

tener (가지다)	**tengo tienes tiene**	**tenemos tenéis tienen**
venir (오다)	**vengo vienes viene**	**venimos venís vienen**

(**mesa {f}** 책상, **grande** 큰, **regresar** 돌아가다, **oficina {f}** 사무실, **preparar** 준비하다, **respuesta {f}** 답변, **mucho/-a** 많은, **cabeza {f}** 머리, **estómago {m}** 배)

❶ **tener** : ~을 가지다

Tengo dos hermanos.
(나는) 형제가 둘 있습니다.

El profesor tiene una mesa grande.
교수님은 큰 책상을 하나 가지고 있습니다.

❷ **tener que + inf.** (동사원형) : ~을 해야 한다 (의무)

Tengo que regresar a la oficina.
(나는) 사무실로 돌아가야 합니다.

Tienes que preparar las respuestas.
(너는) 답변들을 준비해야 해.

❸ **tener** + 명사 : 특수 관용구

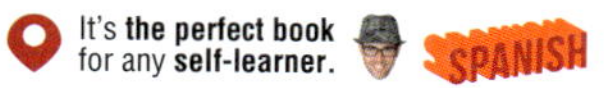

frío (춥다) :	**Tengo frío.** (나는) 춥습니다.
calor (덥다) :	**No tenemos calor.** (우리는) 덥지 않습니다.
hambre (배고프다) :	**¿Tenéis hambre?** (너희들) 배고프니?
sueño (졸리다) :	**Tengo mucho sueño.** (나는) 많이 졸립니다.
dolor (아프다) :	**Tengo dolor de cabeza.** (나는) 머리가 아픕니다.
	Tengo dolor de estómago. (나는) 배가 아픕니다.

 12-4. 스페인어 목적격인칭대명사!

마지막으로 영어의 **me**, **him**, **them** 과 같은 목적격인칭대명사를 소개합니다.
스페인어의 목적격은 직접목적격(~을/를)과 간접목적격(~에게)으로 나뉩니다.

	직접목적격인칭대명사		간접목적격인칭대명사	
	단수	복수	단수	복수
1인칭	**me**	**nos**	**me**	**nos**
2인칭	**te**	**os**	**te**	**os**
3인칭	**lo / la**	**los / las**	**le**	**les**

❶ 표를 비교해보시면 1/2인칭 단/복수는 직접목적격과 간접목적격의 형태가 동일합니다. 따라서 3인칭만 따로 잘 기억해주시면 되겠습니다. 스페인에서는 더러 **le/les** 를 직접목적격으로 사용하기도 하지만, **lo/la/los/las** 형이 훨씬 보편적입니다. 이들 목적격인칭대명사는 직접과 간접에 상관없이 모두 동사 앞에 위치합니다.

(**querer** 사랑하다, **invitar** 초대하다, **cena {f}** 저녁식사, **regalar** 선물하다, **rosa {f}** 장미, **mostrar** 보여주다, **foto {f}** 사진, **dar** 주다, **regalo {m}** 선물, **documento {m}** 서류, **entregar** 건네다, **novio/-a {m/f}** 연인, **flor {f}** 꽃, **diccionario {m}** 사전, **prestar** 빌려주다, **anillo {m}** 반지, **juguete {m}** 장난감)

Te quiero.
너를 사랑해.

El profesor nos invita a la cena.
교수님이 우리를 저녁 식사에 초대합니다.

Él me regala una rosa.
그는 나에게 장미 한 송이를 선물합니다.

Ella me muestra una foto.
그녀는 나에게 사진 하나를 보여줍니다.

❷ 목적격인칭대명사가 사람에 사용될 때는 '중복형' 이라고 하여 '전치사 **a** + 사람' 의 형태로 다시 한 번 중복해서 표현합니다. 이름처럼 '중복' 하는 것인 만큼, 굳이 써주지 않아도 별 문제는 없습니다.

Te quiero a ti.
(나는) 너를 사랑해.

Le doy un regalo a Carmen.
(나는) 까르멘에게 선물을 줍니다.

Él me entrega los documentos.
➔ Él me entrega a mí los documentos.
그가 나에게 서류들을 건넵니다. ➔ **me** 를 **a mí** 로 중복 표현.

Él le regala unas flores.

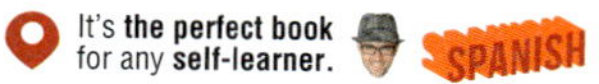

➔ **Él le regala a su novia unas flores.**
그는 연인에게 꽃을 선물합니다. ➔ **le** 를 **a su noiva** 로 중복 표현.

❸ 직접인칭대명사와 간접인칭대명사가 한 문장 속에 나란히 사용될 경우, 어순은 '간접 + 직접 + 동사' 입니다. 보다 중요한 직접인칭대명사가 동사에 가까이 배치된 원리라고 할 수 있죠.

Carmen me presta su diccionario.
까르멘이 나에게 그녀의 사전을 빌려줍니다.

➔ **Carmen me lo presta.**
까르멘이 나에게 그것(사전)을 빌려줍니다.

Ella te da un regalo.
그녀가 너에게 선물을 준다.

➔ **Ella te lo da.**
그녀가 너에게 그것(선물)을 준다.

❹ 그리고 3인칭 직접목적어와 간접목적어가 나란히 나오는 경우에는, 앞에 나온 간접목적격인칭대명사 **le** / **les** 를 **se** 로 바꾸어 씁니다. **le lo**, **le la**, **les los**, **les las** 와 같이 **l** 이 겹치는 경우 발음을 편하게 하기 위해서 간접목적격을 **se** 로 바꾼 것입니다.

Juan le regala un anillo a ella.
후안이 그녀에게 반지를 선물한다.

➔ **Juan le lo regala. (X)**
➔ **Juan se lo regala. (O)**
후안이 그녀에게 그것을 선물한다.

Mi papá da los juguetes a los niños.
나의 아빠가 아이들에게 장난감들을 주신다.

➔ **Mi papá les los da. (X)**
➔ **Mi papá se los da. (O)**
나의 아빠가 그들에게 그것들을 주신다.

Capítulo 12+ Multi Plus

여러분의 스페인어가 든든해지는 코너, 멀티플러스!
연습문제와 함께 복습과 표현력 강화를 해결하세요!

1. 다음에 적절한 것을 고르세요.

Mis amigos (ir: ________________) a la ceremonia con sus padres.

❶ voy ❷ vamos ❸ vais ❹ van

2. 다음에 적절한 것을 고르세요.

나는 이번 주말에 '돈키호테'를 읽으려고 한다.
(____________) a leer 'Don Quijote' este fin de semana.

❶ Voy ❷ Vamos ❸ Tengo ❹ Tenemos

3. 다음에 적절한 것을 고르세요.

Nosotros tenemos que (estudiar : __________) mucho para el examen. (examen : 시험)

❶ estudiamos ❷ estudio ❸ estudian ❹ estudiar

4. 다음에 적당한 것을 고르세요.

너 안 춥니?
¿No (tener :__________) frío? Yo tengo mucho frío.

❶ tengo ❷ tienes ❸ tenemos ❹ tienen

5. 다음에 적절한 것을 고르세요.

Juan (______________) regala a Mónica un anillo de diamante.

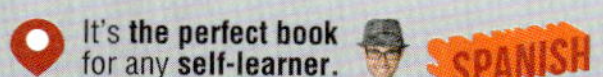

❶ se ❷ la ❸ le ❹ les

6. 주격인칭대명사와 **ir** 동사의 변화가 잘못 짝지어진 것을 고르세요.

❶ yo - voy ❷ tú - va ❸ vosotras - vais ❹ Juan y María - van

7. 주격인칭대명사와 **tener** 동사의 변화가 잘못 짝지어진 것을 고르세요.

❶ yo - teno ❷ tú - tienes ❸ nosotros - tenemos ❹ ellas - tienen

8. '아이들은 해변에 가려고 합니다.' 를 스페인어로 옮길 때 적당한 표현을 고르세요.

Los chicos (____________) a ir a la playa.

❶ tienen ❷ tienen que ❸ van que ❹ van

9. 다음에 적당한 것을 고르세요.

나는 많이 졸립니다.
(____________) mucho sueño.

❶ Voy ❷ Tiengo ❸ Tengo ❹ Teno

10. 다음에 적당한 것을 고르세요.

나의 어머니는 머리가 아프십니다.
Mi madre (____________) de cabeza.

❶ tiene calor ❷ tiene hambre ❸ tiene dolor ❹ tiene sueño

정답 : 1. ❹ 2. ❶ 3. ❹ 4. ❷ 5. ❸
6. ❷ 7. ❶ 8. ❹ 9. ❸ 10. ❸

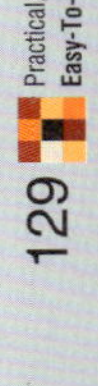

13.
Capítulo 13
스페인어의 불규칙동사 (2)
¿Qué tiempo hace hoy?
오늘 날씨 어때요?
스페인어 실력은 뭐니 뭐니 해도 풍부한 어휘력,
풍부한 어휘력의 핵심은 동사입니다.
동사가 강한 사람이 할 말이 많고,
할 말이 많아야 스페인어 회화가 됩니다.
그래서 준비한 불규칙동사 연작시리즈 두 번째 시간!
기억하셔야 할 것은,
불규칙이라고 하더라도
나름의 패턴이 반드시 존재한다는 것입니다.
¿Qué tiempo hace hoy?
SPANISH

13-1. 스페인에서는 예의가 먼저!

스페인 사람들이 호칭을 중요시하는 이유는 '호칭이 곧 예의의 시작' 이기 때문입니다.
남자는 **Señor** (**Sr. = Mr.**), 여자는 **Señora** (**Sra. = Mrs.**), 숙녀에게는 **Señorita** (**Srta. = Miss.**)를 반드시 붙여 부릅니다. 또 한편으로 우리에겐 상황에 따라서 해도 되고 안 해도 되는 인사표현을 생략했을 때, 그들은 분명한 결례라고 생각합니다. 제대로 안 듣고 있다고 생각해도 인사가 생략되면 순간 차가운 시선이 여러분에게 꽂힐 수 있습니다. 따라서 '실례합니다. (**Con permiso.**), 부탁합니다. (**Por favor.**), 정말 감사합니다. (**Muchas gracias.**)' 는 절대로 건너뛰어서는 안 된다는 것입니다.

13-2. 불규칙동사 **hacer** 의 변화형태

영어의 **do**, **make** 동사에 해당하는 **hacer** 동사를 소개합니다.
쓰임새가 꽤 많을 거라는 느낌이 순간적으로 팍! 오시나요? ·0·
그럼 동사의 변화형부터 살펴보시죠.

단수	복수
yo hago	**nosotros hacemos**
tú haces	**vosotros hacéis**
él/ella/Ud. hace	**ellos/ellas/Uds. hacen**

hacer (하다/만들다) **hago haces hace hacemos hacéis hacen**
poner (놓다) **pongo pones pone ponemos ponéis ponen**

(**ensalada {f}** 샐러드, **tomate {m}** 토마토, **tremendo** 요란한, **ruido {m}** 소리, **yoga {m}** 요가, **todos los días** 매일, **ejercicio {m}** 운동, **noche {f}** 밤, **hombre {m}** 남자, **amenazar** 위협하다)

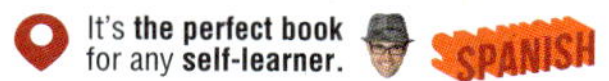

❶ hacer : ~을 만들다

¿Haces la ensalada de tomate?
(너는) 토마토 샐러드를 만드니?

Los niños hacen un ruido tremendo.
아이들이 요란한 소리를 냅니다.

❷ hacer : ~을 행하다

Hago yoga todos los días.
(나는) 매일 요가를 합니다.

Hacemos ejercicios de noche.
(우리는) 밤에 운동합니다.

13-3. 스페인어로 날씨를 말하다!

어디서고 처음 만나는 사람과 말문을 틀 때, 가장 자연스러운 방법은 날씨 이야기를 하는 것입니다. 좋으면 좋은 대로 나쁘면 나쁜 대로 항상 먹어주는 테마죠. 스페인어 날씨표현은 3가지 방법이 있습니다. 첫 번째는 방금 배운 **hacer** 동사의 3인칭형태 **hace** 를 사용하는 방법이고, 두 번째는 날씨를 나타내는 동사를 직접 변화시켜가며 활용하는 방법이고, 세 번째는 **estar** 동사의 3인칭형태인 **está** 를 이용하는 방법입니다.

(**calor {m}** 더위, **frío {m}** 추위, **fresco {m}** 선선함, **sol {m}** 태양, **viento {m}** 바람, **tiempo {m}** 날씨, **hoy** 오늘, **playa {f}** 해변, **isla {f}** 섬, **casi** 거의, **nublado/-a** 구름 낀, **despejado/-a** 맑은)

❶ hace 를 활용해 날씨 표현하기

hacer 동사의 3인칭단수형태 **hace** 와 날씨 관련 명사를 이용하여 날씨를 표현합니다.

hace + 날씨 관련 명사

buen tiempo = 날씨가 좋다
mal tiempo = 날씨가 나쁘다
calor = 덥다
frío = 춥다
fresco = 선선하다
sol = 해가 쨍쨍하다
viento = 바람이 분다

¿Qué tiempo hace hoy?
오늘 날씨 어때요?

Hace calor en la playa.
해변은 덥습니다.

Hace viento en la Isla Jeju.
제주도에는 바람이 붑니다.

❷ 동사를 직접 변화시켜 날씨 표현하기

날씨 관련 동사 **llover** (비가 오다)와 **nevar** (눈이 오다) 동사만은 동사를 그대로 변화시켜 사용합니다. 물론 3인칭단수형인 **llueve**, **nieva** 를 사용합니다.

En Londres llueve mucho.
런던에는 비가 많이 옵니다.

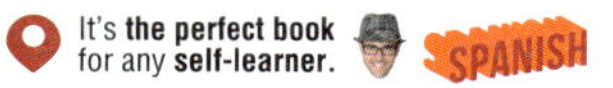

En África casi no llueve.
아프리카에는 거의 비가 오지 않습니다.

En Bangkok nunca nieva.
방콕에는 눈이 오지 않습니다.

Mañana va a nevar mucho.
내일은 눈이 많이 올 것입니다.

❸ **está** 를 활용해 날씨 표현하기

estar 동사의 3인칭형태 **está** 를 이용하여 날씨를 표현할 수 있습니다. 이때의 주어는 '하늘' 이 됩니다. 즉, 하늘이 어떤 상태인지를 표현할 때 쓸 수 있는 방식이지요.

el cielo está + 형용사 : 하늘이 ~하다

El cielo está nublado.
하늘에 구름이 끼었습니다.

El cielo está despejado.
하늘이 맑습니다.

 13-4. 불규칙동사 **haber** 의 변화형태

haber 동사의 원래 의미는 영어의 **have** 동사에 해당되는 '가지고 있다' 이지만, 실제로 '소유' 를 나타낼 때에는 거의 쓰이지 않고 주로 '완료시제' 에 조동사로 사용됩니다.

우선 동사 변화형부터 살펴볼 텐데요, 특이하게도 **haber** 동사는 동사의 변화 방법이 2가지입니다. 조동사로 쓰기 위한 규칙변화형태가 있는가 하면, 비인칭형태로 쓰이는 불규칙변화가 하나 더 있습니다.

단수	복수
yo he	**nosotros hemos**
tú has	**vosotros habéis**
él/ella/Ud. ha	**ellos/ellas/Uds. han**

haber (가지다) **he has ha hemos habéis han**

(**comer** 먹다, **hamburguesa {f}** 햄버거, **comprar** 사다, **libro {m}** 책, **parque {m}** 공원, **árbol {m}** 나무, **nadie** 아무도, **casa {f}** 집)

❶ haber : haber + 과거분사 : 완료시제 표현

haber 동사는 영어의 **have** 동사처럼 완료 시제를 만들 때 조동사로 활약합니다. **haber + p.p.** 형태로 사용되죠.

He comido hamburguesa.
(나는) 햄버거를 먹었습니다.

He comprado unos libros.
(나는) 책을 몇 권 샀습니다.

❷ hay :

haber 동사의 용법 중 매우 중요한 하나가 **hay** 입니다.
hay 는 **haber** 동사의 비인칭 동사변화 형태인데, 오로지 3인칭단수로만 쓰이고, 따라서 형태도 **hay** 하나밖에 없습니다. '존재의 유무' 그 자체를 표현할 때 사용합니다.

En el parque hay muchos árboles.
공원에 나무들이 많이 있습니다.

No hay nadie en casa.
집에 아무도 없습니다.

 13-5. **hay** 와 **estar** 사용법 비교하기!

hay 와 **estar** 는 둘 다 우리말 '~있다' 로 해석되지만, 사용법은 분명하게 구별됩니다.
불특정한 존재의 유무 자체를 나타낼 때에는 **hay** 를, 특정한 존재의 위치를 나타낼 때에는 **estar** 를 씁니다.

(**gato {m}** 고양이, **mesa {f}** 탁자, **bajo** 아래에, **vario/-a** 가지각색의, **tipo {m}** 유형, **persona {f}** 사람, **alumno/-a {m/f}** 학생, **clase {f}** 교실)

❶ 특정한 주어(고유명사/정관사)의 위치를 나타낼 때는 **estar** 를 사용합니다.

Los gatos están bajo la mesa.
고양이들이 탁자 밑에 있습니다.

❷ 불특정 주어의 존재 유무는 **hay** 로 표현합니다.

Hay varios tipos de personas.
많은 유형의 사람들이 있습니다.

España está en Europa.
스페인은 유럽에 있습니다. (위치 표현)

Hay unos alumnos en la clase.
교실에 몇몇 학생들이 있습니다.

Capítulo 13+ Multi Plus

여러분의 스페인어가 든든해지는 코너, 멀티플러스!
연습문제와 함께 복습과 표현력 강화를 해결하세요!

1. 다음에 적당한 것을 고르세요.

Mis libros (__________________) sobre la mesa.

❶ hacen ❷ están ❸ hay ❹ han

2. 다음에 적당한 것을 고르세요.

나는 이 연극작품에서 공주 역을 한다. (작품: **obra**, 연극의: **teatral**)
Yo (_______________) de una princesa en esta obra teatral.

❶ soy ❷ tengo ❸ hago ❹ estoy

3. 다음에 적당한 것을 고르세요.

나는 스페인 식 빠에야를 만들려고 합니다.
Voy a (____________________) la(una) paella española.

❶ hacer ❷ mandar ❸ pedir ❹ poner

4. 다음에 적당한 것을 고르세요.

(________________) mucha gente en la calle.

❶ Han ❷ Ha ❸ Estan ❹ Hay

5. 다음에 적당한 것을 고르세요.

겨울에는 눈이 많이 옵니다.
En invierno (_________________) mucho.

❶ hace niveo ❷ está nieve ❸ nieva ❹ hay nieve

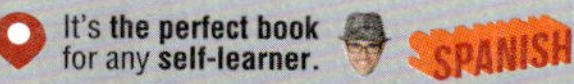

6. 다음에 적당한 것을 고르세요.

여름에는 비가 많이 옵니다.
En verano (__________) mucho.

❶ **llueve** ❷ **nieva** ❸ **llove** ❹ **hace llover**

7. 주격인칭대명사와 **hacer** 동사의 변화가 잘못 짝지어진 것을 고르세요.

❶ **yo - haso** ❷ **tú - haces** ❸ **nosotros - hacemos** ❹ **ellas - hacen**

8. 주격인칭대명사와 **haber** 동사의 동사변화가 잘못 짝지어진 것을 고르세요.

❶ **yo - he** ❷ **tú - has** ❸ **ellos - han** ❹ **nosotros - habemos**

9. 다음에 적당한 것을 고르세요.

Los gatos (__________) bajo la mesa. (고양이들이 탁자 밑에 있습니다.)
(__________) varios tipos de personas. (많은 유형의 사람들이 있습니다.)

❶ **hay - Hay** ❷ **están - Han** ❸ **hay - Están** ❹ **están - Hay**

10. 다음에 적당한 것을 고르세요.

교실에 몇몇 학생들이 있습니다.
(__________) unos alumnos en la clase.

❶ **Haben** ❷ **Están** ❸ **Hay** ❹ **Han**

정답 : 1. ❷ 2. ❸ 3. ❶ 4. ❹ 5. ❸
6. ❶ 7. ❶ 8. ❹ 9. ❹ 10. ❸

Entendemos español.

14. Capítulo 14

스페인어의 불규칙동사 (3)

Entendemos español.

(우리는) 스페인어를 압니다.

스페인어 불규칙동사 연작시리즈 세 번째이자 마지막 시간입니다.
이번 시간에는 어간의 모음이 변화하는 불규칙동사를 만나 보겠습니다.
상당수 불규칙변화 동사들은 어간의 어음이 바뀌고 있지만,
나름대로의 규칙이 있습니다.

 14-1. 스페인 사람들의 하염없이 긴 이름!

스페인은 뿌리 깊은 가톨릭 국가입니다.
스페인 사람들의 이름이 하염없이 긴 이유도 그들의 신앙심을 이름에 담고 있기 때문입니다.
진짜 이름에다 '마리아', '헤수스' (예수)는 기본적으로 넣고 이름을 짓습니다. 이슬람 문화 지배 하의 스페인이 '죽음 없이는 개종도 없다!' 는 의식을 이름에 새겨 넣은 증거라고 볼 수도 있습니다. 여기에다가 아버지 쪽 성과 어머니 쪽 성까지 넣으니까 한 사람의 이름이 5~6개로 이루어지게 되는 것이죠. 그래서 스페인 사람의 이름의 구조는 맨 앞의 두세 개가 부르는 이름, 그리고 **José María Jesús Torres de la Torre** 의 경우 끝의 두 개 중 먼저 나오는 **Torre** 가 아버지로부터 물려받은 성이고 그 뒤를 이어 맨 끝에 나오는 **de la Torre** 가 어머니로부터 물려받은 성입니다.

 14-2. 불규칙동사의 규칙성 탐구!

우리는 스페인어 동사의 중요성과 불규칙동사 학습의 필요성을 잘 알고 있습니다.
그리고 불규칙동사라고는 하지만 변화의 패턴에 있어서 어느 정도 규칙성을 감지할 수 있다는 것도 알고 있습니다. 그래서 이번 시간에는 불규칙동사의 변화 패턴 중에서도 가장 중요한 어간 변화 패턴을 살펴보려고 합니다. 동사활용 시 다음과 같은 5가지 어간모음 변화패턴이 우리의 연구대상입니다.

(**sentir** 느끼다, **luz {f}** 빛/전등, **coche {m}** 자동차, **segunda mano** 중고물품, **policía {m/f}** 경찰, **causa {f}** 원인, **accidente {m}** 사고, **historia {f}** 이야기, **foto {f}** 사진, **niño {m}** 어린이, **fútbol {f}** 축구, **carta {f}** 카드, **máquina {f}** 기계, **nada {f}** 무/허무, **alumno {m}** 학생, **palabra {f}** 단어)

❶ 어간모음 변화패턴 1 : e → ie

pensar (생각하다)	**pienso piensas piensa pensamos pensáis piensan**
entender (이해하다)	**entiendo entiendes entiende entendemos entendéis entienden**
perder (잃다)	**pierdo pierdes pierde perdemos perdéis pierden**

e → ie 변화형 1/2/3변화 동사들
-ar : comenzar (시작하다), **empezar** (시작하다), **negar** (부정하다)
-er : encender (켜다), **querer** (사랑하다)
-ir : mentir (거짓말하다), **preferir** (선호하다), **sentir** (느끼다)

¿Piensas en tu familia?
(너는) 너의 가족을 생각하니?

Nosotros entendemos español.
우리는 스페인어를 압니다.

Lo siento mucho.
죄송합니다. / 유감입니다.

Ella enciende la luz.
그녀가 불을 켭니다.

❷ 어간모음 변화패턴 2 : i → ie

adquirir (얻다)	**adquiero adquieres adquiere adquirimos adquirís adquieren**
inquirir (조사하다)	**inquiero inquieres inquiere inquirimos inquirís inquieren**

i → ie 변화형 동사들의 거의 없으므로 위의 두 개만 확실히!!! 알아두시면 됩니다.

Adquiero un coche de segunda mano.
(나는) 중고차 한 대를 구입합니다.

El policía inquiere la causa del accidente.
경찰이 사고의 원인을 조사합니다.

❸ 어간모음 변화패턴 3 : **o ➔ ue**

contar (이야기하다) **cuento cuentas cuenta contamos contáis cuentan**
poder (할 수 있다) **puedo puedes puede podemos podéis pueden**
dormir (자다) **duermo duermes duerme dormimos dormís duermen**

o ➔ ue 변화형 1/2/3변화 동사들
-ar : encontrar (찾다), **mostrar** (나타내다), **recordar** (기억하다)
-er : volver (돌아오다)
-ir : morir (죽다), **mover** (이동하다)

Ella me cuenta una historia.
그녀가 나에게 이야기 하나를 해줍니다.

Me muestran unas fotos.
(그들이) 나에게 사진 몇 장을 보여줍니다.

❹ 어간모음 변화패턴 4 : **u ➔ ue**

jugar (놀다) **juego juegas juega jugamos jugáis juegan**

u ➔ ue 변화형 동사들은 거의 없으므로 위의 **jugar** 동사 한 개만 확실히!!! 알아두시면 됩니다.

Los niños juegan al fútbol.
아이들이 축구를 합니다.

Él y yo jugamos a las cartas.
그와 나는 카드놀이를 합니다.

❺ 어간모음 변화패턴 5. : e ➔ i

despedir (작별하다) **despido despides despide despedimos despedís despiden**
repetir (반복하다) **repito repites repite repetimos repetís repiten**
seguir (따르다) **sigo sigues sigue seguimos seguís siguen**

e ➔ i 변화형 동사들
conseguir (획득하다), **elegir** (고르다), **pedir** (부탁하다), **reír** (웃다), **servir** (쓸모 있다), **vestir** (옷 입히다)

Esta máquina no sirve para nada.
이 기계는 아무 짝에도 쓸모가 없습니다.

Los alumnos repiten las palabras.
학생들은 단어를 반복합니다.

14-3. 1인칭단수 -go 형태 동사 탐구!

이번에는 1인칭단수 동사가 **-go** 형태로 변화하는 불규칙동사에 대해 알아보겠습니다. 이미 **hacer**, **tener** 동사 등이 1인칭단수 변화형태에서 **-go** 형태를 보여줬지만, 이번에는 어간모음이 바뀌면서 1인칭단수에서 **-go** 형태가 되는 동사까지 학습 대상에 포함시켜 봅니다.

(**tener** 가지고 있다, **ordenador {m}** 컴퓨터, **vino {m}** 와인, **carta {f}** 편지, **verdad {f}** 진실, **música {f}** 음악)

poner (두다) **pongo pones pone ponemos ponéis ponen**
traer (가져오다) **traigo traes trae traemos traéis traen**
decir (말하다) **digo dices dice decimos decís dicen**
salir (나가다) **salgo sales sale salimos salís salen**

caer (떨어지다), **hacer** (만들다/하다), **valer** (~의 가치가 있다), **oír** (듣다), **venir** (오다)

Tengo dos ordenadores.
(나는) 컴퓨터를 두 대 가지고 있습니다.

(Vengo de Chile y) Esos vinos vienen de Chile.
(나는 칠레에서 왔고) 그 와인들은 칠레 산입니다.

Pongo la carta sobre la mesa.
(나는) 편지를 책상 위에 놓습니다.

El tren sale a las seis.
기차는 6시에 떠납니다.

Él nunca dice la verdad.
그는 결코 진실을 말하지 않습니다.

Los niños no oyen la música.
아이들은 음악을 듣지 않습니다.

14-4. hablar 와 decir 용법 비교하기

우리말로는 둘 다 '말하다' 로 해석되는 **hablar** 동사와 **decir** 동사가 어떻게 다르고, 따라서 어떻게 사용해야 하는지 분석해 보겠습니다. 워낙 자주 쓰는 동사여서 차이점을 올바로 익혀두셔야 합니다.

(**señora {f}** 아주머니, **poder** (조동사) 할 수 있다, **inglés {m}** 영어)

❶ **hablar** 동사 (**to speak**) : **hablar** 동사는 단독으로 쓰거나 언어명과 함께 사용합니다.

Hablo español.
(나는) 스페인어를 합니다.

Las señoras hablan mucho.
아주머니들은 말이 많습니다.

¿Puede hablar inglés?
영어 할 줄 아세요?

❷ **decir** 동사 (**to say, tell**) : **decir** 동사는 목적어와 함께 사용합니다.

Dice la verdad.
(그는/그녀는) 진실을 말합니다.

Ella dice algo.
그녀는 뭔가를 말합니다.

No lo digo yo.
그 말 한 건 내가 아니야.

Capítulo 14+ Multi Plus

여러분의 스페인어가 든든해지는 코너, 멀티플러스!
연습문제와 함께 복습과 표현력 강화를 해결하세요!

1. 다음 동사 중 1인칭 단수 변화형태의 규칙이 다른 동사를 고르세요.

❶ **pensar** ❷ **entender** ❸ **traer** ❹ **empezar**

2. 다음 중 **decir** 동사가 잘못 사용된 예를 고르세요.

❶ **Digo español.**
❷ **Dice la verdad.**
❸ **Él dice algo.**
❹ **Dice bien de mi amigo.**

3. 다음 중 동사 변화 형태가 잘못된 것을 고르세요.

❶ **(empezar) : Empieza la clase a las 11:00 en punto.**
❷ **(entender) : Nunca entiendo el poema.**
❸ **(repetir) : La profesora repete varias veces las palabras.**
❹ **(tener) : Ellos tienen dos hijos.**

4. 다음 문장들 중 동사의 사용이 적절치 못한 것을 고르세요. (여행 : **viaje**)

❶ **En mi casa no tengo ningún ordenador.**
❷ **Esta caja no sirve para nada.**
❸ **Los niños juegan al fútbol después de la clase.**
❹ **Mi amigo me conta su viaje a España.**

5. 다음에 적당한 동사를 올바르게 짝지어보세요.

나는 늘 네 생각을 한다. / 그녀는 나에게 자신의 그림을 보여준다.
Yo siempre (pensar) en ti. / Ella me (mostrar) su pintura.

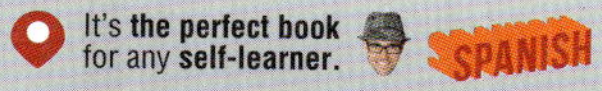

❶ **pengo - muestra** ❷ **pienso - muestra**
❸ **pienso - mostra** ❹ **penso - mostra**

6. 다음 중 주격인칭대명사와 **pensar** 동사의 동사변화가 잘못 짝지어진 것을 고르세요.

❶ **yo - pienso** ❷ **tú - piensas**
❸ **nosotros - piensamos** ❹ **ellos - piensan**

7. 다음 중 주격인칭대명사와 **poder** 동사의 동사변화가 잘못 짝지어진 것을 고르세요.

❶ **yo - puedo** ❷ **tú - puedes**
❸ **nosotros - puedemos** ❹ **vosotros - podéis**

8. 다음 문장들 중 동사의 사용이 적절치 못한 것을 고르세요.

❶ **Él y yo jugamos a las cartas.** ❷ **Los alumnos repiten las palabras.**
❸ **Esos vinos vienen de Chile.** ❹ **Ella me conta una historia.**

9. 다음에 적당하게 짝지어진 것을 고르세요.

Nosotros (entender :__________) español. (우리는 스페인어를 압니다.)
El tren (salir :__________) a las seis. (기차는 6시에 떠납니다.)

❶ **entendemos - salgo** ❷ **entiendemos - sale**
❸ **entendemos - sale** ❹ **entiendemos - salgo**

10. 다음 문장들 중 동사의 사용이 적절치 못한 것을 고르세요.

❶ **Pongo la carta sobre la mesa.** ❷ **Él nunca habla la verdad.**
❸ **Los niños juegan al fútbol.** ❹ **Ellos me muestran unas fotos.**

정답: 1. ❸ 2. ❶ 3. ❸ 4. ❹ 5. ❷
6. ❸ 7. ❸ 8. ❹ 9. ❸ 10. ❷

From basic greetings and expressions to grammar and conversations!

Capítulo # 15

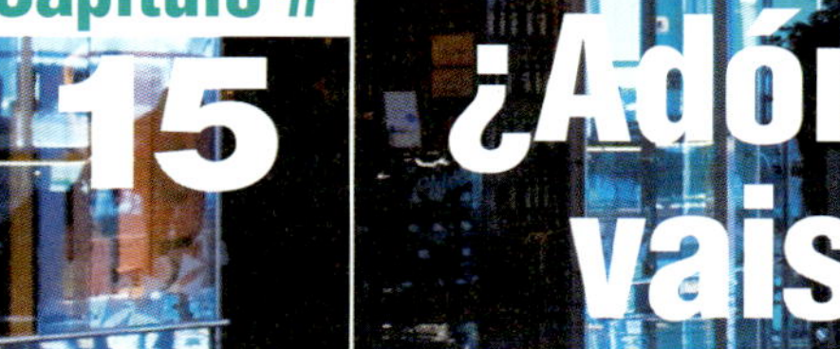

¿Adónde vais?

It's the perfect book for any self-learner.

15.
Capítulo 15
스페인어의 의문사, 불규칙동사
¿Adónde vais?

(너희들은) 어디 가니?

일상생활 대화의 절반은 의문문입니다.
스페인어 의문문을 만드는 방법은 이미 제8과에서 만나봤습니다.
가볍게 끝을 올려줘도 좋고, '동의'를 강요해도 좋으며,
주어와 동사의 위치를 바꿔도 의문문이 완성되었습니다.
의문문의 핵심은 두말할 여지없이 '의문사'가 있는 의문문입니다.
그래서 준비한 스페인어의 다양한 의문사들, 특히 어떤 동사와
어떻게 매칭되는지 관심을 가지고 봐주시면 좋겠습니다.

¿Adónde vais?

15-1. 스페인 사람은 어떤가요?

서유럽을 대표하는 '다혈질 양대 산맥' 은 스페인과 이탈리아인입니다.
둘 중에서도 '열정과 정열, 콧대와 자존심' 에서 우세를 보이는 것은 단연 스페인 사람들이고요.
스페인 국기의 노란색이 영토를 의미하고, 위아래의 붉은색이 그 영토를 지키기 위해 흘린 선열의 피를 의미하는 것만 보아도 일단은 스페인의 판정승으로 보입니다. 가끔은 '욱하는 성격' 으로 스페인 사람들이 묘사되기도 합니다만, 실제로 스페인 사람들은 자신의 명예가 상처 받았기 때문에 나온 정당한 리액션이라고 주장합니다. 상대방이 존중과 예절을 무시하는 순간, 스페인 사람들의 피는 가열되기 시작한다고 보시면 됩니다.

15-2. 스페인어의 다양한 의문사들!

스페인어의 의문사는 의문대명사, 의문형용사, 의문부사 등의 품사로 나뉩니다. 물론 이름 그대로 의문대명사는 명사처럼 사용될 수 있고, 의문형용사는 명사를 수식하며, 의문부사는 동사와 더불어 오겠지요. 이중에서 대명사와 형용사는 성, 수에 따른 변화를 합니다. 자, 그럼 하나씩 들여다볼까요?

❶ 의문사 **cuándo** (언제) : 의문부사 / 성변화 X / 수변화 X

(**terminar** 끝나다, **empezar** 시작하다, **telenoticias {f} TV** 뉴스)

¿Cuándo termina la clase?
수업은 언제 끝납니까?

Termina a las once.
11시에 끝납니다.

¿Cuándo empiezan las telenoticias?
TV 뉴스는 언제 시작합니까?

Empiezan a las nueve.
9시에 시작합니다.

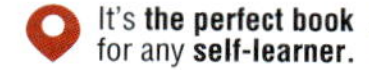

❷ 의문사 **dónde** (어디에) : 의문부사 / 성변화 X / 수변화 X

(**bicicleta {f}** 자전거, **lado {m}** 측면/옆, **árbol {m}** 나무, **venir** 오다, **de** ~로부터, **ruido {m}** 소리/소음, **raro** 기이한, **caja {f}** 상자, **estación {f}** 역, **tren {m}** 기차, **almacén {m}** 백화점)

¿Dónde está mi bicicleta?
나의 자전거는 어디에 있습니까?

Está al lado del árbol.
나무 옆에 있습니다.

¿De dónde viene este ruido raro?
이 이상한 소리는 어디서 납니까?

Viene de aquella caja grande.
저 커다란 상자 속에서 납니다.

dónde 는 위의 예문 속 **de dónde** 처럼 전치사와 결합해서도 쓸 수 있는데, 특히 전치사 **a** 와 결합하는 경우 **Adónde** (**A** + **dónde**)처럼 붙여서도 자주 사용되고 있습니다. '어디로?' 의 뜻이며, '**adónde** 의문문' 에 대한 답은 '**a** + 장소' 로 하면 됩니다.

¿Adónde vais?
(너희들은) 어디 가니?

Vamos a la estación de tren.
(우리는) 기차역에 가.

Vamos al almacén.
(우리는) 백화점에 가.

❸ 의문사 **quién** / **quienes** (누구) : 의문대명사 / 성변화 X / 수변화 O

'누구' 는 '의문대명사' 입니다. 대명사가 단/복수 형태가 있는 것처럼 의문대명사도 단/복수가 있어서 단수형(**quién**)과 복수형(**quienes**)을 구분해서 사용해야 합니다.

(**con** ~와 함께 (전치사), **cine {m}** 영화관, **amigo {m}** 친구, **hablar** 말하다)

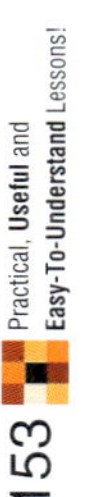

¿Con quién vas a ir al cine?
누구와 함께 영화관에 가려고 하니?

Con mi amigo.
내 친구랑.

¿Con quienes juegas al fútbol?
누구와 함께 축구 하니?

¿Con quién hablo (yo)?
누구세요? (전화통화 할 때)

❹ 의문사 **qué** (무엇, 무슨) : 의문대명사 · 형용사 / 성변화 X / 수변화 X

(**tiempo {m}** 날씨, **periódico {m}** 신문, **para** ~을 위해 (전치사), **luz {f}** 빛/전깃불, **leer** 읽다, **antes de dormir** 잠들기 전에)

¿Qué tiempo hace hoy?
오늘 날씨는 어때요?

¿Qué dice el periódico?
신문에 무슨 기사가 났어요?

¿Para qué enciende la luz?
무엇 하려고 불을 켜십니까?

Para leer el libro antes de dormir.
자기 전에 독서 좀 하려고요.

❺ 의문사 **cuál** / **cuales** (어떤 것, 어느) : 의문대명사 · 의문형용사 / 성변화 X / 수변화 O
단수형 (**cuál**)과 복수형 (**cuales**)을 구분하여 사용합니다.

¿Cuál es tu nombre?
너의 이름은 뭐니?

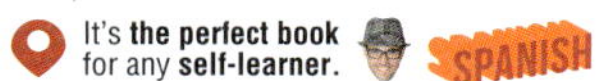

Mi nombre es Susi.
내 이름은 수시야.

❻ 의문사 **cómo** (어떻게) : 의문부사 / 성변화 X / 수변화 X

¿Cómo estás?
어떻게 지내니?

Muy bien.
아주 잘 지내.

❼ 의문사 **por qué** (왜) : 의문부사 / 성변화 X / 수변화 X

(**autobús {m}** 버스, **nevar** 눈 내리다, **porque** 때문에)

¿Por qué no viene el autobús?
버스가 왜 안 옵니까?

Porque nieva mucho.
폭설 때문입니다.

❽ 의문사 **cuánto/-a/-os/-as** (얼마나, 몇 개) : 의문대명사 · 의문형용사 · 의문부사 / 성변화 O / 수변화 O
남성단수형(**cuánto**)과 여성단수형(**cuánta**) 그리고 남성복수형(**cuántos**)과 여성복수형(**cuántas**)으로 각각 구분하여 사용합니다.

(**año {m}** 해/년)

¿Cuántos alumnos vienen?
학생 몇 명이 옵니까?

¿Cuántos años tienes?
(너는) 몇 살이니?

Capítulo 15+ Multi Plus

여러분의 스페인어가 든든해지는 코너, 멀티플러스!
연습문제와 함께 복습과 표현력 강화를 해결하세요!

1. 다음 질문에 적절한 대답을 고르세요.

¿Cuándo es la clase?

❶ Es a las 11:00.
❷ No. No es la clase.
❸ Es en este edificio.
❹ Sí, tenemos clase.

2. 다음은 어떤 질문에 대한 대답입니까?

Están bajo la mesa.

❶ ¿Qué es aquel zapato?
❷ ¿Cuántos son mis zapatos?
❸ ¿Dónde están mis zapatos?
❹ ¿Quién tiene mis zapatos?

3. 다음 중 의문사의 사용이 올바른 문장을 고르세요.

❶ ¿Quién empiezan la clase?
❷ ¿Cómos están ellos?
❸ ¿Cuánda es la conferencia?
❹ ¿Cuál es tu libro?

4. 다음 중 의문사의 사용이 적절치 못한 것을 고르세요.

❶ ¿Dónde está España?
❷ ¿Quién es ella?
❸ ¿Cuántos alumnos vienen?
❹ ¿Cuálos son tus zapatos?

5. 다음 질문에 대해 적절치 않은 대답을 고르세요.

¿Cómo está tu mamá?

❶ Ella está enferma.
❷ Está en el mercado.
❸ Está bien.
❹ No está muy bien.

6. 다음은 어떤 질문에 대한 대답입니까?

Mi nombre es Susi.

❶ ¿Cuál es tu nombre? **❷ ¿Cómo es tu nombre?**
❸ ¿Quién es tu nombre? **❹ ¿De dónde es tu nombre?**

7. 다음은 어떤 질문에 대한 대답입니까?

Vienen 10 alumnos.

❶ ¿Cuántos alumnos vienen? **❷ ¿Cómo alumnos vienen?**
❸ ¿Vienen alumnos? **❹ ¿Por qué vienen alumnos?**

8. 다음 문장들 중 동사의 사용이 적절치 못한 것을 고르세요.

❶ Él y yo jugamos a las cartas. **❷ Los alumnos repiten las palabras.**
❸ Esos vinos vienen de Chile. **❹ Ella me conta una historia.**

9. 다음 질문에 어울리지 않는 대답을 고르세요.

¿Qué tiempo hace hoy?

❶ Hace mucho frío. **❷ Soy las dos y media.**
❸ Llueve mucho. **❹ Hace viento pero no hace mucho frío.**

10. 다음 중 동사의 활용이 잘못된 문장을 고르세요.

❶ ¿De dónde viene este ruido raro? **❷ Vamos a la estación de tren.**
❸ ¿Con quién hablo? **❹ ¿Para qué encende la luz?**

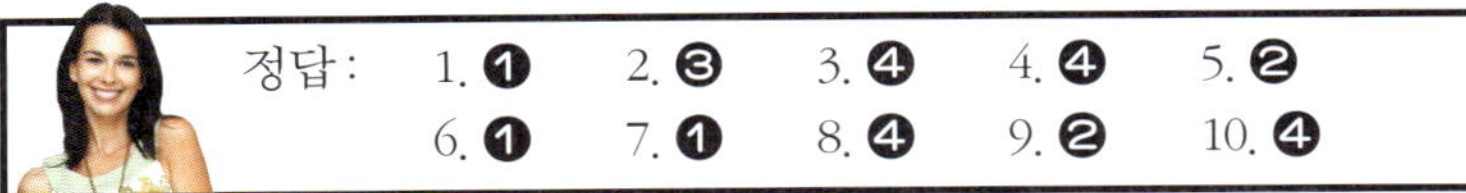
정답 : 1. ❶ 2. ❸ 3. ❹ 4. ❹ 5. ❷
6. ❶ 7. ❶ 8. ❹ 9. ❷ 10. ❹

16.

Capítulo 16

스페인어의 독특한 기타 불규칙동사!

Yo sé tocar el piano.

나는 피아노를 칠 줄 압니다.

'알다' 는 뜻의 불규칙동사 **saber** 와 **conocer** 를 소개합니다.
같은 의미지만 서로 다르게 사용되며, 매우 독특한 형태로 변화하는
중요한 불규칙동사입니다. 아울러 이번과에서는 일반적으로 우리가
익혀온 문장들과는 그 구조가 반대인, 일명 '역구조 동사' 를 살펴보겠습니다.
일상생활에서 매우 자주 사용하는 동사여서 가치가 높습니다.

Yo sé tocar el piano.

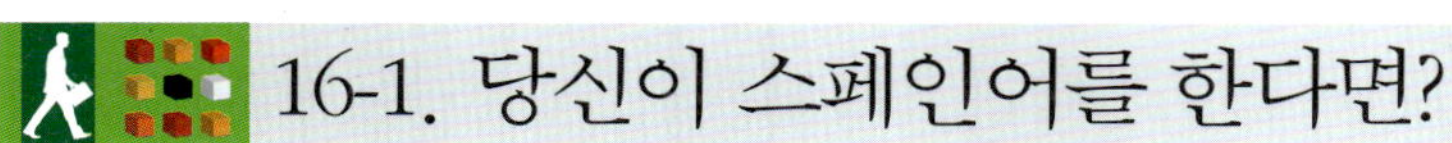

16-1. 당신이 스페인어를 한다면?

여러분이 스페인어를 하는 것만으로 이미 스페인 사람들은 환영의 마음을 열 것입니다.
물론 세상 어느 구석을 가나 도시 깍쟁이들은 있는 법이지만, 대도시를 살짝만 벗어나도 여러분이 현지인에게 스페인어로 길을 묻고, 스페인어로 상품을 구매하는 모습을 보이면 그들은 아마도 여러분의 예상을 훌쩍 뛰어 넘는 친절을 베풀기 시작할 것입니다. 마음씨 좋아 보이는 어르신 한번 붙잡고 길이라도 물어보세요. 아마도 십중팔구는 여러분의 손을 잡아끌고 목적지까지 안전하게 모셔다 주려고 할 것입니다. ·_· 착한 사람~!

16-2. 독특한 형태로 변화하는 기타 불규칙동사!

불규칙동사의 변화 패턴을 벗어난 진정한 의미의 불규칙동사들이 몇 가지 있습니다.
변화를 예상하기 힘든 동사들이죠. 변화된 동사 속에서 웬만해서는 원형을 발견해내기 힘든 그런 동사입니다. 앞서 만났던 **estar**, **ser**, **ir** 동사 등이 그 대표적 모델들이지요. 오늘은 그 세 동사 외에도 자주 사용되는 몇 가지 동사를 더 소개하겠습니다. 불규칙동사는 그저 최대한 자주 입에 물고 다니시는 것 외에는 방법이 없습니다. ·0·

(**solo** 오로지, **camión {f}** 트럭, **coche {m}** 자동차, **cuál** 어떤 것 (의문사), **zapato {m}** 신발, **tarjeta {f}** 명함)

❶ conocer (경험하다, 알고 있다)

conozco / conoces / conoce / conocemos / conocéis / conocen

Lo conozco solo de nombre.
그를 이름으로만 압니다.

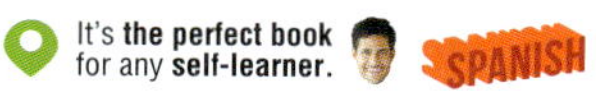

❷ **conducir** (운전하다, 운반하다)

conduzco / conduces / conduce / conducimos / conducís / conducen

Él conduce un camión.
그는 트럭을 운전합니다.

❸ **producir** (생산하다)

produzco / produces / produce / producimos / producís / producen

En Corea, producen muchos coches.
한국에서는 자동차를 많이 생산합니다.

❹ **saber** (알다)

sé / sabes / sabe / sabemos / sabéis / saben

No sé cuáles son mis zapatos.
어느 것이 내 신발인지 모르겠습니다.

❺ **ver** (보다)

veo / ves / ve / vemos / veis / ven

Veo tu tarjeta.
(나는) 너의 명함을 본다.

 16-3. saber 동사와 conocer 동사의 용법 비교!

saber 와 **conocer** 는 모두 '알다' 라는 뜻이지만 사용법엔 분명하게 차이가 있습니다. 그냥 듣고 읽어서 '지적' 으로 아는 것인지, 온몸으로 부딪쳐 배우고 경험해 '경험적' 으로 아는 것인지에 따라 어느 동사가 적절한지 선택되기 때문입니다.

(**nadar** 수영하다, **piano {m}** 피아노, **tocar** 치다)

❶ saber (알다)

saber 는 '사실, 방법을 알다, ~에 대해 알다, ~할 줄 알다' 의 뜻입니다.

sé / sabes / sabe / sabemos / sabéis / saben

No sé cuáles son mis zapatos.
어느 것이 내 신발인지 모르겠습니다.

No sé nadar.
(나는) 수영할 줄 모릅니다.

Yo sé tocar el piano.
나는 피아노를 칠 줄 압니다.

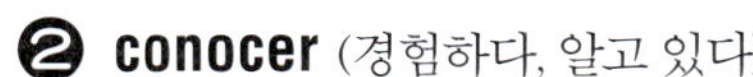

conocer 는 '사람, 장소를 경험적으로 알다', '사람을 겪어봐서 알다', '장소에 가봐서 알다' 라는 뜻으로 사용합니다.

conozco / conoces / conoce / conocemos / conocéis / conocen

Conozco bien a Margarita.
(나는) 마르가리따를 잘 압니다.

Conocemos muy bien Madrid.
(우리는) 마드리드를 아주 잘 압니다.

Todavía no conocemos Buenos Aires.
(우리는) 아직 부에노스아이레스를 가본 적 없습니다.

16-4. 독특한 사용법의 gustar 동사!

gustar 동사(~을 좋아하다)는 좀 특이합니다.
우리의 언어 정서와는 다소 차이가 있죠. **gustar** 는 한마디로 '주어와 목적어의 역할을 바꾸어버리는 동사' 입니다. 원래는 '주어' 가 '목적어' 를 대상으로 영향을 미치는 게 일반적인데, **gustar** 동사 문장에서는 '목적어' 가 '주어에게' 영향력을 행사하기 때문입니다. **gustar** 동사는 문장 속에서 거의 '**gusta** (단수)' 와 '**gustan** (복수)' 두 가지 형태로 사용됩니다. 문장의 형태는 다음과 같고요.

간접목적어 + **gusta** + 단수명사 / 동사원형.
간접목적어 + **gustan** + 복수명사.

의미는 '간접목적어가 명사를 **gustar** 합니다.' 로 해석됩니다.
즉 구조는 이와 같지만 의미상으로는 '간접목적어' 가 주어 역할을 하는 것입니다. 그래서 일명 '역구조' 동사라 불리는 것이지요. 참고로 간접목적격인칭대명사는 '**me / te / le / nos / os / les**' 이며, 중복형을 다시 한 번 써줄 수 있습니다.

일반적 구조의 문장과 **gustar** 동사가 포함된 역구조 문장을 비교해보면 다음과 같습니다.

Yo	+	**sé**	+	**tocar el piano.**
S	+	**V**	+	**O**

Me	+	**gusta**	+	**tocar el piano.**
IO	+	**V**	+	**S**

(**viajar** 여행하다, **bicicleta {f}** 자전거, **esquiar** 스키 타다, **a** ~에게, **ir** 가다, **cine {m}** 영화관, **hijo {m}** 자녀, **perro {m}** 개)

Me gusta viajar.
(나는) 여행을 좋아합니다.

Nos gustan las bicicletas.
(우리는) 자전거를 좋아합니다.

¿Te gusta esquiar?
(너) 스키 좋아하니?

Sí, me gusta esquiar.
응. (나) 스키 좋아해.

A Monica le gusta ir al cine.
모니카는 영화관에 가는 것을 좋아합니다.

A mis hijos les gustan los perros.
나의 아이들은 개를 좋아합니다.

gustar 류 동사, 즉 **gustar** 동사와 동일한 사용법의 동사로는 다음이 있습니다.

doler (아프다)	**duelo dueles duele dolemos doléis duelen**
extrañar (이상하다)	**extraño extrañas extraña extrañamos extrañáis extrañan**
importar (중요하다)	**importo importas importa importamos importáis importan**
interesar (흥미를 가지다)	**intereso interesas interesa interesamos interesáis interesan**

(**corazón {m}** 심장/마음, **diente {m}** 치아, **ese** 그, **asunto {m}** 사안/문제)

Me duele mucho el corazón.
(나는) 마음이 너무 아픕니다.

Me duelen los dientes.
(나는) 이가 아픕니다.

No me extraña.
(나에게는) 이상하지 않습니다. (이상할 것 없습니다.)

No me importa.
(나에게는) 중요하지 않습니다. (나는 상관없습니다.)

A mí no me interesa ese asunto.
(나에게는) 그 일이 관심 없습니다. (그 문제에 관심 없습니다.)

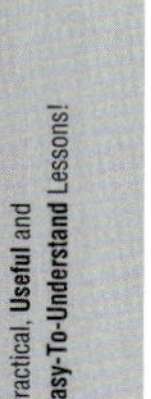

Capítulo 16+ Multi Plus

여러분의 스페인어가 든든해지는 코너, 멀티플러스!
연습문제와 함께 복습과 표현력 강화를 해결하세요!

1. 다음 중 **gustar** 동사의 사용이 적절치 못한 것을 고르세요.

❶ ¿Te gusta leer?
❷ No me gustan los gatos.
❸ A mis tíos les gusta ver a sus hijos.
❹ Yo gusto ir al cine.

2. Nos (   ) las manzanas y las naranjas.

❶ gusta ❷ gustamos ❸ gustan ❹ gusto

3. Pedro (   ) los primos de su compañero.

❶ sabe ❷ sabe a ❸ conoce ❹ conoce a

4. 다음 중 동사의 사용이 올바른 문장을 고르세요.

❶ Me gusto esquiar.
❷ A mi mamá le gusta las frutas.
❸ Me gusta tocar el piano.
❹ A yo me gusto tomar el café con los amigos.

5. 다음 중 동사의 사용이 잘못된 것을 고르세요.

❶ ¿No te importa?
❷ A mí no me interesa el asunto.
❸ ¿Te duele la cabeza?
❹ No me extraño.

6. 다음에 적당한 것을 고르세요.

Él (__________) un camión. (그는 트럭을 운전합니다.)

❶ conduzce ❷ conduce
❸ condiezco ❹ cuenduzco

7. 다음 적당한 동사변화를 고르세요.

No (__________) cuáles son mis zapatos. (어느 것이 내 신발인지 모르겠습니다.)

❶ só ❷ sabo ❸ sebo ❹ sé

8. 다음 중 동사의 사용이 잘못된 것을 고르세요.

❶ Lo conozco solo de nombre. ❷ En Corea, produzcen muchos coches.
❸ No sé nadar. ❹ Conocemos muy bien Madrid.

9. 다음 중 동사의 사용이 잘못된 것을 고르세요.

❶ Sé bien a Margarita. ❷ Yo sé tocar el piano.
❸ Veo tu tarjeta. ❹ Me gusta viajar.

10. 다음 중 **gustar** 동사의 사용이 적절치 않은 것을 고르세요.

❶ Nos gustan las bicicletas. ❷ Me gusta esquiar.
❸ A Monica le gusta ir al cine. ❹ A mi hijo le gusta los perros.

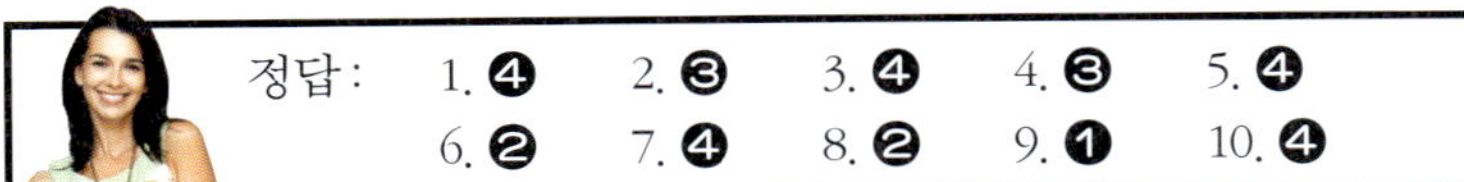

17.

Capítulo 17

스페인어의 재귀동사 표현!

Me levanto a las siete. 나는 7시에 일어납니다.

Me levanto a las siete.

일반적인 타동사는 동사의 움직임이 목적어에 영향을 미칩니다.
그런데 재귀동사란 동사 행동의 결과가 자기 자신에게 돌아갑니다. 일종의 '부메랑' 인 셈이지요.
재귀동사는 동사의 영향력을 스스로에게 돌리기 위해 재귀대명사를 필요로 합니다. 영어의 **myself**, **yourself**, **himself** … 같은 거죠. 실생활에서 사용되는 재귀동사 몇 가지를 소개합니다.

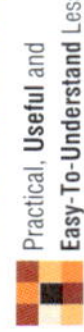

 17-1. 스페인 사람의 낮잠과 산책!

스페인을 대표하는 관습 2가지가 있습니다.
먼저 첫 번째는 한여름 한낮, 섭씨 40도 이상의 고온을 피해서 1~2시간 휴식을 취하는 낮잠시간, **Siesta** 입니다. '하루를 둘로 나누어 활용하는 지혜' 인 **Siesta** 는 여름날 도시 전체의 분위기를 바꾸어 놓습니다. 그리고 두 번째는 산책, **Paseo** 입니다. 다시 서늘함이 내리는 저녁 7시경이 되면 광장, 산책로가 인파로 가득 차는 진풍경이 연출됩니다. **Siesta** 와 **Paseo** 는 스페인 사람들의 삶 속에 굳게 자리 잡고 있는 '여유와 느림의 철학' 을 대변하는 관습입니다.

 17-2. 스페인어의 재귀동사!

재귀동사란? '자기 자신이 목적어가 되어 행위의 결과가 자신에게 돌아옴을 표현하는 동사' 입니다. 목적어를 필요로 하니 본질적으로는 타동사인 셈이죠. 예를 들어 '나는 일찍 일어난다.' 를 스페인어에서는 '나는 나를 일찍 일으켜 세운다.' 식으로 재귀표현으로 한다는 것입니다. 우리의 언어정서와 비교하면 그야말로 뜬금없는 어법이라 할 수 있죠. ㅋ

(**levantar** 일으키다, **levantarse** (재귀동사) 일어나다, **temprano** 일찍)

Yo levanto a mis hijos.
나는 나의 아이들을 일으킵니다. (타동사)

Me levanto temprano.
(나는) 나를 일찍 일으킵니다. (나는 일찍 일어납니다.) (재귀동사)

 17-3. 스페인어의 재귀대명사!

재귀를 표현하려면 **myself**, **yourself**, **himself** ...처럼 자기 자신을 일컫는 '재귀대명사' 가 필요합니다. 다음의 표를 보시면, 앞서 배운 '목적격인칭대명사' 와 많이 닮았음을 알 수 있습니다. 재귀대명사는 6개의 형태가 있으며, 재귀대명사의 대표는 **se** 입니다. 그래서 동사와 재귀대명사가 어우러진 '재귀동사' 의 원형은 '타동사+**se**' 형으로 씁니다. 예를 들면 **levantarse** 하는 식으로요.

재귀대명사

	단수	복수
1인칭	**me**	**nos**
2인칭	**te**	**os**
3인칭	**se**	**se**

17-4. 스페인어의 재귀동사!

우리의 일상을 대변하는 대표적인 재귀동사를 소개합니다.
-se 로 끝나는 원형 재귀동사를 문장에서 활용할 때에는 **se** 를 각각의 인칭에 맞게 변화시키되, 목적대명사와 마찬가지로 동사 앞에 놓아두면 됩니다.

despertarse (깨다)
levantarse (일어나다)
afeitarse (면도하다)
lavarse (씻다)
ducharse (샤워하다)
peinarse (머리 빗다)
vestirse (옷 입다)
ponerse (옷 입다)
sentarse (앉다)
llamarse (이름이 ~이다)
enamorarse (반하다)
divertirse (즐겁게 지내다)
casarse (결혼하다)
quitarse (옷 벗다)
bañarse (목욕하다)
acostarse (눕다)

Me levanto.
나는 일어납니다.

Te duchas.
너는 샤워한다.

Él se sienta.
그는 앉습니다.

17-5. 재귀동사로 일상을 표현하라!

재귀동사만으로 우리의 일상을 충분히 표현할 수 있습니다.
그래서 준비했습니다, '우리의 일상을 지배하는 자, 그대 이름은 재귀동사!'

(**rápido** 빠르게, **peinarse** 머리 빗다, **cuarto de baño {m}** 욕실, **esposo {m}** 남편, **para** ~을 위하여 (전치사), **desayunar** 아침식사하다, **abrigo {m}** 외투, **hacer** 만들다, **frío {m}** 추위, **además** 게다가, **sombrero {m}** 모자, **primo/-a {m/f}** 사촌, **mes {m}** 월/달)

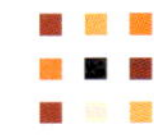

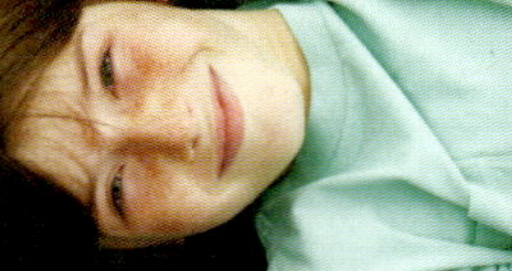

Me levanto a las siete.
나는 7시에 일어납니다.

Te duchas muy rápido.
너는 매우 빠르게 샤워한다.

Me peino en mi cuarto.
나는 내 방에서 머리를 빗습니다.

Me pongo un abrigo porque hace frío.
나는 날씨가 추워서 외투를 입습니다.

Además, me pongo un sombrero.
게다가 나는 모자까지 씁니다.

Se sienta aquí.
(그는) 여기 앉습니다.

Me acuesto a las once.
나는 11시에 잡니다.

주어를 생략할 수 없는 3인칭 문장의 경우는 재귀대명사 앞에 인칭대명사를 써줘도 좋습니다. 즉 '인칭대명사 + 재귀대명사 + 재귀동사' 의 순서로 쓰는 것이죠.

Mi esposo se afeita en el cuarto de baño.
나의 남편은 욕실에서 면도합니다.

Mi prima se casa este mes.
나의 사촌이 이번 달에 결혼합니다.

Mi familia se sienta para desayunar.
나의 가족이 아침식사를 위해 앉습니다.

단! 재귀동사를 사용하실 때 주의할 점이 있습니다!
신체와 관련된 재귀동사에서는 소유형용사를 쓸 필요가 없습니다!

(**antes de** ~하기 전에, **comer** 먹다, **algo** 어떤 것 (대명사), **mano (f)** 손, **dormir** 자다, **pie (m)** 발, **limpiarse** 씻다)

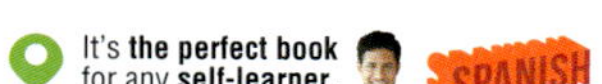

Antes de comer algo, me lavo las manos. (O)
me lavo mis manos. (X)

음식을 먹기 전에 나는 손을 씻습니다.

Antes de dormir, se limpian los pies. (O)
se limpian sus pies. (X)

자기 전에 그들은 발을 씻습니다.

17-6. 항상 재귀형으로만 쓰이는 대명동사!

재귀표현만 전문적으로 떠맡아 수행하는 동사가 있습니다. 이름 하여 '대명동사!'
대명동사는 항상 재귀형으로만 사용합니다. 특징은 '행위의 결과가 자신에게 돌아오는 것이 아니라는 점' 입니다. 대명동사는 기본적으로 전치사와 더불어 구를 이루어 사용합니다.

(**nota {f}** 성적, **empleado/-a {m/f}** 남/녀 직원, **comida {f}** 음식, **chico {m}** 아이)

❶ **arrepentirse de** (~ 후회하다)

¿Te arrepientes de algo?
너 뭔가 후회하는구나?

❷ **jactarse de** (~라고 잘난체하다)

Mi amigo se jacta de su buena nota.
나의 친구가 성적이 잘 나왔다고 잘난체합니다.

❸ **quejarse de** (~에 대해 불평하다)

Los empleados se quejan de la comida.
직원들이 음식에 대해 불평합니다.

❹ **burlarse de** (~을 비웃다)

Esos chicos se burlan de mí.
그 아이들이 나를 놀립니다.

Capítulo 17+ Multi Plus

여러분의 스페인어가 든든해지는 코너, 멀티플러스!

연습문제와 함께 복습과 표현력 강화를 해결하세요!

1. 다음 중 재귀동사의 사용이 잘못된 것을 고르세요.

❶ **Me levanta temprano.**
❷ **Te acuestas a las 11:40.**
❸ **Nos despertamos muy tarde.**
❹ **Me pongo el abrigo negro.**

2. **Todos los días, (　　　　　　　　) muy tarde, a las 11:30.**

❶ **yo acosto**
❷ **yo acuesto**
❸ **me acosto**
❹ **me acuesto**

3. **¿Quieres (　　　　　) a tu hija con ese hombre millonario tan guapo?**

❶ **casarte**
❷ **casar**
❸ **casarse**
❹ **a casar**

4. 다음 중 잘못된 문장을 고르세요.

❶ **No me arrepiento de nada.**
❷ **Esa actriz se jacta su cara bella.**
❸ **Ellos siempre se burlan de mí.**
❹ **Mis hijas se quejan de sus faldas largas.**

5. 다음 중 잘못된 문장을 고르세요.

❶ **Me pongo abrigo porque nieva mucho.**
❷ **Te duchas muy rápido.**
❸ **Mi amigo se jacta de su buena nota.**
❹ **Antes de comer, me lavo mis manos.**

6. 다음 중 재귀동사와 관련된 설명으로 잘못된 것을 고르세요.

❶ 자기 자신이 목적어가 되어 행위의 결과가 자신에게 돌아오는 동사다.
❷ 재귀대명사를 동반한다.
❸ 모든 동사에 재귀대명사 **se** 를 붙여 재귀동사로 만들 수 있다.
❹ 원형은 **-se** 형태로 표현한다.

7. 다음 중 재귀동사의 사용이 잘못된 것을 고르세요.

❶ **Te me ducho.**
❷ **Me levanto a las siete.**
❸ **Me pongo abrigo porque hace frío.**
❹ **Mi esposo se afeita en el cuarto de baño.**

8. 다음 중 재귀동사의 사용이 잘못된 것을 고르세요.

❶ **Mi familia se sienta para desayunar.**
❷ **Mi prima casa este mes.**
❸ **Antes de comer algo, me lavo las manos.**
❹ **Me acuesto a las once.**

9. 다음에 적당한 동사 형태를 고르세요.

Mi amigo (____________________) de su buena nota.

❶ **se arrepiente**
❷ **se jacta**
❸ **se burla**
❹ **se gusta**

10. 다음에 적당한 것을 고르세요.

Antes de dormir, se limpian (_________) pies.

❶ **los** ❷ **sus** ❸ **unos** ❹ 아무 것도 들어가지 않음

정답 : 1. ❶ 2. ❹ 3. ❷ 4. ❷ 5. ❹
6. ❸ 7. ❶ 8. ❷ 9. ❷ 10. ❶

18.
Capítulo 18
스페인어 관계사
La chica que está allí es mi hermana.

저기 있는 소녀는 나의 누나입니다.

스페인어 문장이 유창해지고 매끄러워지는 테크닉, '관계문!' 관계문을 알면 두 문장이 관계 속에서 하나로 어우러질 수 있기 때문에 여러분의 스페인어가 훨씬 유창하게 느껴집니다. 관계문을 만들자면 최소한 두 개의 문장이 필요하고, 이 두 문장을 연결하기 위해 필요한 연결 도우미, '관계사' 가 필요하지요. 자, 그럼 오늘의 주인공, 대표 관계사인 '관계대명사' 와 '관계부사' 를 소개합니다!

La chica que está allí es mi hermana.

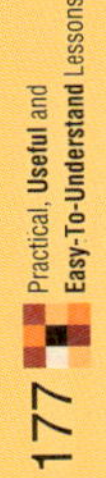

18-1. 스페인과 에스파냐의 관계!

로마제국 지배 시절 이베리아 반도지역을 '히스파니아' (**Hispania**)로 불렀습니다.
지금의 **España** (에스파냐)나, **Hispanic** (스페인계+인디오)의 어원이죠. 스페인의 정식 국호는 **Reino de España** (에스파냐 왕국)입니다. '스페인' (**Spain**)은 영어식 표기이며, 정작 스페인 사람 본인들은 '스페인' 이라는 표현을 좋아하지 않습니다. 그들 스스로 '에스파냐, 에스파뇰' 이기를 원하죠. 스페인 사람에게 에스파냐는 정통성이면서 자존심이기 때문입니다. 그리고 스페인어가 왜 에스파뇰인지도 미루어 짐작하실 수 있는 부분이죠.

18-2. 스페인어 관계사!

두 문장에서 공통되는 요소를 연결해 하나의 문장으로 만드는 것을 '관계문' 이라 하고, 이때 필요한 접속사가 '관계사' 입니다. 스페인어의 관계사는 '관계대명사' 와 '관계부사', '관계형용사' 등으로 이루어져 있으며, 이 중 오늘 배울 관계대명사와 관계부사는 각각 '접속사 + 대명사' 혹은 '접속사 + 부사' 의 역할을 합니다.

18-3. 스페인어 관계대명사!

관계문을 만드는 방법은 레알 간단합니다.
공통되는 요소(선행사) 다음에 관계대명사를 넣고 문장을 그대로 이어주면 됩니다. 해석은 뒷문장부터 거슬러 올라오면서 하는 게 정석입니다. 자! 그러면 본격적으로 스페인어 관계대명사의 면면을 살펴보도록 하겠습니다.

❶ 관계대명사 que : 사람/사물 모두에 사용, 성수변화 X

관계대명사 **que** 는 보편적으로 가장 많이 사용하는 관계대명사로, 선행사가 사람이건 동물이건 사물이건 상관없이 모두에 사용하는 전천후 멀티 플레이어입니다. 성수에 따른 변화도 없습니다.

(**chica {f}** 소녀, **hermana mayor {f}** 누나/언니, **libro {m}** 책, **profesor {m}** 교수, **fruta {f}** 과일, **mesa {f}** 탁자, **sobre** ~위에 (전치사), **aprender** 배우다, **universidad {f}** 대학교, **padres {pl}** 부모, **casa {f}** 집, **visitar** 방문하다, **conocer** 알다, **actriz {f}** 여배우)

a) 선행사가 사람일 경우

La chica es mi hermana.
La chica está allí.
→La chica que está allí es mi hermana.
저기 있는 소녀는 나의 누나입니다.

El profesor es de México.
El profesor me da este libro.
→El profesor que me da este libro es de México.
나에게 이 책을 준 교수는 멕시코 사람입니다.

b) 선행사가 사물일 경우

Me gustan aquellas frutas.
Las frutas están sobre la mesa.
→Me gustan aquellas frutas que están sobre la mesa.
나는 탁자 위에 있는 저 과일들을 좋아합니다.

c) 전치사 동반 가능 :

단, 전치사가 올 때에는 전치사와 명사 사이에 관사가 삽입됩니다. 물론 관사는 뒤에 오는 명사에 따라 성수일치 해야겠죠.

Aprendo español en una universidad.
Esa universidad está en Seúl.
→La universidad en la que aprendo español está en Seúl.
내가 스페인어를 배우는 대학교는 서울에 있습니다.

Voy a visitar la casa.
En esa casa viven mis padres.
→Voy a visitar la casa en la que viven mis padres.
(나는) 나의 부모님이 사시는 집을 방문할 것입니다.

Me gusta mucho la actriz.
Tú conoces a esa actriz.
→Me gusta mucho la actriz a la que tú conoces.
나는 네가 아는 그 여배우를 무척 좋아해.

❷ 관계대명사 **quien** : 사람에 사용, 성수변화 O

관계대명사 **quien** 은 오로지 '인간' 만 상대합니다!
당연히 단수형은 **quien**, 복수형은 **quienes** 입니다.

(**visitar** 방문하다, **enfermo** 아픈, **saber** 알다, **poco** 조금, **madrugar** 새벽에 일어나다, **dios {m}** 신(神), **ayudar** 돕다, **cubano/-a {m/f}** 쿠바인, **salir** 나가다, **pronto** 곧)

a) 관계대명사 **quien** 이 쉼표(,)로 연결되어 있으면 그냥 순서대로 해석합니다.

Yo visito a mi amiga.
Mi amiga está enferma.
➔ Visito a mi amiga, quien está enferma.
(나는) 나의 친구를 방문하는데, 그 친구는 아픕니다.

b) 관계대명사 **quien** 은 **que** 로 바꾸어 쓸 수 있습니다.

➔ Visito a mi amiga, quien está enferma.
(나는) 나의 친구를 방문하는데, 그 친구는 아픕니다.

➔ Visito a mi amiga que está enferma.
(나는) 나의 아픈 친구를 방문합니다.

c) 선행사가 전치사를 동반할 경우 '전치사 + **quien**' 으로 연결합니다. **que** 의 경우와는 달리 정관사가 삽입되지 않습니다.

Esa alumna es argentina.
Estudio español con ella.
➔ Esa alumna con quien estudio español es argentina.
내가 같이 스페인어를 공부하는 그 학생은 아르헨티나 사람입니다.

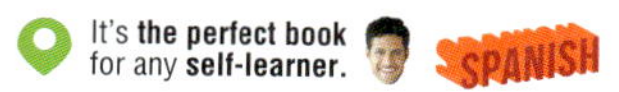

d) 일반적인 주어일 경우, 관계대명사 **quien** 은 선행사를 내포할 수 있습니다.
즉, 따로 선행사를 쓰지 않아도 **la persona quien** 의 뜻이 된다는 것이죠.

Quien habla mucho sabe poco.
말이 많은 사람은 아는 게 적다. (빈 수레가 요란하다.)

A quien madruga, Dios le ayuda.
일찍 일어나는 사람, 그 사람을 신이 돕는다.
(신은 스스로 돕는 자를 돕는다. 진인사대천명 盡人事待天命)

❸ 관계대명사 **el cual / la cual / los cuales / las cuales** :
선행사가 둘 이상일 경우, 성수변화 O
선행사가 여럿인 경우에는 관계사 이하의 문장이 어떤 선행사를 꾸미는지 알아야 합니다. 선행사가 여럿일 때 그 중 하나를 선택적으로 사용할 수 있는 관계사가 바로 **cual** 류입니다. 성과 수에 따라서 형태가 4가지로 나뉘니, 골라 쓰는 재미가 있는 관계대명사죠. ^0^

Vienen Rosa y Juan, el cual es cubano.
로사와 후안이 옵니다, 그 중 후안은 쿠바 사람입니다.

Vienen Juan y Rosa, la cual va a salir pronto.
로사와 후안이 옵니다, 그 중 로사는 곧 갈 것입니다.

18-4. 스페인어 관계부사!

선행사가 시간 혹은 장소를 나타낼 경우에는 관계부사를 사용합니다.

❶ 관계부사 **cuando** : 시간

(**hora {f}** 시간, **tenemos que inf.** ~을 해야한다, **terminar** 끝나다, **clase {f}** 수업, **momento {m}** 순간, **dormir** 자다, **todos {pl}** 모든 사람, **tocar** 연주하다, **piano {m}** 피아노, **primavera {f}** 봄, **florecer** 꽃피다, **impresionante** 감동적인, **salir** 나오다, **primero/-a** 첫 번째의, **sol {m}** 태양, **año {m}** 해/년)

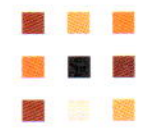

Es la hora.
시간이 되었습니다.

Tenemos que terminar la clase en esta hora.
우리는 이 시간에 수업을 끝내야 합니다.

➔ **Es la hora cuando tenemos que terminar la clase.**
우리가 수업을 끝내야 할 시간입니다.

No tenemos que tocar el piano en este momento.
우리는 이 시간에 피아노를 치면 안 됩니다.

En este momento duermen todos.
지금은 모두가 잠자는 시간입니다.

➔ **En el momento cuando duermen todos no tenemos que tocar el piano.**
모든 사람들이 잠든 시간에는 피아노를 치면 안 됩니다.

Me gusta la primavera.
나는 봄을 좋아합니다.

En la primavera florece.
봄에는 꽃이 핍니다.

➔ **Me gusta la primavera cuando florece.**
나는 꽃이 피는 봄이 좋습니다.

Sale el primer sol del año en este momento.
이 순간 새해의 첫 해가 떠오릅니다.

Es muy impresionante este momento.
이 순간이 매우 감동적입니다.

➔ **Es muy impresionante este momento cuando sale el primer sol del año.**
새해의 첫 해가 떠오르는 이 순간은 매우 감동적입니다.

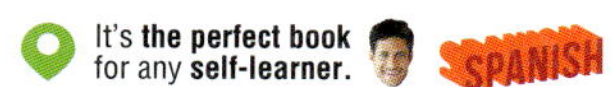

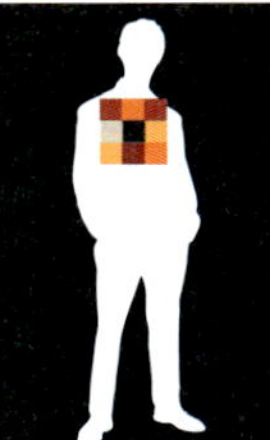

 관계부사 **donde** : 장소

(**estudiar** 공부하다, **museo {m}** 박물관, **ahora** 지금, **famoso/-a** 유명한, **sitio {m}** 장소, **todos** 모든, **recordar** 기억하다, **moderno/-a** 현대적인, **padres {pl}** 부모님, **visitar** 방문하다)

Esta es la universidad donde yo estudio.
이곳이 내가 공부하는 대학입니다.

El museo donde estamos ahora es muy famoso.
우리가 지금 찾은 이 박물관은 아주 유명합니다.

a) 장소를 나타내는 선행사가 전치사를 동반할 경우, 그대로 '전치사 + 관계부사' 형태로 연결합니다.

Recuerdo todos los sitios.
모든 곳들을 기억합니다.

Voy a todos los sitios.
모든 곳들을 가봅니다.

Recuerdo todos los sitios a donde voy.
(나는) 가본 곳들을 모두 기억합니다.

b) 전치사 동반 가능 : 전치사를 동반할 수 있지만, 많은 경우 전치사는 생략합니다. 또한, 선행사가 시간이나 장소를 나타내기 때문에 관계부사를 사용할 수 있는 상당수의 문장들은 선행사가 무엇이든 상관없이 사용되는 관계대명사 **que** 로도 얼마든지 대체할 수 있습니다. 다만, **que** 로 대체하는 경우에는 전치사가 함께 올 때처럼 관사를 삽입합니다.

La universidad (en) donde estudio es muy moderna.
(내가) 공부하는 대학은 매우 현대적입니다.

➔ **Voy a visitar la casa en la que viven mis padres.**
(나는) 부모님이 계시는 집을 방문할 것입니다.

Capítulo 18+ Multi Plus

여러분의 스페인어가 든든해지는 코너, 멀티플러스!
연습문제와 함께 복습과 표현력 강화를 해결하세요!

1. 다음에 적당한 관계사를 고르세요.

Los pintores de (____________________) te hablo son españoles.

❶ cual ❷ las que
❸ quienes ❹ donde

2. 다음에 적당한 관계사를 고르세요.

El tío de Isabel, (____________________) es médico, vive en Madrid.

❶ cuando ❷ quien
❸ la cual ❹ con la que

3. 다음에 적당한 관계사를 고르세요.

El computador (____________________) escribo este e-mail es de mi amigo.

❶ con (el) que ❷ con quien
❸ del que ❹ a el que

4. 다음에 적당한 관계사를 고르세요.

Éste es el piso (____________________) vivo yo.

❶ (en) donde ❷ que
❸ quien ❹ el cual

5. 다음에 적당한 관계사를 고르세요.

Ya estamos en verano (____________________) podemos nadar en el mar.

❶ donde ❷ que
❸ quien ❹ cuando

6. 다음에 적당한 관계사를 고르세요.

El profesor (__________) me da este libro es de México.

❶ que ❷ el cual ❸ con quien ❹ el que

7. 다음에 적당한 관계사를 고르세요.

El museo (__________) estamos ahora es muy famoso.

❶ que ❷ donde ❸ para donde ❹ cuales

8. 다음에 적당한 관계사를 고르세요.

La universidad en (__________) aprendo español está en Seúl.

❶ el que ❷ la que ❸ la donde ❹ como

9. 다음에 적당한 관계사를 고르세요.

Visito a mi amiga, (__________) está enferma.

❶ que ❷ con quien ❸ a quien ❹ quien

10. 다음에 적당한 관계사를 고르세요.

Vienen Juan y Rosa, (__________) va a salir pronto.

❶ los cuales ❷ con ella ❸ la cual ❹ las cuales

정답 : 1. ❸ 2. ❷ 3. ❶ 4. ❶ 5. ❹
6. ❶ 7. ❷ 8. ❷ 9. ❹ 10. ❸

19.

Capítulo 19

스페인어 지시대명사와 부사구

Me gusta ésta.

나는 이것이 좋습니다.

Me gusta ésta.

스페인어의 지시사는 지시형용사와 지시대명사가 있습니다.
우리는 이미 제06과에서 지시형용사를 만났는데요, 이번 시간에는 지시대명사를 만나 보겠습니다.
아울러 여러분의 스페인어를 아기자기하게 만들어줄 부사(부사구)도 소개합니다.

19-1. 스페인의 1일5식!

'1일1식' 이 붐인 요즘 기겁할 소리이긴 하지만, 스페인 사람들은 '1일5식' 을 합니다.
'이거 뭐 먹다가 하루가 다 가겠네?!' 할 수도 있지만 스페인 사람들 입장에서는 무엇과도 바꿀 수 없는 전통입니다.

1) **El desayuno** (조식) : 오전 7시. 토스트 & 커피.
2) **El almuerzo** ('아점') : 오전 10시 30분~11시. 바게트 샌드위치.
3) **La comida** (중식) : 오후 2시. 정식.
4) **La merienda** ('점저') : 오후 6시. 스낵 & 커피.
5) **La cena** (석식) : 오후 9시. 야채샐러드, 치즈 & 수프, 정식.

북유럽 국가에 비하면 꽤 늦은 시간에 저녁식사를 하기 때문에 (바로 잘 수 없으므로) 스페인에는 야간에 즐기는 카페, 클럽, 공연문화 등이 발달되어 있습니다.

19-2. 스페인어 지시대명사!

스페인어의 '지시대명사' 는 '지시형용사' 와 동일한 형태입니다.
남,여성지시대명사는 단수형과 복수형이 따로 존재하지만, 중성형은 복수가 되는 순간 대표성인 남성형이 모든 걸 커버할 수 있기 때문에 따로 복수형은 존재하지 않습니다.

스페인어 지시대명사

	단수(남/여)	복수(남/여)	중성
이	**este / esta**	**estos / estas**	**esto**
그	**ese / esa**	**esos / esas**	**eso**
저	**aquel / aquella**	**aquellos / aquellas**	**aquello**

(**camisa {f}** 셔츠, **pintura {f}** 그림, **disco {m}** 디스크, **pero** 그러나 (접속사),
amigo {m} 친구, **primo {m}** 사촌)

(이하의 예문에서는 지시형용사와의 구분을위해 지시대명사에 강세를 표시했습니다.)

❶ 지시대명사 '이것' : **éste / éstos / ésta / éstas / esto / -**

Me gusta esta camisa.
➔ Me gusta ésta.
나는 이것(셔츠)이 좋습니다.

¿Qué es esto?
이것은 무엇입니까?

❷ 지시대명사 '그것' : **ése / ésos / ésa / ésas / eso / -**

Esas pinturas son de Juan.
➔ Ésas son de Juan.
그것(그림)들은 후안의 것입니다.

Ella no tiene ese disco.
➔ Ella no tiene ése. (지시대명사)
➔ Ella no lo tiene. (직접목적어)
그녀는 그것(디스크)를 가지고 있지 않습니다.

❸ 지시대명사 '저것' : **aquél / aquéllos / aquélla / aquéllas / aquello / -**

Este coche es un Hyundai. Pero, aquél es un Kia.
이 자동차는 현대차입니다. 그러나 저것은 기아차입니다.

Éste es mi amigo y aquél es mi primo.
이쪽은 나의 친구이고, 저쪽은 나의 사촌입니다.

19-3. 스페인어 부사의 기능!

부사는 a) 동사, b) 부사, c) 형용사를 수식합니다.

(**hablar** 말하다, **levantarse** 일어나다, **temprano** 일찍, **cantante {m/f}** 가수, **cantar** 노래하다, **andar** 걷다, **demasiado** 너무, **rápido** 빨리, **guapo/-a** 예쁜, **examen {m}** 시험, **difícil** 어려운)

a) 부사, 동사를 수식하다!

Esa niña habla bien el español.
그 소녀는 스페인어를 잘 합니다.

Nos levantamos temprano.
우리는 일찍 일어납니다.

b) 부사, 부사를 수식하다!

Ese cantante canta muy bien.
그 가수는 노래를 매우 잘 부릅니다.

Ella anda demasiado rápido.
그녀는 너무 빨리 걷습니다.

c) 부사, 형용사를 수식하다!

Tu hermana es muy guapa.
너의 누나는 아주 예쁘다.

El examen es demasiado difícil.
시험이 너무 어렵습니다.

19-4. 스페인어 부사의 형태!

스페인어의 부사는 다음의 2가지로 나눌 수 있습니다.

❶ 태생적 부사 : 애초부터 부사로 존재하는 어휘들

bien (잘/옳게), **mal** (좋지 않게), **mucho** (많이), **poco** (적은 수로), **temprano** (일찍), **tarde** (늦게), **pronto** (곧), **rápido** (재빨리), **lento** (느리게), **despacio** (천천히)

❷ 인위적 부사 : 다른 품사에서 출발해 부사로 거듭 태어난 어휘들입니다.

a) '(여성형) 형용사+**mente**' 로 완성!

especial (특별한) ➔ **especialmente** (특별히)
general (일반적인) ➔ **generalmente** (일반적으로)
natural (자연적인) ➔ **naturalmente** (자연적으로)
probable (있음직한) ➔ **probablemente** (아마도)
positivo (긍정적인) ➔ **positivamente** (긍정적으로)

b) 형용사 원래의 강세는 그대로!

rápido (빠른) ➔ **rápidamente** (재빠르게)
simpático (친절한) ➔ **simpáticamente** (친절하게)
último (최후의) ➔ **últimamente** (최후에)

c) **-mente** 형이 여러 개 나란히 나오면, 맨 뒤에 하나만 **-mente**

(**políticamente** 정치적으로, **y** (접속사) 그리고, **económicamente** 경제적으로, **tener** 가지고 있다, **dificultad {f}** 어려움, **claramente** 명쾌하게, **y** 그리고, **firmemente** 단호하게)

Política y económicamente, tenemos dificultad.
정치와 경제적으로 곤란을 겪고 있습니다.

Ella habla clara y firmemente.
그녀는 명쾌하게 그리고 단호하게 말합니다.

19-5. 스페인어의 부사구!

여러분의 스페인어를 아기자기하게 만들어 주는 부사구들이 있습니다.
일반적으로 '전치사 + 명사' 또는 '전치사 + 형용사' 가 만나서 부사의 의미로 쓰일 때 부사구라고 합니다.

(**charlar** 담소하다, **ladrón {m}** 도둑, **huir** 도망가다, **acostarse** 잠자리에 들다, **llegar** 도착하다, **estudiar** 공부하다, **piscina {f}** 수영장)

❶ **con + alegría (=alegremente)** : 쾌활하게

Los alumnos charlan con alegría.
학생들이 쾌활하게 담소합니다.

❷ **con + rapidez (rápidamente)** : 재빨리

El ladrón huye con rapidez.
도둑이 재빨리 달아납니다.

Practical, **Useful** and **Easy-To-Understand** Lessons!

❸ **a veces** : 가끔/때때로

Me acuesto muy temprano a veces.
나는 가끔 아주 일찍 잡니다.

❹ **a tiempo** : 정시에

Los trenes llegan a tiempo.
기차들은 정시에 도착합니다.

❺ **todo el día** : 하루 종일

Estudio todo el día para el examen.
(나는) 하루 종일 시험을 위해 공부합니다.

❻ **a pie** : 걸어서, 도보로

Vamos a la piscina a pie.
(우리는) 수영장에 걸어서 갑니다.

Capítulo 19+ Multi Plus

여러분의 스페인어가 든든해지는 코너, 멀티플러스!
연습문제와 함께 복습과 표현력 강화를 해결하세요!

1. 다음 중 부사의 사용이 올바르지 못한 것을 고르세요.

❶ **bien** - 잘, 옳게
❷ **probablemente** - 아마도
❸ **rápidamente** - 재빠르게
❹ **politicamente y economicamente** - 정치 · 경제적으로

2. 다음 중 부사구의 사용이 잘못된 것을 고르세요.

❶ **Los alumnos charlan por alegría.** - 학생들이 쾌활하게 담소합니다.
❷ **El profesor llega a tiempo.** - 교수님은 제 시간에 도착하신다.
❸ **El taxi corre con rapidez.** - 택시가 빠르게 달립니다.
❹ **Voy al mercado a pie.** - 나는 걸어서 시장에 갑니다.

3. 다음 중 지시대명사의 사용이 잘못된 것을 고르세요.

❶ **Este televisor es de Samsung. - Este es de Samsung.**
❷ **Me gustan aquellos zapatos. - Me gustan aquellos.**
❸ **Esa pulsera es de Beatriz. - Esa es de Beatriz.**
❹ **Ese gato es muy pequeño. - Eso es muy pequeño.**

4. 다음 중 부사의 기능으로 잘못된 것을 고르세요.

❶ 명사를 수식한다. - **muy libros**
❷ 형용사를 수식한다. - **muy bonita**
❸ 부사를 수식한다. - **muy rápido**
❹ 동사를 수식한다. - **come mucho**

5. 다음 중 부사구의 사용이 올바른 것을 고르세요.

❶ **Los alumnos charlan con alegremente.**
❷ **Me acuesto muy temprano a veces.**
❸ **El ladrón huye a rápido.**
❹ **Vamos a la escuela con pies.**

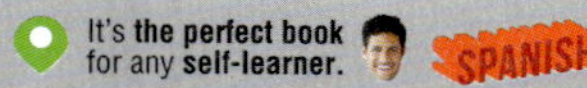

6. 다음 중 지시대명사의 단·복수가 잘못 짝지어진 것을 고르세요.

❶ **esta - estas** ❷ **este - estes**
❸ **aquel - aquellos** ❹ **aquella -aquellas**

7. 다음 중 지시사의 사용이 잘못된 것을 고르세요.

❶ **Me gusta esta camisa.**
❷ **Ella no tiene ese disco.**
❸ **Este es mi amigo y aquel es mi primo.**
❹ **Esas libros son de Juan.**

8. 다음 중 형용사 또는 명사에 상응하는 부사의 짝이 틀린 것을 고르세요.

❶ **probable** (있음직한) ➔ **probablemente** (아마도)
❷ **simpático** (친절한) ➔ **simpáticomente** (친절하게)
❸ **alegre** (유쾌한) ➔ **con alegría** (유쾌하게)
❹ **rapidez** (재빠름) ➔ **con rapidez** (재빨리)

9. 다음 중 부사 또는 부사구의 사용이 올바른 것을 고르세요.

❶ **Estudio todo el día para el examen.**
❷ **Ella habla lentamente pero firmemente.**
❸ **Los trenes llegan con tiempo.**
❹ **Político y económicomente, tenemos dificultad.**

10. 다음 중 부사 또는 부사구의 연결이 바르지 않은 것을 고르세요.

❶ **a tiempo** : 정시에 ❷ **a veces** : 가끔, 때로
❸ **últimamente** : 최후에 ❹ **a pie** : 선채로

정답: 1. ❹ 2. ❶ 3. ❹ 4. ❶ 5. ❷
6. ❷ 7. ❹ 8. ❷ 9. ❶ 10. ❹

¿Puedes ayudarme?

20.
Capítulo 20
스페인어 회화능력 폭발, 동사구!

¿Puedes ayudarme?
(나) 좀 도와줄 수 있니?

이번 시간에는 여러분의 스페인어 표현력 포텐을 터트려줄 강력한 도우미, 동사구를 소개해드리겠습니다. 일반적으로는 조동사와 본동사가 직접 만나거나 전치사와 더불어 만나는 형태로 구성되는데, 그야말로 일상적인 생활회화에 큰 도움이 되는 유용한 표현들입니다.

20-1. 스페인의 식사매너!

스페인 사람에게 눈칫밥 안 먹는 식사매너가 있습니다. 5가지만 기억해 주십시오!

1) 음식을 먹을 때, 소리를 내지 않습니다. ('후루룩 쩝쩝' 하면 굶고 사는 줄 압니다.)
2) 식사는 담소와 함께 합니다. (말없이 식사만 하면 삐쳤다고 생각합니다.)
3) 오른 손에는 나이프, 왼손에는 포크가 기본입니다. (식사 도중에 자주 바꿔 잡는 것은 좋지 않으며, 양손은 항상 보이도록 테이블 위에 놓습니다.)
4) 빵, 해산물, 햄은 맨손으로 집어서 먹습니다. (손은 레몬 핑거볼에 씻습니다.)
5) 식사의 개시는 안주인의 사인을 따릅니다. (식사인사도 잊지 마세요! **¡Buen provecho!** : 맛있게 드세요!)

20-2. 스페인어의 동사구!

동사구란 쉽게 말해서 '동사가 들어간 숙어' 라고 생각하시면 됩니다.
회화 실력 증진에는 역시 숙어가 특효약이죠~! 여러분의 스페인어를 빵빵하게 만들어주는 동사구를 소개합니다.

❶ poder 동사 :

poder 동사는 '~이 가능하다', '~을 할 수 있다' 의 뜻으로 우리가 잘 알고 있는 영어의 조동사 **can** 에 해당됩니다. '**poder** + 동사원형' 으로 사용하는 방법도 같고요. 앞으로 **poder + inf.** 가 나오면 '~할 수 있다' 로 해석하면 됩니다.

puedo puedes puede podemos podéis pueden

(**ayudar** 돕다, **me** 나를, **realizar** 실현하다, **plan {m}** 계획, **aparcar** 주차하다, **coche {m}** 자동차, **aquí** 여기)

¿Puedes ayudarme?
나 좀 도와줄 수 있니?

Yo puedo realizar ese plan.
나는 그 계획을 실현할 수 있습니다.

Ellos pueden hablar español.
그들은 스페인어를 할 수 있습니다.

No podemos aparcar el coche aquí.
우리는 여기에 차를 세울 수 없습니다.

❷ deber 동사 :

deber 동사는 '해야 한다' 의 뜻으로 의무를 나타냅니다. 영어의 조동사 **must** 와 같죠. **deber + inf.** 는 **tener + que + inf.** 와 동일한 의미로 사용될 수 있습니다.

debo debes debe debemos debéis deben

(**llegar** 도착하다, **estación {f}** 역, **a tiempo** 정시에, **aparcar** 주차하다, **coche {m}** 자동차, **aparcamiento {m}** 주차장, **presentar** 제출하다, **tarea {f}** 과제, **viernes {m}** 금요일, **regresar** 돌아가다)

Debemos llegar a la estación a tiempo.
(우리는) 역에 정시에 도착해야 합니다.

Debes aparcar el coche en el aparcamiento.
(너는) 차를 주차장에 주차해야 해.

Vosotros debéis presentar la tarea hasta el viernes.
너희들은 금요일까지 과제 제출해야 한다.

Ellas deben regresar a casa hasta las once.
그녀들은 열한 시까지 집에 돌아가야 합니다.

❸ querer 동사 :

querer 동사는 '원하다' 의 뜻입니다. 타동사 '사랑하다' 로 사용될 때에는 뒤에 목적어가 오면 되지만, 조동사처럼 쓰일 때에는 뒤에 동사원형을 나란히 쓰면 됩니다. 영어의 **want to** 와 같다고 보시면 되죠.

quiero quieres quiere queremos queréis quieren

(**ir** 가다, **mar {m}** 바다, **o** 또는 (접속사), **montaña {f}** 산, **conocer** 알다, **siempre** 늘, **cine {m}** 영화관, **muchacho {m}** 소년, **ser** ~이 되다, **futbolista {m}** 축구선수)

¿Quieres ir al mar o a la montaña?
(너는) 바다로 가고 싶니, 또는 산으로 가고 싶니?

Quiero conocer España y América Latina.
(나는) 스페인과 라틴아메리카에 가보고 싶습니다.

Él siempre quiere ir al cine con ella.
그 남자는 늘 그 여자와 극장에 가고 싶어 합니다.

Ese muchacho quiere ser futbolista.
그 소년은 축구선수가 되고 싶어 합니다.

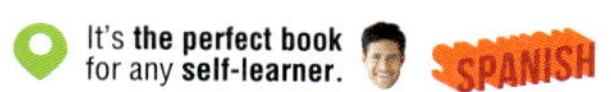

❹ empezar 와 comenzar 동사 :

empezar 와 **comenzar** 동사는 완벽한 동의어로 둘 다 '시작하다' 의 뜻입니다. 스페인 한림원에서는 '**comenzar** 가 **empezar** 를 대신할 수 있는 어휘' 라고 설명하고 있고, 실질적으로 아무런 차이 없이 사용되므로 여러분은 입맛대로~ 골라 쓰시면 되겠습니다.

comenzar + a + inf. (~을 시작하다)
empezar + a + inf. (~을 시작하다)

empiezo empiezas empieza empezamos empezáis empiezan
comienzo comienzas comienza comenzamos comenzáis comienzan

(**hombre {m}** 남자, **pelear** 싸우다, **bebé {m}** 아기, **llorar** 울다, **pianista {m/f}** 피아니스트, **tocar** 치다, **piano {m}** 피아노, **máquina {f}** 기계, **funcionar** 작동하다)

Esos dos hombres comienzan a pelear.
그 두 남자가 싸우기 시작합니다.

El bebé empieza a llorar.
아기가 울기 시작합니다.

La pianista empieza a tocar el piano.
피아니스트가 피아노를 치기 시작합니다.

La máquina comienza a funcionar.
기계가 작동하기 시작합니다.

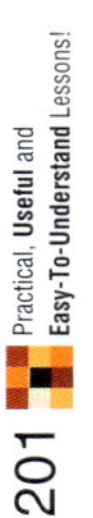

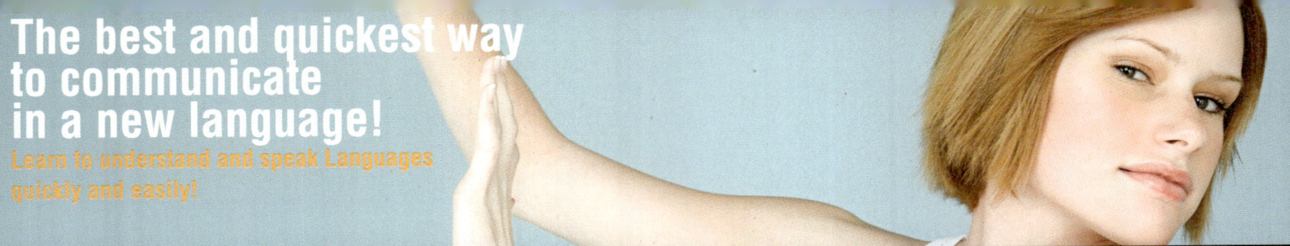

Capítulo 20+ Multi Plus

여러분의 스페인어가 든든해지는 코너, 멀티플러스!

연습문제와 함께 복습과 표현력 강화를 해결하세요!

1. 다음 중 밑줄 친 부분의 의미가 다른 문장을 고르세요.

❶ **<u>Tenemos que aparcar</u> el coche en el aparcamiento subterráneo.**
❷ **<u>Deben aparcar</u> el coche en el aparcamiento subterráneo.**
❸ **<u>Queremos aparcar</u> el coche en el aparcamiento subterráneo.**
❹ **<u>Hay que aparcar</u> el coche en el aparcamiento subterráneo.**

2. 다음의 동사구 중 사용이 올바르지 못한 것을 고르세요.

❶ **Las chicas empiezan bailar.**
❷ **Quiero visitar a mis abuelos.**
❸ **Puedo terminar esta tarea sin tu ayuda.**
❹ **Debo leer este libro este fin de semana.**

3. 다음 중 **poder** 를 사용한 동사구의 형태가 올바른 것을 고르세요.

❶ **Ellos pueden hablan español.**
❷ **Tú poder hablas español.**
❸ **María puede habla español.**
❹ **Puedo hablar español.**

4. 다음 중 올바른 문장을 고르세요.

❶ **No puedes a aparcar el coche aquií.**
❷ **La máquina comienza a funcionar.**
❸ **¿Quieres a ir al mar?**
❹ **Ellas deben a regresar a casa ahora.**

5. 다음 문장을 스페인어로 올바르게 쓴 것을 고르세요.

우리는 스페인에 가보고 싶습니다.

❶ **Queremos conocer España.**
❷ **Queremos a conocer España.**
❸ **Queremos saber con España.**
❹ **Queresmos conocer a España.**

6. 다음 중 **deber** 를 사용한 동사구의 형태가 올바른 것을 고르세요.

❶ **Ellas deben que regresar a casa hasta las once.**
❷ **Debes a aparcar el coche en el aparcamiento.**
❸ **Vosotros debéis presentar la tarea hasta el viernes.**
❹ **Debemos en llegar a la estación a tiempo.**

7. 다음 중 **querer** 를 사용한 동사구의 형태가 올바른 것을 고르세요.

❶ **¿Quieres ir al mar o a la montaña?**
❷ **Quiero que conocer España y América Latina.**
❸ **Siempre él quiere con ir al cine con ella.**
❹ **Ese muchacho quiere es futbolista.**

8. 다음 중 **empezar** 를 사용한 동사구의 형태가 올바른 것을 고르세요.

❶ **El bebé empienza llorar.**
❷ **La pianista empieza en tocar el piano.**
❸ **La máquina empieza funciona.**
❹ **Esos dos hombres empiezan a pelear.**

9. 다음 중 **poder** 를 사용한 동사구의 형태가 올바른 것을 고르세요.

❶ **Mi hermano puede a tocar el piano.**
❷ **Ese muchacho puede habla español.**
❸ **Yo puedo regresar a casa hasta las once.**
❹ **Ellas pueden que realizar ese plan.**

10. 다음 중 조동사의 원형과 의미가 잘못 짝지어진 것을 고르세요.

❶ **deber** - ~해야 한다
❷ **poder** - ~은 의무다
❸ **querer** - ~ 원하다
❹ **empezar** - ~ 시작하다

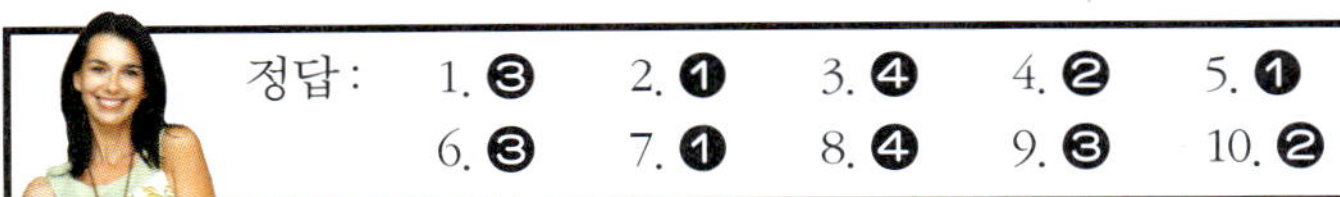
정답 : 1. ❸ 2. ❶ 3. ❹ 4. ❷ 5. ❶
6. ❸ 7. ❶ 8. ❹ 9. ❸ 10. ❷

¿Qué están haciendo ustedes?

21. Capítulo 21

스페인어의 현재분사!

¿Qué están haciendo ustedes?

당신들은 뭘 하고 계십니까?

이번 시간에는 현재분사의 이모저모를 살펴보도록 하겠습니다.
스페인어의 현재분사는 현재진행형이라고 생각하시면 됩니다.
분사를 알면 동시동작, 때, 원인, 조건, 양보 등 다양한 의미를 표현하실 수 있습니다.

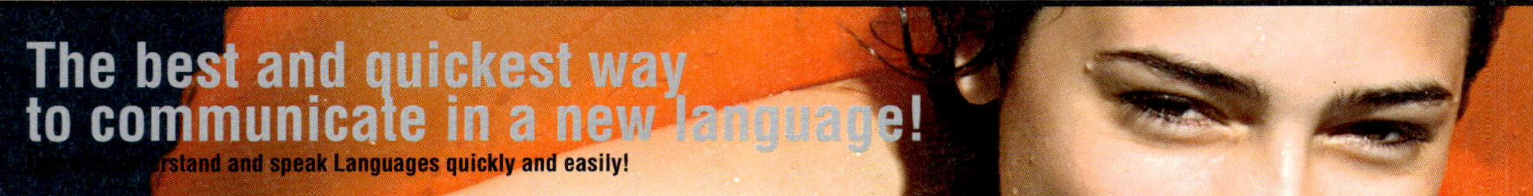

 21-1. 스페인은 농수산초강국!

스페인은 프랑스와 함께 유럽 최고의 농수산물 생산국입니다.
드넓은 평야와 삼면의 바다는 그야말로 풍요로운 천혜의 식자재 창고인 셈이죠. 풍부한 식자재와 방금 건져 올리고 뽑아낸 신선한 재료들에 익숙해진 스페인 사람들의 미각은 특별히 더 민감합니다. 항상 최고로 신선한 재료를 즉석에서 직접 만들어 먹는 것이 일상화되었기 때문입니다. 자연히 인스턴트식품, 통조림, 패스트푸드가 맥을 못 추겠죠. 북유럽 국가들은 스페인으로부터 농산물을, 중부유럽은 해산물을 주로 공급 받습니다. 평상시에 먹거리를 제공해 주는 고마운 나라, 휴가 때가 되면 한 번쯤 직접 찾아가고 싶어질 법 하겠죠? 스페인이 관광대국이 될 수밖에 없는 또 다른 이유입니다.

 21-2. 스페인어의 현재분사!

분사란 기본적으로 '형용사나 부사로 사용되는 동사' 입니다.
다시 말해 원래 동사였던 녀석을 살짝 모양새를 바꿔 형용사나 부사로 사용하는 방법이 바로 분사용법이라는 거죠. 스페인어에는 '현재분사와 과거분사' 의 2가지 분사가 있습니다. '현재분사' 는 영어의 **-ing** 형태처럼 '현재의 진행 상태' 를 나타내며 '능동' 적인 의미를 지니고 있고, '과거분사' 는 '과거' 의 내용을 나타내며 '수동' 의 의미를 지닙니다.

 21-3. 현재분사 만드는 법!

스페인어의 현재분사를 만드는 방법은 규칙형과 불규칙형 2가지입니다.
일반적으로 현재동사변화에서 규칙적으로 변하던 동사들은 분사에서도 규칙형태이고, 불규칙하게 변화했던 동사들은 분사에서도 불규칙한 형태입니다.

1) 규칙형 현재분사 만드는 방법 : 동사원형의 어미를 떼고 각각의 분사어미를 붙여줍니다. 1변화동사에는 **-ando** 를, 2변화동사에는 **-iendo** 를, 3변화동사에는 **-iendo** 를 붙여주면 됩니다.

1변화동사 : **-ar > ~ando** **hablar > hablando**
2변화동사 : **-er > ~iendo** **comer > comiendo**
3변화동사 : **-ir > ~iendo** **vivir > viviendo**

2) 불규칙형 현재분사 :

caer (떨어지다) 〉 **cayendo**
decir (말하다) 〉 **diciendo**
huir (도망가다) 〉 **huyendo**
leer (읽다) 〉 **leyendo**
oír (듣다) 〉 **oyendo**
poder (할 수 있다) 〉 **pudiendo**
traer (가져오다) 〉 **trayendo**
ver (보다) 〉 **viendo**
creer (믿다) 〉 **creyendo**
dormir (자다) 〉 **durmiendo**
ir (가다) 〉 **yendo**
morir (죽다) 〉 **muriendo**
pedir (요청하다) 〉 **pidiendo**
reír (웃다) 〉 **riendo**
venir (오다) 〉 **viniendo**

21-4. 스페인어 현재분사의 활용!

1) 동시동작 : (~하면서)

주가 되는 동사(주동사)와 함께 동시다발적으로 이루어지는 동작을 표현합니다.
'현재분사' 는 동사 뒤에 위치하면 됩니다.

(**cantar** 노래하다, **tocar** 연주하다, **piano {m}** 피아노, **descansar** 쉬다, **ver** 보다, **telenovela {f}** 연속극, **disfrutar** 즐기다, **playa {f}** 해변, **tomar** 취하다, **sol {m}** 태양, **adolescente {m/f}** 청소년, **estudiar** 공부하다, **escuchar** 듣다, **música {f}** 음악, **café {m}** 커피, **leer** 읽다, **periódico {m}** 신문, **secretaria {f}** 비서, **teléfono {m}** 전화기, **hablar por teléfono** 전화통화하다, **nota {f}** 메모, **ejercicio {m}** 운동, **hacer ejercicio** 운동하다, **algo** 어떤 것 (대명사))

Ella canta tocando el piano.
그녀는 피아노를 치면서 노래합니다.

Mi mamá descansa viendo la telenovela.
나의 엄마는 연속극을 보면서 쉽니다.

Las chicas disfrutan en la playa tomando el sol.
소녀들이 해변에서 일광욕을 하면서 즐깁니다.

Los adolescentes estudian escuchando la música.
청소년들은 음악을 들으면서 공부합니다.

Por la mañana, mi padre toma un café leyendo el periódico.
아침에 나의 아버지는 신문을 읽으면서 커피를 마십니다.

La secretaria habla por teléfono tomando notas.
비서가 메모를 하면서 전화통화를 합니다.

Ella hace ejercicio comiendo algo.
그녀는 뭔가를 먹으면서 운동을 합니다.

2) 진행형 : **estar** + 현재분사 (하고 있다 / ~하는 중이다)

모든 시제에서 진행형은 '**estar** + 현재분사' 로 만들면 됩니다.
estar 동사를 현재형/과거형/미래형으로 사용하면 각각 '현재진행형', '과거진행형', '미래진행형' 이 되는 것입니다.

(**hacer** 하다, **hablar** 말하다, **sobre** ~에 대하여 (전치사), **situación {f}** 상황, **económico/-a** 경제의, **actual** 현재의, **diputado {m}** 하원의원/국회의원, **discutir** 논의하다, **Asamblea General {f}** 국회, **joven (m/f)** 젊은이, **beber** 마시다, **cerveza {f}** 맥주, **bar {m}** 바, **después** ~후에, **examen {m}** 시험, **autora {f}** 여류작가, **novela {f}** 소설, **avión {m}** 비행기, **preparar** 준비하다, **despegue {m}** 이륙, **aeropuerto {m}** 공항)

¿Qué están haciendo ustedes?
당신들은 뭘 하고 계십니까?

Estamos hablando sobre la situación económica actual.
(우리는) 현 경제상황에 대해 이야기하는 중입니다.

Los diputados están discutiendo en la Asamblea General.
국회의원들이 의회에서 논쟁을 벌이고 있습니다.

Los jóvenes están bebiendo cerveza en el bar después del examen.
젊은이들이 시험을 끝내고 바에서 맥주를 마시고 있다.

La autora está escribiendo su nueva novela.
그 여류작가는 그녀의 새 소설을 쓰고 있습니다.

Los aviones están preparando el despegue del aeropuerto.
비행기들이 공항으로부터의 이륙을 준비 중입니다.

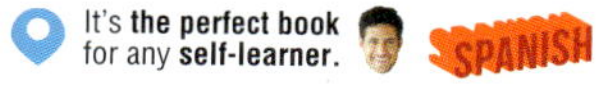

3) 행위의 지속 : **ir** / **seguir** / **continuar** / **llevar** + 현재분사

행위의 지속을 나타내는 분사구문들이 있습니다.

ir + 현재분사 (계속 ~해가다)
seguir + 현재분사 (계속 ~하다)
continuar + 현재분사 (계속 ~하다)
llevar + (기간) + 현재분사 (~기간 동안 계속 ~하다)

(**Don Quijote** 돈키호테, **molino {m}** 풍차, **anochecer** 밤이 되다, **poder** 할 수 있다, **salir** 외출하다, **llover** 비가 오다, **año {m}** 해/년, **vivir** 살다, **mes** 월/달, **trabajar** 일하다)

Don Quijote va caminando hacia el molino.
돈키호테는 풍차를 향해 계속 걸어가고 있습니다.

Va anocheciendo muy rápido.
아주 빨리 밤이 되어가고 있습니다.

No podemos salir. Sigue lloviendo.
외출할 수 없습니다. 계속 비가 옵니다.

Mis abuelos siguen teniendo muy buena salud.
우리 조부모님께서는 계속해서 아주 좋은 건강상태를 유지하고 계십니다.

Ellos continúan estudiando español.
그들은 계속해서 스페인어를 공부하고 있습니다.

¿Continúas trabajando? ¡Ya son las nueve de la noche!
계속 일하는 중이야? 벌써 밤 아홉신데!

Llevo 12 años viviendo aquí en Seúl con mi familia.
(나는) 여기 서울에서 가족과 함께 12년째 살고 있습니다.

Mi hermano lleva 5 meses trabajando en México.
나의 동생은 멕시코에서 5개월째 일하고 있습니다.

Capítulo 21+ Multi Plus

여러분의 스페인어가 든든해지는 코너, 멀티플러스!
연습문제와 함께 복습과 표현력 강화를 해결하세요!

1. 다음 중 동사의 원형과 현재분사가 잘못 짝지어진 것을 고르세요.

❶ comer - comiendo ❷ decir - diciendo
❸ poder - podiendo ❹ venir - viniendo

2. 다음 문장 중 동사 및 현재분사의 사용이 올바르게 된 것을 고르세요.

❶ Mi mamá descansando ver la telenovela.
❷ La secretaria hablando por teléfono tomando notas.
❸ Los adolescentes estudian escuchan la música.
❹ Ella canta tocando el piano.

3. 다음 문장에 대한 대답으로 올바른 문장을 고르세요.

¿Qué están haciendo ustedes?

❶ Estamos hablando sobre la situación actual económica.
❷ Vamos a hablar sobre la situación actual económica.
❸ Hemos hablado sobre la situación actual económica.
❹ Estamos hacienda hablar sobre la situación actual económica.

4. 다음 문장 중 분사의 사용이 잘못된 것을 고르세요.

❶ Don Quijote va caminando hacia el molino.
❷ Mis abuelos siguen teniendo muy buena salud.
❸ Ellos continúan estudiado español.
❹ Mi hermano lleva 5 meses trabajando en México.

5. 다음 중 스페인에 대한 설명으로 옳지 않은 것을 고르세요.

❶ 스페인은 삼면이 바다로 되어 있다. ❷ 풍부한 해산물을 유럽 각국으로 수출한다.
❸ 신선한 해산물을 이용한 요리가 풍부하다.
❹ 해산물은 풍부한 반면 산이 많고 평야가 적어 농산물을 대량 수입한다.

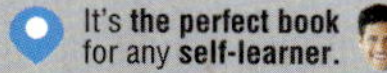

6. 다음에 적당한 동사의 형태를 고르세요.
Las chicas disfrutan en la playa (tomar :__________) el sol.
소녀들이 해변에서 일광욕을 하며 즐긴다.

❶ **toman** ❷ **tomando** ❸ **tomáos** ❹ **tomen**

7. 다음에 적당한 동사의 형태를 고르세요.
Los diputados están (discutir :__________) en la Asamblea General.
의원들이 의회에서 논쟁을 벌이는 중이다.

❶ **discutiendo** ❷ **discuten** ❸ **discutir** ❹ **discuando**

8. 다음에 적당한 동사의 형태를 고르세요.
Los jóvenes están (beber :__________) cerveza en el bar después del examen.
젊은이들이 시험을 끝내고 바에서 맥주를 마시고 있다.

❶ **beben** ❷ **bebiendo** ❸ **beber** ❹ **bebendo**

9. 다음에 적당한 동사의 형태를 고르세요.
Mi hermano lleva 5 meses (trabajar :__________) en México.
내 동생은 멕시코에서 다섯 달째 일하고 있다.

❶ **trabajan** ❷ **trabaja** ❸ **trabajar** ❹ **trabajando**

10. 다음 중 현재분사의 사용이 잘못된 것을 고르세요.

❶ **Llevo 12 años viviendo aquí en Seúl con mi familia.**
❷ **Mis abuelos siguen teniendo muy buena salud.**
❸ **Hablando sobre la situación actual económica.**
❹ **Los aviones están preparando el despegue del aeropuerto.**

정답 : 1. ❸ 2. ❹ 3. ❶ 4. ❸ 5. ❹
6. ❷ 7. ❶ 8. ❷ 9. ❹ 10. ❸

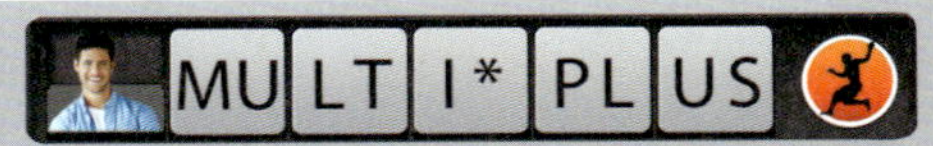

22.
Capítulo 22

스페인어의 비교급!
Yo soy más bonita que aquella actriz.
내가 저 여배우보다 더 예뻐요.

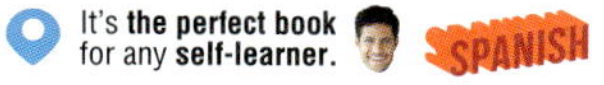

Yo soy más bonita que aquella actriz.

이번 시간에는 스페인어의 다양한 비교표현을 만나 보겠습니다.
비교구문을 통해 여러분의 스페인어 문장력이 보다 더 향상될 것입니다.
여러분의 스페인어 비교구문 능력을 최상급으로 만들어 드릴 몇 가지 공식을 지금 소개합니다.

 22-1. 비교! 빨리빨리 vs 마냐나!

우리에게 '빨리빨리' 가 있다면, 스페인 사람에겐 '마냐나' 가 있습니다.
마냐나 **mañana** 는 '내일', '나중에' 라는 뜻입니다. 이 말의 모호함은 '미래의 어느 날' 까지 확장되어 사용되고 있습니다. 그래서 주문배달이나 AS, 심지어는 행정관청에서까지도 같은 의미로 사용합니다. 이는 스페인 사람들의 '여유로운 삶의 철학' 이 묻어난 것이기도 하지만, 상대에게 대놓고 No 라고 못하는 이들의 심성과도 관계가 있습니다. 부탁하는 사람의 입장을 고려한 답변인 셈이죠. 그렇긴 하지만 대한민국 사람들에겐 은근 답답한 구석이 아닐 수 없죠.

 22-2. 스페인어의 비교급 3종세트!

스페인어의 비교문장은 '비교어' 를 이용해서 만듭니다.
mucho (많은/많이)와 **poco** (적게/적은)의 비교어는 **más** (더)와 **menos** (덜)입니다.
비교어는 성수에 따른 변화가 없습니다. 비교어를 명사, 형용사, 부사 앞에 넣어주면 '훨씬 더' 혹은 '훨씬 덜' 의 뜻으로 비교문이 되는 것이죠.

❶ 우등비교 :

'~보다 더 ~한' 을 표현하는 우등비교법의 공식은 '동사 + **más** + 형용사/명사/부사 + **que** ~' 입니다. 비교의 대상 앞에 **que** 를 기억해주세요!

(**bonito** 예쁜, **actriz {f}** 여배우, **alto** 높은/큰, **pesado** 무거운, **libro {m}** 책, **millonario {m}** 백만장자, **así que** 그래서, **dinero {m}** 돈, **jugador {m}** 선수, **correr** 달리다, **rápido** 빨리, **siempre** 늘, **levantarse** 일어나다, **temprano** 일찍)

Yo soy muy bonita. (나는 매우 예쁩니다.)
Aquella actriz es muy bonita. (저 여배우는 매우 예쁩니다.)
➔ **Yo soy más bonita que aquella actriz.**
내가 저 여배우보다 더 예쁩니다.

Ella es más alta que yo, pero soy más pesada que ella.
그녀가 나보다 키가 크지만, 무게는 내가 더 나갑니다.

Tengo muchos libros. (나는 많은 책을 가지고 있습니다.)
Él tiene muchos libros. (그는 많은 책을 가지고 있습니다.)
➔ **Tengo más libros que él.**
(나는) 그보다 더 많은 책을 가지고 있습니다.

El es millonario, así que tiene más dinero que yo.
그는 백만장자다, 그래서 나보다 돈이 더 많습니다.

Ese jugador corre muy rápido. (그 선수는 매우 빨리 뜁니다.)
Yo corro muy rápido. (나는 매우 빨리 뜁니다.)
➔ **Ese jugador corre más rápido que yo.**
그 선수는 나보다 더 빨리 뜁니다.

Mi mamá siempre se levanta más temprano que mi papá.
우리 엄마는 아버지보다 늘 더 일찍 일어납니다.

❷ 열등비교 :

'~보다 덜 ~한' 을 표현하는 열등비교법의 공식은 '동사 + **menos** + 형용사/명사/부사 + **que** ~' 입니다.

(**grande** 큰, **bufanda (f)** 스카프, **caro** 비싼, **beber** 마시다, **agua (f)** 물, **gastar** 소비하다, **estudiar** 공부하다, **compañero/-a (m/f)** 동료/학우/친구, **dormir** 자다)

Corea es grande. (한국은 큽니다.)
España es grande. (스페인은 큽니다.)
➔ **Corea es menos grande que España.**
한국은 스페인보다 덜 큽니다.

Esta bufanda es menos cara que aquella.
이 스카프는 저것보다 덜 비쌉니다.

Yo bebo agua. (나는 물을 마십니다.)
Mi amigo bebe agua. (나의 친구는 물을 마십니다.)
➔ **Yo bebo menos agua que mi amigo.**
나는 내 친구보다 물을 덜 마십니다.

Ella gasta menos dinero que yo.
그녀는 나보다 돈을 덜 씁니다.

Yo estudio poco. (나는 공부를 조금 합니다.)
Mi compañera estudia poco. (내 친구는 공부를 조금 합니다.)
➔ **Yo estudio menos que mi compañera.**
나는 내 친구보다 공부를 덜 합니다.

Mi mamá duerme menos que yo.
우리 엄마는 나보다 잠을 덜 잡니다.

❸ 숫자 비교 :

más 와 **menos** 는 숫자를 비교할 때도 사용합니다. 방식은 '**más / menos** + **de** + 숫자' 입니다.

(**reunión {f}** 회의, **ir** 가다, **participar** 참여하다, **persona {f}** 사람, **bolsillo {m}** 주머니)

En esa reunión van a participar más de treinta personas.
그 회의에는 30명 이상이 참여할 것입니다.

En el bolsillo, tengo menos de 20,000 wones.
내 주머니에는 2만원도 없습니다.

❹ 동등비교 :

영어의 **as ~ as** 에 해당되는 동등비교문은 '명사' 를 비교할 때와 '형용사/부사' 를 비교할 때에 살짝 차이가 있습니다. 명사를 비교할 때에는 명사 앞에 형용사 **tanto/-a** 가 놓이고, 형용사나 부사를 비교할 때에는 부사인 **tan** 이 앞에 옵니다.

동사 + **tanto** + 명사 + **como**
동사 + **tan** + 형용사/부사 + **como**

(**espacio {m}** 공간, **suyo** 그의, **fama {f}** 명성, **guapa** 예쁜, **hijo {m}** 아들, **correr** 달리다, **esposo {m}** 남편, **recibir** 맞이하다, **calurosamente** 따뜻하게, **hija {f}** 딸)

Mi coche no tiene tanto espacio como el suyo.
내 차는 그의 차만큼의 공간이 없습니다.

No tengo tanta fama como ella.
나는 그녀만큼의 명성을 갖고 있지 못합니다.

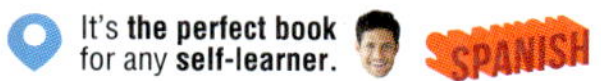

장동건 es tan alto como 조인성.
장동건은 조인성만큼 큽니다.

김태희 es tan guapa como yo.
김태희는 나만큼 예쁩니다.

Mi hijo corre tan rápido como mi esposo.
내 아들은 내 남편만큼 빨리 뜁니다.

Ella me recibe tan calurosamente como su hija.
그녀는 그녀의 딸만큼 따뜻하게 나를 맞이합니다.

22-3 스페인어의 최상급!

특정한 비교 대상(범주) 안에서 최고를 표현하는 방법입니다.
최상급의 대상에는 '정관사' 를 써줍니다. 최상급 문장을 만드는 방법을 도식화하면 이렇습니다.

정관사 + **más / menos** + 형용사 + **de / en / entre**
정관사 + 명사 + **más / menos** + 형용사 + **de / en / entre**

(**inteligente** 총명한, **clase {f}** 학급, **edificio {m}** 건물, **moderno/-a** 현대적인, **todos** 모두, **empleado {m}** 직원, **trabajador** 근로자, **ciudad {f}** 도시, **populosa** 인구밀도가 높은)

Carlos es el más inteligente en esta clase.
까를로스는 우리 반에서 가장 총명합니다.

Este edificio es el más moderno de todos.
이 건물이 모든 건물들 중에서 가장 모던합니다.

Rodríguez es el empleado más trabajador entre todos.
로드리게스는 모든 직원들 중 가장 열심히 일하는 직원입니다.

Seúl es la ciudad más populosa en Corea.
서울은 대한민국에서 가장 인구가 많은 도시입니다.

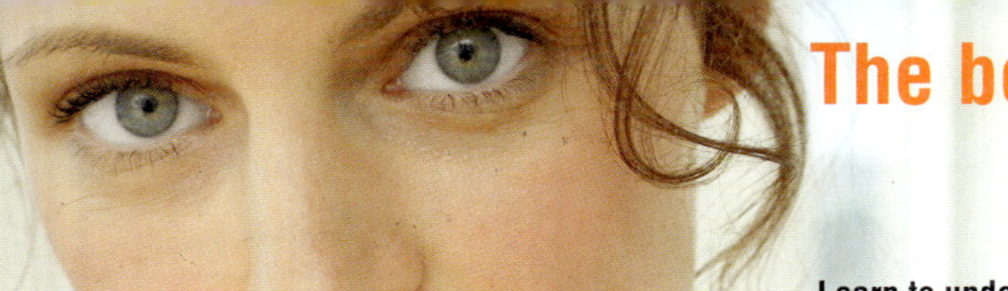

Capítulo 22+ Multi Plus

여러분의 스페인어가 든든해지는 코너, 멀티플러스!
연습문제와 함께 복습과 표현력 강화를 해결하세요!

1. 다음에 적절한 것을 고르세요.

Ese jugador corre ( ) rápido que yo.

❶ tanto ❷ muy ❸ más ❹ poco

2. 다음에 적절한 것을 고르세요.

Esta bufanda es menos cara ( ) aquella.

❶ como ❷ de ❸ entre ❹ que

3. 다음에 적절한 것을 고르세요.

En esa reunión van a participar ( ) treinta personas.

❶ más de ❷ tanto como ❸ más que ❹ tan como

4. 다음에 들어갈 표현을 차례대로 고르세요.

Ella me recibe ( ) calurosamente ( ) su hija.

❶ tan - como ❷ más - como ❸ tanto - como ❹ menos - como

5. 스페인어로 올바르게 옮긴 문장을 고르세요.

까를로스는 우리반에서 가장 총명합니다.

❶ Carlos es más inteligente en esta clase. ❷ Carlos es el más inteligente en esta clase.
❸ Carlos es el más inteligente que esta clase. ❹ Carlos es más inteligente que esta clase.

6. 다음에 적당한 표현들로 짝지어진 것을 고르세요.

Para mí, tú eres (__________) bonita (__________) Suji.
나에게는 네가 수지보다 더 예쁘다.

❶ menos - que **❷ menos - de**
❸ más - que **❹ más - de**

7. 다음에 적당한 동사의 형태를 고르세요.

Esos platos son (__________) famosos de todos los platos de este restaurante.
그 요리들이 이 레스토랑 메뉴들 중에서 가장 이름난 요리들이다.

❶ los más **❷ las más** **❸ más los** **❹ más**

8. 다음에 적당한 표현을 고르세요.

Mi mamá siempre se levanta (__________) temprano que mi papá.
우리 엄마는 아버지보다 늘 더 일찍 일어납니다.

❶ menos **❷ tanto** **❸ más** **❹ la más**

9. 스페인어로 올바르게 옮긴 것을 찾아보세요.

그는 백만장자입니다. 그래서 나보다 돈이 더 많습니다.

❶ El es el más millonario, así que tiene dinero que yo.
❷ El es millonario, así que tiene menos dinero que yo.
❸ El es millonario, así que tiene más dinero en yo.
❹ El es millonario, así que tiene más dinero que yo.

10. 다음 문장의 우리 말 해석이 올바른 것을 찾아보세요.

Ella es más alta que yo, pero soy más pesada que ella.

❶ 그녀가 나보다 키가 작지만, 무게는 내가 더 나갑니다.
❷ 그녀가 나보다 키가 작고, 무게는 더 나갑니다.
❸ 그녀가 나보다 키가 크고 무게도 더 나갑니다.
❹ 그녀가 나보다 키가 크지만, 무게는 내가 더 나갑니다.

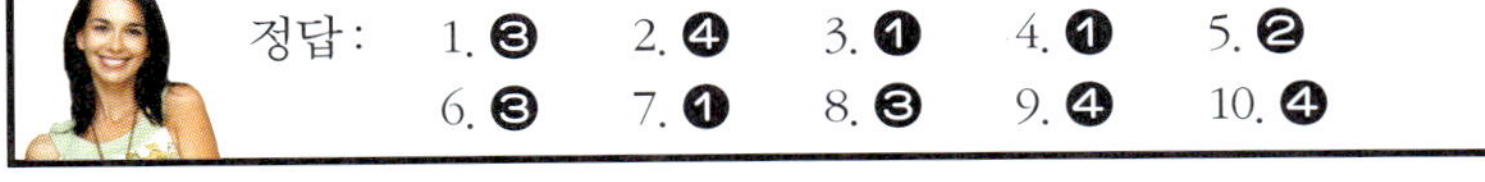
정답 : 1. ❸ 2. ❹ 3. ❶ 4. ❶ 5. ❷
6. ❸ 7. ❶ 8. ❸ 9. ❹ 10. ❹

23. Capítulo 23

스페인어의 현재완료와 수동태!

¿Ya has terminado toda la tarea?

(너) 벌써 과제를 다 한 거야?

현재분사가 진행형의 문장을 만들 때 사용하는 것이라면
과거분사는 완료시제의 문장을 만들 때 필요합니다.
아울러 과거분사는 수동태를 만들 때도 필요합니다.
과거분사와 더불어 해결하는 완료시제와 수동태!
지금 만나보시겠습니다.

¿Ya has terminado toda la tarea?

23-1. 스페인 요리 베스트 7

'식도락' 으로 유명한 스페인 사람들인지라 자랑할 만한 요리들이 많습니다.
풍부하고 신선한 식재료가 맛있는 요리 발달에 한 몫 하기도 했고요. 그래서 준비한 '죽기 전에 꼭 먹어 봐야 할 스페인 요리 7가지!' 를 소개합니다! 밥류 : **Paella** [빠에야](스페인식 볶음밥), 소시지류 : **Jamón** [하몽](스페인식 소시지), **Chorizo** [초리소](파프리카 소시지), 고기요리류 : **Cochinillo** [꼬치니요](새끼 돼지구이), **Cocido** [꼬시도](고기 스튜), **Callos** [까요스](곱창 토마토 전골), **Embutido** [엠부띠도](순대) 등이 있습니다. 육류요리엔 야채와 콩이 항상 들어갑니다. 오일 베이스로 조리하기 때문에 약간 기름진 느낌이 있지만 우리 입맛에도 잘 맞습니다. 일단 강추!

23-2. 스페인어의 과거분사 만드는 법!

스페인어의 과거분사 만드는 방법은 규칙형과 불규칙형 2가지입니다.

1) 규칙형 과거분사 만들기 : 동사원형의 어미를 떼어내고 각각의 분사어미인 **-ado**, **-ido** 를 붙여줍니다.

1변화동사 : **-ar > -ado** **hablar > hablado**
2변화동사 : **-er > -ido** **comer > comido**
3변화동사 : **-ir > -ido** **vivir > vivido**

dormir (자다) 〉 **dormido**

ir (가다) 〉 **ido**

poder (할 수 있다) 〉 **podido**

venir (오다) 〉 **venido**

huir (도망가다) 〉 **huido**

pedir (요청하다) 〉 **pedido**

seguir (따라가다) 〉 **seguido**

2) 불규칙형 과거분사 만들기 : 동사변화나 현재분사형에서 불규칙하게 변화했던 동사들입니다.

abrir (열다) 〉 **abierto**

cubrir (덮다) 〉 **cubierto**

escribir (쓰다) 〉 **escrito**

hacer (하다) 〉 **hecho**

morir (죽다) 〉 **muerto**

poner (놓다) 〉 **puesto**

resolver (해결하다) 〉 **resuelto**

satisfacer (만족시키다) 〉 **satisfecho**

volver (돌아가다) 〉 **vuelto**

caer (떨어지다) 〉 **caído**

decir (말하다) 〉 **dicho**

exponer (전시하다) 〉 **expuesto**

leer (읽다) 〉 **leído**

oír (듣다) 〉 **oído**

reír (웃다) 〉 **reído**

romper (깨뜨리다) 〉 **roto**

ver (보다) 〉 **visto**

23-3. 과거분사의 기능!

과거분사는 마치 형용사처럼 명사를 수식하거나 보어의 역할을 할 수 있습니다. 그래서 형용사와 마찬가지로 명사에 성수를 일치시켜야 합니다. 물론 위치는 형용사와 마찬가지로 명사 바로 뒤입니다.

(**habitación {f}** 방, **ordenar** 정리하다, **abierto/-a** 열린, **simpático/-a** 호감이 가는, **jefe {m}** 직장상사, **satisfacer** 만족시키다, **resultado {m}** 결과, **proyecto {m}** 계획/기획)

Esa habitación bien ordenada es la mía.
잘 정돈된 그 방은 내 방입니다.

Esa cantante es una persona muy abierta y simpática.
그 가수는 매우 열려있고 호감이 가는 사람입니다.

Mi jefe está satisfecho de los resultados del proyecto.
우리 상사는 프로젝트의 결과에 만족해합니다.

23-4. 분사와 현재완료시제!

과거분사를 알면 스페인어 복합시제를 해결할 수 있습니다.
사실, 스페인어의 시제는 매우 다양합니다. 크게는 과거, 현재, 미래로 나눌 수 있고, 이 세 가지 시제가 다시 복합시제로 세분화됩니다. 다소 복잡한 편이죠. 이번 파트에서는 과거분사와 밀접한 관계가 있는 복합시제(현재완료, 과거완료, 미래완료, 가능법완료) 중에서 현재와 직결되는 '현재완료시제' 에 대해서 살펴보겠습니다.

❶ 현재완료시제 만드는 법!

스페인어의 현재완료는 영어처럼 **have + p.p** 의 공식으로 만듭니다.
즉 '**haber** 의 현재형 + 과거분사' 의 형태로 만들면 됩니다. 이때 **haber** 는 인칭에 맞게 변화를 시켜주고 (**he / has / ha / hemos / habéis / han**), 과거분사는 성수 변화 없이 바로 뒤에 위치합니다.

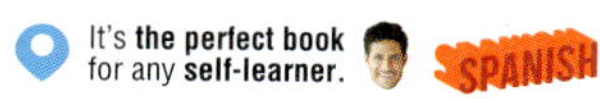

❷ 현재완료의 용법

현재완료는 '과거에 시작한 행위가 현재에까지 영향을 미치는 것' 을 표현합니다.
'현재까지 영향을 미친다' 는 것은 다음의 3가지를 의미합니다.

(**partir** 떠나다, **tren {m}** 기차, **minuto** 분(分), **antes** 전에/앞에, **de pie** 서서, **estar** ~이다, **desde** ~로부터, **dos** 숫자 2)

Hace tres minutos ha partido el tren.
El tren ha partido hace tres minutos.
기차가 3분 전에 떠났습니다. (완료 : 현재시점에 완료)

Hemos estado en Madrid.
(우리는) 마드리드에 다녀왔습니다. (경험 : 현재까지 경험)

Han estado de pie desde las dos.
(그들은) 2시부터 계속 서 있는 중입니다. (지속 : 현재까지 지속)

상당수 현재완료 문장들은 현재와의 연관성을 나타내는 시간관련 부사 또는 부사구를 동반합니다. 이를 통해 시점을 더욱 명료하게 함으로써 동사와 현재와의 관련성이 확실하게 표시되는 것이지요.

시간 관련 부사 및 부사구 : **esta mañana** (오늘 아침), **esta tarde** (오늘 오후), **esta noche** (오늘 밤), **hoy** (오늘), **esta semana** (이번 주), **este mes** (이번 달), **ya** (벌써/이미), **todavía** (아직)

(**museo {m}** 박물관, **nacional** 국립의, **terminar** 끝내다, **todo** 전부/다, **tarea {f}** 과제, **ver** 보다, **actriz {f}** 여배우, **Festival de Cine {m}** 영화제)

Esta tarde he estado en el Museo Nacional del Prado.
(나는) 오늘 오후에 프라도 박물관에 있었습니다.

¿Ya has terminado toda la tarea?
(너) 벌써 과제를 다 한 거야?

Hoy hemos visto a esa actriz en el Festival de Cine de Jeonju.
오늘 전주영화제에서 그 여배우를 보았습니다.

23-5. 분사와 수동태!

과거분사를 알면 스페인어 수동태도 해결할 수 있습니다.
'수동태' 는 주어가 다른 행위자에 의해 조작 또는 행위됨을 표현합니다. 만드는 방법은 '**ser** + 과거분사 + **por** 행위자' (동작을 나타내는 수동태, 일명 동작수동) 또는 '**estar** + 과거분사' (상태를 나타내는 수동태, 일명 상태수동)의 2가지입니다.
수동태에서 중요한 점은 '과거분사가 주어의 성수에 일치되어야 한다' 는 것입니다!

❶ 동작수동 : **ser** + 과거분사 + **por** 행위자 (…에 의해 ~되다)

(**ser : soy / eres / es / somos / sois / son**)

(**puerta {f}** 문, **cerrar** 닫다, **por** ~ 의해, **viento {m}** 바람, **libro {m}** 책, **llevar** 옮기다, **alumno {m}** 학생)

El viento cierra la puerta.
바람이 문을 닫습니다. (능동태)

➔ **La puerta es cerrada por el viento.**
문이 바람에 의해 닫힙니다. (수동태)

Un alumno lleva los libros.
한 학생이 책들을 옮깁니다. (능동태)

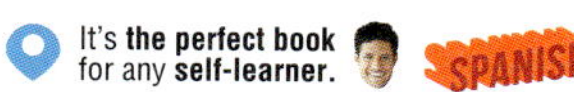

➔Los libros son llevados por un alumno.
책들은 한 학생에 의해 옮겨집니다. (수동태)

❷ 상태수동 : **estar** + 과거분사 (~되어 있는 상태이다)

(**estar : estoy / estás / está / estamos / estáis / están**)

(**florero {m}** 꽃병, **romper** 깨지다, **fiesta {f}** 파티, **preparar** 준비하다, **calle {f}** 길, **cortado/-a** 잘린/끊긴, **horario {m}** 스케줄, **apretado** 일이 꽉 찬)

El florero está roto.
꽃병이 깨져있습니다.

La fiesta está bien preparada.
파티는 잘 준비되어 있습니다.

La calle está cortada.
길이 끊겨 있습니다.

El horario está apretado.
스케줄이 꽉 차 있습니다.

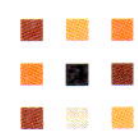

Capítulo 23+ Multi Plus

여러분의 스페인어가 든든해지는 코너, 멀티플러스!
연습문제와 함께 복습과 표현력 강화를 해결하세요!

1. 다음 중 동사원형과 과거분사 형태가 잘못 짝지어진 것을 고르세요.

❶ dormir - dormido **❷ venir - venido**
❸ poner - puesto **❹ oír - oido**

2. 다음 중 과거분사의 사용이 잘못된 것을 고르세요.

❶ La puerta está abierta.
❷ Esa habitación bien ordenado es la mía.
❸ El café está frío.
❹ Mi jefe está satisfecho con los resultados del proyecto.

3. 다음에 올바른 표현을 고르세요.

La puerta es (abrir : __________) por mi mamá.

❶ abierto **❷ abriendo** **❸ abrir** **❹ abierta**

4. 다음 문장 중 과거분사의 사용이 잘못된 문장을 고르세요.

❶ ¿Ya has terminada toda la tarea?
❷ Ha partido el tren hace tres minutos.
❸ Hemos estado en Madrid.
❹ Han estado de pie desde las dos.

5. 다음에 들어갈 동사가 다른 한 문장을 고르세요.

❶ El florero ( ) roto. **❷ La fiesta ( ) bien preparada.**
❸ La puerta ( ) cerrada por el viento. **❹ El horario ( ) apretado.**

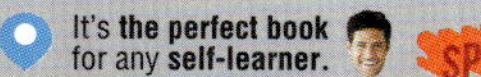

6. 다음에 적당한 표현을 고르세요.

Yo (estar :__________) en Machu Picchu con mi familia.
나는 가족들과 마추픽추에 다녀왔다.

❶ **he estado** ❷ **estoy** ❸ **estando** ❹ **he estando**

7. 다음에 적당한 표현을 고르세요.

Anoche no (dormir :__________) por la emoción.
어젯밤에는 감격에 겨워 잠을 잘 수 없었다.

❶ **he dormido** ❷ **puedo dormir** ❸ **duermo** ❹ **he duermo**

8. 다음에 적당한 표현을 고르세요.

Ya hace una semana que no (hablar :__________) con mi marido.
남편과 말 안 한지 벌써 일주일째다.

❶ **he hablando** ❷ **estoy hablando** ❸ **hablo** ❹ **he hablado**

9. 다음 문장을 수동태(동작수동)으로 표현할 때 적당한 표현을 고르세요.

El niño (lavar :__________) por su mamá.
아이 엄마가 아이를 씻긴다.

❶ **está lavado** ❷ **es lavado** ❸ **lava** ❹ **está lavando**

10. '회장님의 집은 큰 나무들로 둘러싸여 있다.' 의 적당한 스페인어 표현을 고르세요.

❶ **La casa del presidente están rodeados de árboles altos.**
❷ **La casa del presidente está rodeando de árboles altos.**
❸ **La casa del presidente está rodeada de árboles altos.**
❹ **La casa del presidente está rodeado de árboles altos.**

정답: 1. ❹ 2. ❷ 3. ❹ 4. ❶ 5. ❸
6. ❶ 7. ❶ 8. ❹ 9. ❷ 10. ❸

24
Capítulo 24
스페인어의 '동사 + 명사' 관용구와 가정문!
¿Quieres tomar el almuerzo conmigo?
나랑 점심 할래?

¿Quieres tomar el almuerzo conmigo?

스페인어 '동사+명사' 관용구는 일종의 숙어라고 보시면 됩니다. 매우 요긴하게 사용할 수 있죠. '동사+명사' 관용구는 여러분의 스페인어 표현을 좀 더 고급스럽게 만들어 드릴 것입니다. 그리고 중성관사 **lo** 와 중성대명사 **lo** 를 공부하고, 끝으로 접속사 **si** 를 이용해 '만일 ~이라면' 과 같은 단순가정문 만드는 법을 소개합니다.

 24-1. 스페인 사람들, 가족이 곧 축제!

스페인의 축제는 가족을 단위로 합니다.
가족 중에 누구 하나 세례라도 받는 날이면 온 가족이 법석을 떠는 축제의 장이 되어 버립니다.
Castellers 는 **Cataluña** 의 **Tarragona** 지역에서 1년에 한 번 열리는 축제로 '인간 성(城 **castle**)쌓기' 경연입니다. 200명까지 한 팀을 이루어 건물로 치면 8층까지 이르는 인간 탑을 쌓는 경기죠. 놀라운 사실은 탑의 제일 꼭대기에 어린아이가 올라간다는 것입니다. 말로만 '남녀노소 모든 세대가 어우러지는 축제' 가 아니라 아이까지도 목숨 걸고 달려드는 진짜 세대를 넘나드는 경기라는 것이죠. -_-; 우리의 남사당패의 목말 탄 무동(무동놀이)와 극적으로 비교되는 그림입니다.

 24-2. 스페인어의 '동사 + 명사' 관용구!

주로 실생활에서 자주 쓰이는 중요한 동사 **dar** (주다) / **hacer** (하다) / **tomar** (취하다) / **tener** (가지고 있다)들이 추상명사와 결합하여 관용구를 만들어 냅니다. 관용구는 문장 속에서 주어, 목적어, 술어 등으로 사용할 수 있습니다. 일상생활에서 유용한 표현들을 모아봤습니다.

❶ dar + 명사

(**dar : doy das da damos dais dan**)

dar (un) asco (역겹다)	**dar un paseo** (산책하다)
dar vergüenza (부끄럽다)	**dar pena** (마음 아프다)

(**comida {f}** 음식, **extraño/-a** 이상한, **gustar** 좋아하다, **mal** 나쁘게)

Esa comida extraña les da (un) asco.
그들에게는 그 이상한 음식이 역겹습니다.

Me gusta mucho dar un paseo por la playa con mi marido.
나는 남편과 해변을 산책하는 걸 무척 좋아합니다.

Me da vergüenza hablar mal de él.
그의 험담을 하는 것이 (나는) 부끄럽습니다.

❷ hacer + 명사

(**hacer : hago haces hace hacemos hacéis hacen**)

hacer la maleta (가방을 꾸리다) **hacer un esfuerzo** (노력하다)
hacer un viaje (여행하다)

(**antes** 전에, **partir** 출발하다, **tener que inf.** ~해야 한다, **secretaria {f}** 비서, **documento {m}** 문서, **gran(de)** 큰, **por** 위해/로, **conseguir** 얻다, **empleo {m}** 일자리, **ir a** ~에 가다, **viaje {m}** 여행, **este fin de semana** 이번 주말)

Antes de partir, tenemos que hacer la maleta.
출발 전에 가방을 꾸려야만 합니다.

Estoy haciendo un gran esfuerzo por conseguir un empleo.
(나는) 일자리를 얻기 위해 열심히 노력하고 있습니다. (현재진행)

Vamos a hacer un viaje este fin de semana por la Isla de Jeju.
(우리는) 이번 주말에 제주도로 여행을 가려고 합니다.

❸ tener + 명사

(**tener : tengo tienes tiene tenemos tenéis tienen**)

tener dolor de ~ (~이 아프다)
tener prisa (바쁘다)
tener ganas de ~ (~하고 싶다)
tener responsabilidad de ~ (~의 책임이 있다)

(**después** 후에, **ejercicio** 운동, **agujetas {pl}** 근육통, **llegar** 도착하다, **estación {f}** 역, **a tiempo** 정시에, **tomar** 마시다, **caña {f}** 생맥주)

Después de hacer ejercicio, tengo agujetas.
(나는) 운동을 하고 나서 근육이 아픕니다.

Tengo prisa por llegar a la estación a tiempo.
(나는) 정시에 역에 도착하려고 서두릅니다.

Tengo ganas de tomar unas cañas.
(나는) 생맥주 한 잔을 하고 싶습니다.

❹ tomar + 명사

(**tomar : tomo tomas toma tomamos tomáis toman**)

tomar asiento (앉다)
tomar el pelo (~를 놀리다)
tomar el almuerzo (점심 식사하다)
tomar la(s) medida(s) (조치를 취하다)

(**ahora** 지금, **poder** 가능하다, **conmigo** 나와 함께, **gobierno {m}** 정부, **urgente** 시급한, **contra** ~에 대항한, **asunto {m}** 이슈/사안)

Ahora, pueden tomar asiento.
이제 (여러분들은) 앉으셔도 됩니다.

¿Quieres tomar el almuerzo conmigo?
(너) 나랑 점심 할래?

El gobierno tiene que tomar medidas urgentes contra este asunto.
정부는 이 사안에 대항할 시급한 조치를 취해야만 합니다.

24-3. 스페인어의 중성관사 lo

중성명사가 없는 스페인어에 웬 중성관사?
그렇습니다. 중성관사 **lo** 는 형용사 앞에서 형용사를 명사로 만들어 주는 특별한 기능을 가지는 관사입니다. (**lo** + 형용사 = 명사)

lo antiguo (오래된 것) **lo necesario** (필요한 것)

(**gustar** 좋아하다, **artículo {m}** 상품, **moda {f}** 유행/패션, **preferir** 더 좋아하다, **antiguo/-a** 오래된, **preparar** 준비하다, **necesario/-a** 필요한)

No me gustan los artículos de moda. Prefiero lo antiguo.
나는 유행하는 상품은 좋아하지 않는다. 오래된 것이 좋다.

Tenemos que preparar todo lo necesario.
(우리는) 필요한 것을 모두 준비해야 합니다.

24-4. 스페인어의 중성대명사 lo

중성대명사 **lo** 는 성수에 관계없이 다음과 같이 사용할 수 있습니다.

(**perder** 잃다, **saber** 알다, **dónde** 어디, **llave {f}** 열쇠, **que** ~하는 (관계대명사), **huérfano {m}** 고아, **tampoco** ~도 아니다)

❶ 중성대명사 **lo** 는 앞 문장 내용 전체를 받습니다.

He perdido a un amigo en un accidente.
(나는) 친구를 사고로 잃었습니다.

Lo siento.
그것 유감입니다.

¿Sabes dónde están mis llaves?
(너는) 내 열쇠들이 어디 있는지 아니?

No. No lo sé.
아니. 그건 모르겠는 걸.

❷ 중성대명사 **lo** 는 서로 알고 있는 내용을 지칭할 때 씁니다.

(**todavía** 아직, **entender** 이해하다, **ayer** 어제, **inaceptable** 수락할 수 없는, **ahora** 지금, **como** ~처럼, **tomar** 마시다, **siempre** 언제나)

Todavía no puedo entender lo de ayer.
(나는) 아직도 어제의 그 일을 이해할 수 없습니다.

Es inaceptable lo de ahora.
지금의 이 일을 받아들일 수가 없습니다.

Como tú sabes, ella toma lo de siempre.
너도 알다시피, 그 여자는 언제나 그것을 마신다.

24-5. 스페인어의 si 가정문!

스페인어의 **si** 는 영어의 **if** (만약에)와 같습니다.
현실성 있는 내용을 가정할 때 사용하며, **si** 가 이끄는 문장을 '단순가정문' 이라고 합니다. '만일 ~ 한다면' 의 단순가정문을 만드는 방법은 '**si** + 직설법 현재동사' 이며, 가정절과 주절 사이에 보통 콤마를 찍어줍니다.

(**querer** 원하다, **salir** 나가다, **aquí** 여기, **ir a inf.** ~할 것이다, **permitir** 허락하다, **llover** 비가 오다, **mañana** 내일, **hacer una excursión** 소풍 가다, **experimentar** 경험하다, **cultura {f}** 문화, **español/-a** 스페인적인)

Si quieres salir de aquí, voy a permitirlo.
(네가) 지금 여기에서 나가고 싶다면, 내가 그 일을 허락해줄게.

Si llueve mañana, no podemos hacer una excursión.
내일 비가 오면, 야유회는 갈 수 없습니다.

Si tú vas a España, puedes experimentar la auténtica cultura española.
네가 만일 스페인에 간다면, 진정한 스페인 문화를 경험할 수 있을 거야.

Capítulo 24+ Multi Plus

여러분의 스페인어가 든든해지는 코너, 멀티플러스!

연습문제와 함께 복습과 표현력 강화를 해결하세요!

1. 다음 문장 중 동사 관용구의 사용이 잘못된 문장을 고르세요.

❶ Esa comida extraña les dan (un) asco.
❷ Me da vergüenza hablar mal de él.
❸ Vamos a hacer un viaje este fin de semana por Jeju.
❹ Antes de partir, tenemos que hacer la maleta.

2. 다음에 공통적으로 들어갈 동사를 고르세요.

(   ) ganas de visitar el Museo Reina Sofía.
(   ) prisa por llegar a la estación a tiempo.

❶ Doy   ❷ Tengo   ❸ Hago   ❹ Tomo

3. 다음 두 문장에 공통적으로 들어갈 동사를 고르세요.

Ahora, pueden (   )asiento.
¿Quieres (   ) el almuerzo conmigo?

❶ tomar   ❷ tomas   ❸ haber tomado   ❹ toman

4. 다음에 적당한 관사를 고르세요.

No me gustan los artículos de moda. Prefiero (   ) antiguo.

❶ los   ❷ la   ❸ le   ❹ lo

5. 다음에 적당한 동사의 형태가 올바르게 짝지어진 것을 고르세요.

Si tú (querer:__________) salir de aquí, voy a permitirlo.
Si (llover:__________) mañana, no podemos hacer una excursión.

❶ querer - llover   ❷ quieren - llueven
❸ quieres - llueve   ❹ quieres - van a llover

6. 다음에 적당한 표현을 고르세요.

Me (__________) vender esta casa bonita a ese precio tan barato.
이 집을 그런 헐값에 파는 게 마음 아프다.

❶ **dan pena** ❷ **da pena** ❸ **doy pena** ❹ **pena**

7. 다음에 적당한 표현을 고르세요.

Me gusta mucho (__________) por la playa con mi marido.
나는 남편과 해변을 산책하는 걸 무척 좋아한다.

❶ **dar un paseo** ❷ **paseo** ❸ **doy paseo** ❹ **estoy pasesando**

8. 다음에 적당한 표현을 고르세요.

El gobierno (__________) para superar la crisis económica.
정부는 경제위기를 극복하기 위해 모든 조치를 취했다.

❶ **toma todas las medidas** ❷ **está tomando todas las medidas**
❸ **toman todas las medidas** ❹ **dan las medidas**

9. 다음에 적당한 표현을 고르세요.

Nunca puedo olvidar (__________).
나는 지난해의 일들을 결코 잊을 수 없다.

❶ **la del año pasado** ❷ **el del año pasado**
❸ **lo del año pasado** ❹ **lo pasado del año**

10. 다음에 적당한 표현을 고르세요.

(__________) me prestas tu paraguas voy a ir al supermecado para comprar leche.
네 우산을 빌려주면 내가 슈퍼마켓에 가서 우유를 사올게.

❶ **Sí** ❷ **Como** ❸ **Aunque** ❹ **Si**

정답 : 1. ❶ 2. ❷ 3. ❶ 4. ❹ 5. ❸
6. ❷ 7. ❶ 8. ❶ 9. ❸ 10. ❹

Al ver la película yo lloré.

25.
Capítulo 25
스페인어의 시제 (단순과거)
Al ver la película yo lloré.

영화를 보면서 나는 울었습니다.

스페인어는 강력한 '동사 중심 언어' 입니다. 동사의 다양한 형태변형으로 갖가지 표현이 가능해지는 언어죠. 따라서 동사의 변형법들과 친해지는 것, 바로 스페인어 정복의 대전제입니다. 그래서 이번에는 시제 2번째 시간으로 과거시제를 만나 보겠습니다. 오늘의 학습목표는 스페인어 과거시제의 핵심인 '단순과거' 입니다.

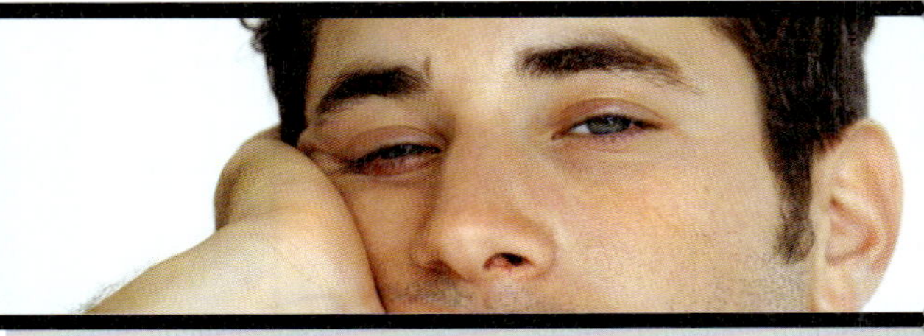

25-1. 스페인 **macho** 의 황소 축제!

스페인 남자들은 자타공인 마초입니다!
이론의 여지가 없도록 '황소를 모티브로' 축제를 벌입니다. 투우야 직업인인 투우사의 경기라고 하겠지만 **Pamplona** 의 **San Fermín** 축제는 모든 남자가 그 대상입니다. 이름하여 '황소 달리기'. 매년 서너 명은 죽어줘야 되고 백여 명 정도는 부상당해야 제맛이라는 황소폭주경기입니다. (8일 동안 매일 6마리의 황소와 함께 825m의 골목길을 약 4분 동안 내달리는 경기. 몇몇 해안도시에서는 황소를 피해 바닷물로 뛰어들기도 합니다.) 아무튼 스페인 남자들의 목숨 건 허세가 익스트림 스포츠의 원조가 된 게 아닌가 싶습니다.

25-2. 스페인어의 단순과거형

스페인어의 과거시제에는 단순과거와 불완료과거가 있고, 각각은 저마다의 동사변화형을 가지고 있습니다. 단순과거(**Pretérito simple**) 동사변화형은 변화의 규칙성에 따라 '규칙형, 불규칙형, 기타변화형' 으로 구분할 수 있습니다.

❶ 규칙형 단순과거 :

-ar 로 끝나는 규칙동사는 **-é/-aste/-ó/-amos/-asteis/-aron** 으로 변화하고, **-er/-ir** 로 끝나는 규칙동사는 **-í/-iste/-ió/-imos/-isteis/-ieron** 으로 변화시켜 단순과거형을 만듭니다.

(**hablar** 말하다, **comer** 먹다, **vivir** 살다)

	1단	2단	3단	1복	2복	3복
hablar :	**hablé**	**hablaste**	**habló**	**hablamos**	**hablasteis**	**hablaron**
comer :	**comí**	**comiste**	**comió**	**comimos**	**comisteis**	**comieron**
vivir :	**viví**	**viviste**	**vivió**	**vivimos**	**vivisteis**	**vivieron**

❷ 불규칙형 단순과거 :

불규칙적으로 변화하면서도 일종의 변화패턴을 가지고 있는 유형들이 있습니다.

a) 음가유지형 : 1인칭단수 형태가 원형의 음가를 유지하기 위해 독특하게 변화하는 유형입니다.

(**buscar** 찾다, **empezar** 시작하다, **llegar** 도착하다, **tocar** 건드리다)

buscar : **busqué buscaste buscó buscamos buscasteis buscaron**
empezar : **empecé empezaste empezó empezamos empezasteis empezaron**
llegar : **llegué llegaste llegó llegamos llegasteis llegaron**
tocar : **toqué tocaste tocó tocamos tocasteis tocaron**

b) 3인칭 단/복수 **e ➔ i** 형 : 어간모음 **e** 가 **i** 로 바뀌는 유형입니다.

(**pedir** 요구하다, **sentir** 느끼다)

pedir : **pedí pediste pidió pedimos pedisteis pidieron**
sentir : **sentí sentiste sintió sentimos sentisteis sintieron**

c) 3인칭 단/복수 **o ➔ u** 형 : 어간모음 **o** 가 **u** 로 바뀌는 유형입니다.

(**dormir** 자다, **morir** 죽다)

dormir : **dormí dormiste durmió dormimos dormisteis durmieron**
morir : **morí moriste murió morimos moristeis murieron**

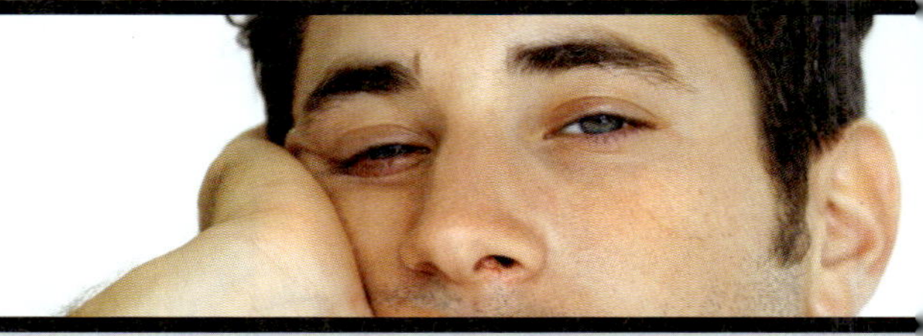

d) 기타형 : 기타 불규칙하게 변화하는 유형의 동사들입니다.

(**decir** 말하다, **estar** 이다/있다, **hacer** 하다/만들다, **tener** 가지다, **venir** 오다, **ir** 가다, **ser** ~이다)

decir : dije dijiste dijo dijimos dijisteis dijeron
estar : estuve estuviste estuvo estuvimos estuvisteis estuvieron
hacer : hice hiciste hizo hicimos hicisteis hicieron
tener : tuve tuviste tuvo tuvimos tuvisteis tuvieron
venir : vine viniste vino vinimos vinisteis vinieron

매우 독특한 것은, **ir** 동사와 **ser** 동사의 변화형이 동일하다는 것입니다.

ir : fui fuiste fue fuimos fuisteis fueron
ser : fui fuiste fue fuimos fuisteis fueron

25-3. 스페인어 단순과거의 사용법

자! 이제 우리의 관심은 과연 어떤 경우에 '단순과거' 시제를 사용하는지가 되겠습니다.
단순과거는 속칭 '점의 과거' 로도 불립니다. 과거라는 길고 긴 시간 속에 찍힌 한 점이라는 의미죠.

❶ 과거시점에서 일어나고 마무리된 행위 또는 상태는 단순과거입니다!

(**chica {f}** 소녀, **dar un paseo** 산책하다, **playa {f}** 해변, **prima {f}** 사촌자매, **cantar** 노래하다, **tocar** 연주하다, **piano {m}** 피아노, **al ver** 볼 때에, **película {f}** 영화, **llorar** 울다, **chofer {m}** 운전기사, **querer** 원하다, **conducir** 운전하다, **traer** 가져오다, **hombre {m}** 남자, **con** ~와 함께, **gabardina {f}** 레인코트, **leer** 읽다, **periódico {m}** 신문, **voz {f}** 목소리, **alto** 큰)

Las chicas dieron un paseo en la playa.
소녀들은 해변에서 산책을 했습니다.

Mis primas cantaron tocando el piano.
나의 사촌들은 피아노를 치며 노래를 불렀습니다.

Al ver la película yo lloré.
영화를 보면서 나는 울었습니다.

El chofer no quiso conducir el coche por la noche.
그 운전기사는 밤에 운전하고 싶지 않았습니다.

¿Qué te trajo ese hombre con gabardina?
레인코트를 입은 그 남자가 네게 무엇을 가져왔니?

Ellos leyeron el periódico en voz alta.
그들은 신문을 큰 소리로 읽었습니다.

❷ 구체적인 기간 동안 지속되다가 마무리된 행위 또는 상태는 단순과거입니다!

(**trabajar** 일하다, **durante** ~동안, **año {m}** 해/년, **fumar** 흡연하다, **buscar** 찾다, **perder** 잃다, **país {m}** 나라, **día {m}** 날/일)

Ella vivió cinco meses en Barcelona.
그 여자는 바르셀로나에서 5개월간 살았습니다.

Mi mamá trabajó en Samsung durante dos años.
나의 엄마는 삼성에서 2년간 일했습니다.

Las chicas estudiaron en la Ciberuniversidad Hankuk por 4 años.
여학생들은 사이버한국외대에서 4년간 공부했습니다.

Mi abuelo fumó durante 30 años.
나의 할아버지는 30년 동안이나 흡연했습니다.

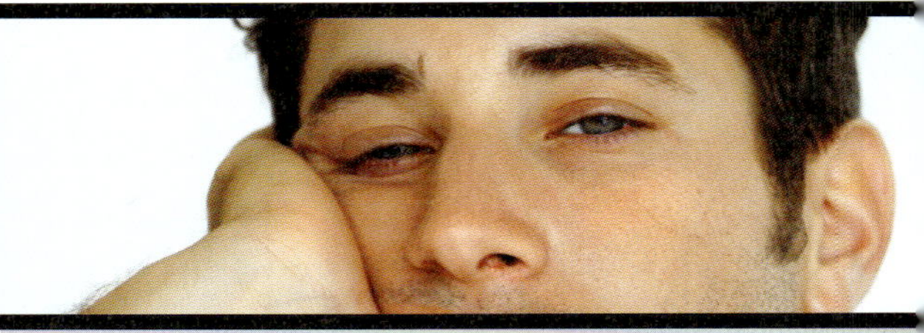

Buscaron a su hijo perdido durante 3 años.
그들은 잃어버린 아들을 3년간 찾았습니다.

Visitó tres países durante 10 días.
(그는) 10일 동안 3개국을 돌았습니다.

25-4. 단순과거 vs 현재완료!

우리에겐 다 '~했다' 로 해석되지만, 스페인어의 '단순과거' 와 '현재완료' 는 명확하게 구분됩니다. '단순과거' 는 '과거에 발생하고 종료된 행위 또는 상황' 이고, '현재완료' 는 '현재와 관련된 과거의 행위 또는 상황' 을 표현하는 것입니다. 그러니까 단순과거는 과거의 사건으로 현재와 관련성이 없는 것이고, 현재완료는 과거의 사건이지만 현재까지 영향을 미치는 것이지요. '현재와의 관련성' 을 드러내기 위해서 현재를 기준으로 삼는 시간 부사/부사구를 함께 사용하여 두 시제의 구분을 명확하게 합니다.

(**comprar** 사다, **camisa {f}** 셔츠, **tarde {f}** 오후, **ceremonia {f}** 행사, **inauguración {f}** 개시/개막, **terminar** 끝나다, **todavía** 아직, **morir** 죽다, **Papa {m}** 교황, **partir** 출발하다, **ya** 벌써)

Compramos una camisa para mi mamá.
(우리는) 엄마를 위해 셔츠를 하나 샀습니다. (단순과거)

Esta tarde hemos comprado una camisa para mi mamá.
(우리는) 오늘 오후에 엄마에게 드릴 셔츠를 하나 샀습니다. (현재완료)

La ceremonia de inauguración terminó a las once y media.
개막식은 11:30에 끝났습니다. (단순과거)

Todavía no ha terminado la ceremonia de inauguración.
아직은 개막식이 끝나지 않았습니다. (현재완료)

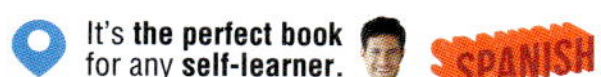

그렇지만 종종 '단순과거' 와 '현재완료' 를 혼용하여 쓰는 경우도 있습니다.

Murió el Papa.
교황께서 승하하셨습니다. (단순과거)

Ha muerto el Papa.
교황께서 승하하셨습니다. (현재완료)

Ya partió el tren para Pusan.
부산행 열차가 벌써 출발했습니다. (단순과거)

Ya ha partido el tren para Pusan.
부산행 열차가 벌써 출발했습니다. (현재완료)

Capítulo 25+ Multi Plus

여러분의 스페인어가 든든해지는 코너, 멀티플러스!

연습문제와 함께 복습과 표현력 강화를 해결하세요!

1. 동사의 원형과 단순과거 1인칭단수형이 올바른 것을 고르세요.

❶ empezar - empezé ❷ buscar - buscé ❸ tocar - toqué ❹ pedir - pidí

2. 동사의 원형과 단순과거 3인칭복수형이 올바른 것을 고르세요.

❶ dormir - dormieron ❷ estar - estaron ❸ venir- vinieron ❹ ir - yeron

3. 동사의 단순과거 형태가 올바른 것을 고르세요.

Mis primas (cantar :__________) tocando al piano.
Ellos (leer :__________) el periódico en voz alta.

❶ cantaron - leyeron ❷ cantaron - leeron ❸ cantó - leyó ❹ cantado - leido

4. **terminar** 동사의 올바른 짝을 고르세요.

La ceremonia de inauguración (__________) a las once y media.
Todavía no (__________) la ceremonia de inauguración.

❶ es terminado - está terminado ❷ terminó - ha terminado
❸ han terminado - terminaron ❹ ha terminado - terminó

5. 다음 중 스페인의 소몰이 축제와 관련해 잘못된 내용을 고르세요.

❶ 스페인 팜플로나(**Pamplona**) 지역에서 해마다 열린다.
❷ 공식적인 명칭은 **San Fermín** 축제다.
❸ 골목을 달리는 황소는 모두 여섯 마리다.
❹ 총 1km의 골목길을 황소를 몰며 달린다.

6. 다음에 적당한 표현을 고르세요.

Nosotros (ir :__________) a Nueva York para hacer turismo.
우리는 관광하러 뉴욕에 갔다.

❶ **vamos** ❷ **estamos yendo** ❸ **fuimos** ❹ **han estado**

7. 다음에 적당한 표현을 고르세요.

El príncipe (soñar :__________) con casarse con la princesa y vivir felizmente.
왕자는 공주와 결혼해 행복하게 사는 꿈을 꾸었다.

❶ **soñó** ❷ **soñé** ❸ **está soñando** ❹ **soña**

8. 다음에 적당한 표현을 고르세요.

Todos los alumnos (estar :__________) presentes en la clase.
모든 학생들이 수업에 출석했다.

❶ **están** ❷ **están estando** ❸ **estuvieron** ❹ **estaron**

9. 다음에 적당한 표현을 고르세요.

Conducir bajo la influencia del alcohol (causar :__________) ese accidente de tráfico.
음주운전이 그 교통사고를 야기했다. (**influencia {f}** 영향, **alcohol {m}** 알콜/술)

❶ **causa** ❷ **causando** ❸ **causar** ❹ **causó**

10. 다음에 적당한 표현을 고르세요.

Unos helicópteros (rescatar :__________) a los náufragos.
헬리콥터들이 조난자들을 구조했다. (**helicóptero {m}** 헬리콥터, **rescatar** 구조하다, **náufrago {m}** 조난자)

❶ **rescataron** ❷ **rescatando** ❸ **están rescatado** ❹ **están rescatando**

정답 : 1. ❸ 2. ❸ 3. ❶ 4. ❷ 5. ❹
6. ❸ 7. ❶ 8. ❸ 9. ❹ 10. ❶

26.

Capítulo 26

스페인어의 시제 (불완료과거)

Cuando era pequeña, tenía muchos amigos.

나는 어렸을 때 친구가 많았습니다.

Cuando era pequeña, tenía muchos amigos.

스페인어 시제 3번째 시간으로 '불완료과거'를 만나보겠습니다.
우리에겐 다소 낯선 이름의 시제입니다만, 구분법이 따로 있기 때문에 쉽게 친해질 수 있습니다.
'불완료과거'와 앞서 배운 '단순과거'를 비교해 보면 이해가 더욱 쉽습니다.

 26-1. 스페인 축제의 다른 이름, 토마토 전쟁!

스페인 사람들은 '축제(**Fiesta**)를 위해 일한다!' 고 합니다. 스페인이 '축제의 왕좌' 에 등극할 수 있게 만든 국민적 정신상태인 것이죠! 일명 '토마토 전쟁' 으로 부르는 발렌시아의 작은 마을 **Buñol** 의 축제, **La Tomatina** 는 마을사람들 전체가 축제를 위해 어떻게 하나가 되는지를 보여줍니다. 마치 핵전쟁을 대비하는 사람들처럼 모든 창문과 문을 천이나 비닐로 꽁꽁 싸는 것으로 시작해서, 2시간의 전투가 끝나면 마치 공병대처럼 달려와 순식간에 온 동네를 깔끔하게 치워버리는 일사불란함을 볼 수 있습니다. 매년 8월 마지막 주 수요일 오전11시 **Buñol** 의 전쟁이 시작됩니다!

 26-2. 스페인어의 불완료과거

스페인어의 다양한 과거시제 중 하나인 '불완료과거' (**Pretérito imperfecto**).
불완료과거 동사 역시 변화의 규칙성에 따라 '규칙형' 과 '불규칙형' 으로 나뉩니다.
불규칙 형태는 딱 3가지만 존재합니다.

❶ 규칙형 불완료과거 :

-ar 로 끝나는 규칙동사는 **-aba/-abas/-aba/-ábamos/-abais/-aban** 으로 어미변화하고, **-er/-ir** 로 끝나는 규칙동사는 **-ía/-ías/-ía/-íamos/-íais /-ían** 으로 어미변화합니다.

(**hablar** 말하다, **comer** 먹다, **vivir** 살다)

hablar **hablaba hablabas hablaba hablábamos hablabais hablaban**
comer **comía comías comía comíamos comíais comían**
vivir **vivía vivías vivía vivíamos vivíais vivían**

❷ 불규칙형 불완료과거 :

불규칙적으로 변화하는 것은 단 3개뿐입니다. 나머지는 모두 규칙형이고요.

(**ser** ~이다, **ir** 가다, **ver** 보다)

ser	**era eras era éramos erais eran**
ir	**iba ibas iba íbamos ibais iban**
ver	**veía veías veía veíamos veíais veían**

 26-3. 스페인어 불완료과거의 사용법

'불완료과거' 는 일명 '선(線)의 과거' 로 불립니다. 다음의 3가지 경우가 해당됩니다.

❶ 과거에 지속적으로 이루어진 행위 또는 상태는 불완료과거입니다! (~하고 있었다/했었다)

(**ayer {m}** 어제, **estudiar** 공부하다, **todo el día** 하루 종일, **entonces** 그 당시, **demasiado** 너무, **joven** 젊은, **pequeño/-a** 어린/작은, **tener** 갖다, **amigo {m}** 친구, **momento {m}** 순간, **restaurante {m}** 식당, **italiano/-a** 이탈리아의)

Ayer yo estudiaba español durante todo el día.
나는 어제 하루 종일 스페인어 공부를 하고 있었다.

En aquel entonces, nosotros éramos demasiado jóvenes.
그 당시, 우리는 너무 젊었다.

Cuando yo era pequeña, tenía muchos amigos.
나는 어렸을 때 친구가 많았다.

En ese momento yo comía con mis amigos en un restaurante italiano.
그 시각에 나는 친구들과 함께 이탈리아 식당에서 식사 중이었다.

❷ 과거에 반복적, 습관적으로 이루어진 행위는 불완료과거입니다! (~하곤 했다)

(**niño {m}** 소년, **jugar** 놀다, **fútbol {m}** 축구, **jugar al fútbol** 축구하다, **campo {m}** 들판/장, **deporte {m}** 스포츠, **campo de deportes {m}** 운동장, **durante** ~하는 동안에, **adolescencia {f}** 사춘기, **enojar** 화내다/신경질내다, **mucho** 많이, **descanso {m}** 휴식, **a pie** 걸어서, **hasta** ~까지, **universidad {f}** 대학교, **para** 위하여, **bajar** 줄이다, **peso {m}** 체중)

Los niños jugaban al fútbol en ese campo de deportes.
아이들은 그 운동장에서 축구를 하곤 했습니다.

Durante la adolescencia, yo enojaba mucho a mi madre.
사춘기에 나는 어머니한테 매우 짜증을 내곤 했습니다.

Durante un descanso, los estudiantes iban al café.
휴식시간에 학생들은 카페로 가곤 했습니다.

Ella iba a pie hasta la universidad para bajar de peso.
그녀는 체중을 줄이기 위해 학교까지 걸어가곤 했습니다.

❸ 과거 시간 속 상황의 묘사는 불완료과거입니다! (~이었다/있었다)

(**tarde {f}** 오후, **frío** 추운, **empezar** 시작하다, **caer** 떨어지다, **aguanieve {f}** 진눈깨비, **carretera {f}** 도로, **lleno/-a** 가득 찬, **acera {f}** 보도/인도, **gente {f}** 사람들, **caminar** 걸어가다, **paraguas {m}** 우산)

Eran las seis y media de la tarde.
오후 여섯 시 반이었다.

Hacía mucho frío y empezaba a caer aguanieve.
날씨는 매우 추웠고, 진눈깨비가 떨어지기 시작했다.

Las carreteras estaban llenas de coches.
도로는 온통 자동차로 장사진을 이루고 있었다.

En la acera, mucha gente caminaba con paraguas.
인도에서는 많은 사람들이 우산을 들고 걸어가고 있었다.

26-4. 불완료과거 vs 단순과거!

'불완료과거' 와 '단순과거' 의 구분법이 있습니다.
간단하게 말씀드리면 '단순과거는 점(占)의 과거', '불완료과거는 선(線)의 과거' 라고 할 수 있습니다.

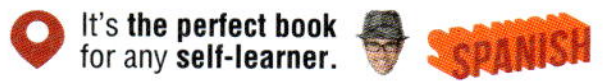

'점과 선' 의 차이인데요, 즉 단순과거는 과거 시점에 일어나 마무리된 행위나 상태, 또는 구체적인 기간 동안 지속되다가 마무리된 행위나 상태를 표현합니다.
반면 불완료과거는 과거에 지속적으로 습관적으로 이루어진 행위나 상태, 또는 과거 속의 상황을 묘사할 때 사용하는 차이가 있습니다. 예문을 통해 비교해 보시면 좀 더 확실하게 구분이 가능하실 것입니다.

(**por** ~동안, **mes {m}** 월/달, **mientras** ~하는 동안, **aprender** 배우다, **academia {f}** 어학원, **director de reparto {m}** 캐스팅 감독, **obtener** 얻다, **talentoso/-a** 재능 있는, **cuando** ~할 때에 (접속사), **llamar** 전화하다, **teléfono {m}** 전화, **tele {f} TV - televisión** 의 준말, **caminar** 걷다, **pensar** 생각하다, **de repente** 갑자기, **aparecer** 나타나다, **conseguir** 얻다)

Estuvimos por dos meses en Barcelona.
(우리는) 두 달 동안 바르셀로나에 있었습니다. (구체적 기간 명시, 행위 마무리)

Mientras estábamos en Barcelona, aprendimos español en una academia.
(우리는) 바르셀로나에 있는 동안 한 어학원에서 스페인어를 배웠습니다. (지속 행위)

Ese director de reparto consiguió un hombre muy talentoso.
그 캐스팅 디렉터는 매우 재능 있는 남자를 찾았습니다. (마무리된 일회성 행위)

Ese director de reparto conseguía (los) hombres muy talentosos.
그 캐스팅 디렉터는 매우 재능 있는 사람들을 찾아내곤 했습니다. (반복 행위)

El tráfico en la ciudad fue un problema muy grave.
도시 교통 문제는 매우 심각했습니다. (과거 상태)

El tráfico en la ciudad cada vez era peor.
도시 교통난이 갈수록 심각해지고 있었다. (과거 상황 묘사)

한 문장 속에서 두 시제를 같이 사용해보면 그 차이가 좀 더 확연히 드러납니다.
'불완료과거' 라는 선 위에 점으로 찍히는 '단순과거' 가 되겠습니다!

Cuando me llamó por teléfono mi mamá, yo veía la tele.
엄마가 나에게 전화하셨을 때, 나는 TV를 보고 있었습니다.

Cuando caminaba pensando en ella, de repente ella apareció.
(내가) 그녀 생각을 하며 길을 걷고 있는데, 갑자기 그녀가 나타났습니다.

Capítulo 26+ Multi Plus

여러분의 스페인어가 든든해지는 코너, 멀티플러스!
연습문제와 함께 복습과 표현력 강화를 해결하세요!

1. 동사의 원형과 불완료과거 2인칭단수형이 잘못 연결된 것을 고르세요.

❶ vivir - vivías ❷ ser - seras ❸ ir - ibas ❹ ver - veías

2. 동사의 불완료과거 형태가 올바르게 짝지어진 것을 고르세요.

Después de terminar todo el trabajo, ella (navegar :__________) por internet.
En aquel entonces, nosotros (ser :__________) demasiado jóvenes.

❶ navegó - éramos ❷ nabagaba - fuimos
❸ navegaba - éramos ❹ navegó - fuimos

3. 동사의 형태가 올바르게 짝지어진 것을 고르세요. (**soler** 곧잘 ~하다, **iglesia {f}** 교회)

Cuando yo (ser :__________) niño, yo (soler :__________) ir a la iglesia.

❶ era - solía ❷ soy - suelo ❸ era - solí ❹ fui - solía

4. 동사의 형태가 올바르게 짝지어진 것을 고르세요.

(Ser :__________) las seis y media de la tarde.
(Hacer :__________) mucho frío y empezaba a caer aguanieve.

❶ Eran - Hacía ❷ Son - Hace
❸ Fue - Hizo ❹ Han sido - Ha hecho

5. 다음에 적당한 동사의 형태를 고르세요.

Cuando me llamó por teléfono mi mamá, yo (ver:__________) la tele.

❶ vi ❷ he vismo ❸ veo ❹ veía

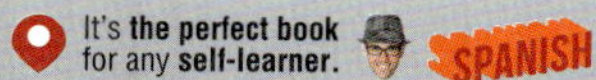

6. 다음에 적당한 표현을 고르세요.

Cuando yo nací, mi mamá (tener :__________) 30 años.
내가 태어났을 때 어머니는 서른 살이었다.

❶ tiene ❷ tuvo ❸ está teniendo ❹ tenía

7. 다음에 적당한 표현을 고르세요. (**gimnasio {m}** 체육관)

Todos los sábados mis hijos (ir :__________) al gimnasio.
토요일마다 내 아이들은 체육관에 가곤 했다.

❶ iban ❷ fue ❸ han ido ❹ yendo

8. 다음에 적당한 표현을 고르세요.

(Ser :__________) las dos y media de la noche cuando empezó a nevar.
눈이 오기 시작했을 때에는 밤 두 시 반이었다.

❶ Eran ❷ Es ❸ Son ❹ Fue

9. 다음에 적당한 표현을 고르세요.

Todos los días, después de almorzar, ellos (tomar :__________) café.
날마다 점심식사 후, 그들은 커피를 마시곤 했다.

❶ tomaron ❷ tomaban ❸ toman ❹ han tomado

10. 다음에 적당한 표현을 고르세요. (**tragar** 삼키다)

La máquina de bebida (tragar :__________) monedas.
음료수 자판기는 동전을 삼켜버리곤 했다.

❶ tragaron ❷ tragó ❸ tragaba ❹ estaba tragando

정답 : 1. ❷ 2. ❸ 3. ❶ 4. ❶ 5. ❹
6. ❹ 7. ❶ 8. ❶ 9. ❷ 10. ❸

27.
Capítulo 27

스페인어의 시제 (과거완료 & 직전과거)

Cuando llegué, mi jefe ya había salido del trabajo.

내가 도착했을 때, 나의 상사는 이미 퇴근했습니다.

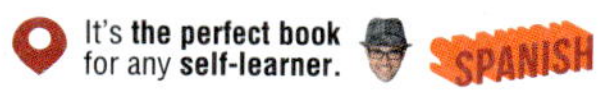

Capítulo # 27

Cuando llegué, mi jefe ya había salido del trabajo.

It's the perfect book for any self-learner.

스페인어 시제 4번째 시간은 '이미~했다' 의 '과거완료' 와 '막 하자마자 ~했다' 의 '직전과거' 입니다. 최근 들어 '과거완료' 시제는 '단순과거' 로 대치되는 추세이기도 하지만, 한 문장 혹은 하나의 맥락 속에서 단순과거와 시간의 전후관계를 나타내기 위해서는 여전히 사용할 수밖에 없습니다. 더불어 다양한 부정어들과 함께 '부정문' 을 만들어 보겠습니다.

 27-1. 스페인, 중남미의 포털!

'스페인 중남미 문화' (**La Cultura Hispana**)는 스페인어의 강력한 위상을 대변하는 한마디입니다. 16세기부터 시작된 스페인의 중남미 식민지 개척은 스페인을 '중남미의 통로' 로 만들었습니다. 현재의 스페인과 중남미 국가의 교류와 유대는 스페인의 각종 산업으로 이어져 튼튼한 인프라를 구축해 놓았습니다. 예를 들어 스페인은 최대의 국제전시회 개최국 중 하나입니다. 스페인을 통해 남미 진출을 꾀하는 기업들과 남미 기업들의 쇼케이스이며, 이제 **Cultura Hispana** 는 29 개국 이상 약 4억8천만 명을 하나로 아우르는 아이콘이 되었습니다.

 27-2. 스페인어의 과거완료

스페인어의 과거완료시제는 과거 한 시점을 기준으로 이미 완료된 행위를 표현합니다. '단순과거' 보다 먼저 발생해 마무리되기 때문에 한 발 앞선 과거라는 의미에서 '대과거' 로 불리기도 합니다. 과거완료절은 부사 **ya** (이미)와 함께 사용하므로 '이미 ~했다' 로 기억하시면 되겠습니다. 과거완료시제를 만드는 방법은 '**haber** 의 불완료과거 + 과거분사' 입니다. 이때, 부사 **ya** 의 위치는 **haber** 동사 앞입니다.

(과거완료시제를 현재완료시제와 비교해 보시려면 제23과를 참고바랍니다.)

(**haber** (불완료과거) : **había habías había habíamos habíais habían**)

 27-3. 스페인어의 과거완료 사용법

자! 그러면 '과거완료' 시제를 어떻게 사용하는지 알아보도록 하겠습니다.

(**cuando** ~했을 때 (접속사), **llegar** 도착하다, **partir** 출발하다, **aeropuerto {m}** 공항, **entonces** 그 당시, **enfriarse** 식다, **amor {m}** 사랑, **invitar** 초대하다, **comida {f}** 식사, **jefe {m}** 상관, **salir** 나가다/출현하다, **trabajo {m}** 일, **despertarse** 깨어나다, **sol {m}** 태양, **hora {f}** 시간/시각, **recuperarse** 건강을 회복하다, **completamente** 완전히)

Cuando llegué a su casa, ella ya había partido para el aeropuerto.
(내가) 그녀의 집에 도착했을 때, 그녀는 이미 공항으로 떠난 뒤였습니다.

En aquel entonces, ya había enfriado su amor.
그 당시에 이미 그의 사랑이 식어버렸다.

Ya habían comido cuando su hijo les invitó a la comida.
아들이 식사에 초대했을 때, 그들은 이미 식사를 마쳤습니다.

Cuando llegué, mi jefe ya había salido del trabajo.
내가 도착했을 때, 나의 상사는 이미 퇴근했습니다.

Cuando se despertó, ya había salido el sol.
그가 잠에서 깨었을 때는 이미 해가 뜬 뒤였습니다.

A esa hora, ya me había recuperado completamente.
그 시각에 나는 이미 완전히 회복했습니다.

 27-4. 스페인어의 직전과거

스페인어의 '직전과거' 는 이름 그대로 '과거' 의 행위 직전에 벌어진 행위를 묘사하는 시제입니다. (막 ~ 하자마자 ~ 했다) '~하자마자' 라는 뜻의 '**tan pronto como ~**', '**en cuanto ~**' 로 시작하며, 만드는 방법은 '**haber** 단순과거 + 과거분사' 입니다.

(**haber** (단순과거) : **hube hubiste hubo hubimos hubisteis hubieron**)

27-5. 스페인어의 직전과거의 사용법

자! 그러면 '직전과거' 시제를 어떻게 사용하는지 알아보도록 하겠습니다.

(**subir** 올라타다, **tren {m}** 기차, **partir** 출발하다, **graduarse** 졸업하다, **universidad {f}** 대학교, **conseguir** 얻다, **trabajo {m}** 직장, **regresar** 돌아오다, **acostarse** 잠자리에 들다, **empezar** 시작하다, **empezar a inf.** ~하는 것을 시작하다, **roncar** 코를 골다)

Tan pronto como él hubo subido, el tren partió.
그가 올라타자마자 기차가 출발했습니다.

Tan pronto como se hubo graduado de la universidad, él consiguió un buen trabajo.
대학교를 졸업하자마자 그는 좋은 직장을 구했습니다.

En cuanto hubo regresado a casa, él se acostó.
집으로 돌아오자마자 그는 잠자리에 들었습니다.

En cuanto se hubo acostado, él empezó a roncar.
그는 눕자마자 코를 골기 시작했습니다.

27-6. 스페인어의 부정문 완전정복!

❶ 부정어가 있는 부정문 :

부정문을 만들려면 부정어가 필수적입니다.
스페인어에는 다양한 부정어들이 있습니다. 부정해야 할 품사에 따라서 다음과 같이 정리할 수 있죠.

부사 부정어 : **no**, **nunca**, **jamás**
명사 부정어 : **nada**, **nadie**
형용사 부정어 : **ninguno/-a**

no 이외의 다른 부정어가 동사 뒤에 위치하면 동사 앞에 **no** 를 반복하여야 합니다.
동사 앞뒤로 부정어가 두 개가 오더라도 부정의 의미를 강조하는 것이지 '부정 + 부정 = 긍정' 이 아닙니다.

(**tener** 가지고 있다, **duda {f}** 의심, **implicación {f}** 연루, **ir a inf.** ~하려 하다, **esperar** 기다리다, **nos** 우리를 (직접목적어), **estación {f}** 역, **nadie** 아무도 (~않다) (대명사), **castillo {m}** 성, **abandonado/-a** 버려진)

No tengo duda sobre su implicación.
나는 그의 연루 사실에 대해 의심치 않습니다.

Nadie va a esperarnos en la estación.
아무도 역에서 우리를 기다리지 않을 것입니다.

No hay nadie en este castillo abandonado.
이 버려진 성에는 아무도 없습니다.

Nosotras no salimos nunca por la noche.
우리는 밤에 절대로 외출하지 않습니다.

❷ 유사부정어의 부정문 :

'유사부정어' 는 원래 부정어는 아니나, 상당히 부정적인 의미를 지닌 표현들을 말합니다. 유사부정어는 다른 부정어 없이 단독으로 사용합니다. 대표적인 유사부정어로는 **poco** (약간), **demasiado** (너무), **apenas** (단지) 등이 있습니다.

(**actriz {f}** 여배우, **comer** 먹다, **bajar** 줄이다, **peso {m}** 체중, **bajar de peso** 체중을 줄이다, **saco {m}** 자루, **vino {m}** 와인, **viejo** 늙은, **tipo {m}** 종류, **tarea {f}** 과제, **complicado/-a** 복잡한, **terminar** 끝내다, **solo** 혼자서, **día {m}** 날/일, **persona {f}** 사람, **mismo/-a** 같은, **mesa {f}** 테이블, **después** 후에, **despedirse de** ~와 이별하다, **novio/-a {m/f}** 애인/약혼자, **pensar en** ~ 생각을 하다)

1) **poco** (거의 없다)와 **un poco** (조금 있다)

Las actrices comieron poco para bajar de peso.
여배우들은 체중감소를 위해 거의 아무 것도 먹지 않았습니다.

En mi saco tenía un poco de vino.
내 자루 속에 약간의 포도주가 들어 있었다.

2) **demasiado ~ para ...** (너무 ~해서 ... 못하다)

El hombre es demasiado viejo para hacer ese tipo de trabajo.
그 남자는 너무 나이 들어서 그런 종류의 일을 할 수 없습니다.

Esa tarea era demasiado complicada para terminar solo en un día.
그 과제는 너무 복잡해서 하루 만에 끝낼 수 없었습니다.

3) **apenas** (거의 ~하지 않다)

apenas 는 종종 동사 뒤에 사용되어 부정어 **no** 를 동반하기도 합니다.

Ella apenas habló con las personas de la misma mesa.
그 여자는 같은 테이블 사람들과 거의 아무 말도 하지 않았습니다.

Después de despedirse de su novia, apenas piensa en ella.
그는 여자 친구와 헤어진 뒤 그녀 생각을 거의 하지 않습니다.

Capítulo 27+ Multi Plus

여러분의 스페인어가 든든해지는 코너, 멀티플러스!

연습문제와 함께 복습과 표현력 강화를 해결하세요!

1. '내가 도착했을 때, 나의 상사는 이미 퇴근했습니다.' 의 올바른 동사형태를 고르세요.

Cuando llegué, mi jefe ya (salir :__________) del trabajo.

❶ ha salido ❷ salía ❸ salió ❹ había salido

2. 다음 중 동사의 사용이 잘못된 문장을 고르세요.

❶ En aquel entonces, ya había enfriado su amor.
❷ Cuando se despertó, ya salió el sol.
❸ A esa hora, ya me había recuperado completamente.
❹ Cuando llegué a su casa, ella ya había partido para el aeropuerto.

3. '그가 올라타자마자 기차가 출발했습니다.' 를 스페인어로 할 때 적당한 동사의 형태를 고르세요.

Tan pronto como él (subir :__________), el tren partió.

❶ subió ❷ hubo subido ❸ ha subido ❹ subía

4. 다음 문장과 동일한 의미를 갖는 문장을 고르세요.

En cuanto hubo regresado a casa, se acostó.

❶ Al cuanto hubo regresado a casa, se acostó.
❷ A pronto como hubo regresado a casa, se acostó.
❸ Tan pronto como hubo regresado a casa, se acostó.
❹ Con cuanto hubo regresado a casa, se acostó.

5. '우리는 (절대로) 밤에 외출하지 않습니다.' 의 스페인어 표현으로 적절치 않은 것을 고르세요.

❶ No salimos nunca por la noche.
❷ No salimos por la noche.
❸ Nunca salimos por la noche.
❹ Nunca no salimos por la noche.

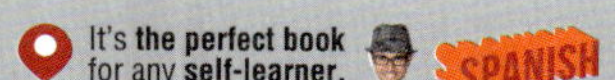

6. 다음에 적당한 표현을 고르세요.

Al empezar la ceremonia, todos ya (llegar :__________) al salón de ceremonias.
기념식이 시작되었을 때, 모두들 이미 식장에 도착해 있었다.

❶ hubieron llegado ❷ llegan ❸ están llegando ❹ habían llegado

7. 다음에 적당한 표현을 고르세요.

Tan pronto como (terminar :__________) el trabajo, todos salieron para ir al concierto.
일이 끝나자마자 모두들 콘서트에 가기 위해 나갔다.

❶ hubo terminado ❷ había terminado ❸ terminado ❹ ha terminado

8. 다음에 적당한 표현을 고르세요.

En cuanto (abrir :__________) la puerta, los aficionados entraron al salón.
문이 열리자마자 팬들이 홀로 들어갔다.

❶ hubo abierto ❷ abrio ❸ está abierta ❹ está abriendo

9. 다음에 적당한 표현을 고르세요.

En cuanto (acostarse :__________) empezó a roncar.
그는 잠자리에 들자마자 코를 골기 시작했다.

❶ se hubo acostado ❷ se acostaba ❸ hubo acostado ❹ acostó

10. 다음에 적당한 표현을 고르세요.

Cuando llegué, ya se (ir :__________).
내가 도착했을 때, 그녀는 이미 갔다.

❶ había ido ❷ fue ❸ ha ido ❹ está yendo

정답 : 1. ❹ 2. ❷ 3. ❷ 4. ❸ 5. ❹
6. ❹ 7. ❶ 8. ❶ 9. ❶ 10. ❶

28.
Capítulo 28
스페인어의 접속사 1.
(등위접속사)
¿Vas a adaptarte o tirar la toalla?

(너) 적응할래, 아니면 포기할래?

접속사가 중요한 이유는 여러분의 스페인어가
단박에 두 배 세 배로 길어질 수 있기 때문이죠.
스페인어의 접속사는 '등위접속사' 와
'종속접속사' 로 나뉩니다.
이번 시간에는 '등위접속사' 를 만나 보시겠습니다.

¿Vas
a adaptarte
o tirar
la toalla?

 28-1. 스페인 사람의 제스처, 몸짓언어!

스페인, 프랑스, 이탈리아 사람 3사람만 모으면 '몸짓언어의 오케스트라' 를 볼 수 있습니다. 워낙에 진지하게 몸짓을 하는지라 특수부대원이나 야구감독의 사인만큼 재미있고 요란합니다. 가디언 **guardian** 지의 홈페이지에는 스페인 사람들의 제스처를 그림과 함께 설명하는 코너가 있을 정도입니다. (**http://www.guardian.co.uk/travel/series/learn-spanish+content/gallery**) 예를 들면 '손가락으로 가위질 하는 제스처' 는 '잡담 그만해라!' 이거나 '전화 끊어라!' 라는 뜻입니다. 대화 중에 보여주는 스페인 사람들의 제스처는 친절과 우호적인 느낌을 담고 있습니다. 반대로 언쟁 중에는 과장된 몸짓이 상대를 더욱 자극할 수 있으니 자제하는 것이 좋겠지요.

 28-2. 스페인어의 등위접속사

문장의 개별 요소나 문장 대 문장을 연결할 수 있도록 돕는 것이 접속사입니다. 일종의 '연결고리' 인 셈이죠. 등위접속사는 동 '등' 한 '위' 상을 가진 '단어와 단어 / 구와 구 / 절과 절' 을 연결해주는 접속사입니다. 그럼 이제부터 이미 곳곳에서 써왔던 **y** 와 **pero** 를 포함, 스페인어의 등위접속사 베스트 10을 소개하겠습니다.

❶ **y** (그리고)

(**libro {m}** 책, **cuaderno {m}** 공책)

el español y el francés
스페인어와 프랑스어

Nosotros somos coreanos y vosotros sois mexicanos.
우리는 한국인이고, 너희들은 멕시코인이다.

Tengo dos libros y un cuaderno.
나는 책 두 권과 공책 한 권을 가지고 있습니다.

❷ pero (그러나)

(**aprender** 배우다, **difícil** 어려운, **interesante** 흥미로운, **pasado {m}** 과거, **fue** - **ser** 동사의 단순과거 3인칭 단수형, **autor/-a {m/f}** 작가, **hoy en día** 오늘날, **escribir** 쓰다, **lo siento mucho** 매우 죄송합니다, **ya** 이미, **tener** 가지고 있다, **entrada {f}** 입장권)

Aprender español es difícil pero es muy interesante.
스페인어를 배우는 것은 어렵지만 아주 재미있습니다.

En el pasado él fue autor, pero hoy en día no escribe.
과거에 그는 작가였으나, 요즘은 글을 쓰지 않습니다.

Lo siento mucho, pero ya no tenemos las entradas.
정말 죄송합니다만, 이제 입장권이 없습니다.

❸ o (또는 / 그렇지 않으면)

(**ir a inf.** ~하려고 하다, **adaptarse** 적응하다, **tirar** 던지다, **toalla {f}** 수건, **portamonedas {m}** 지갑, **rojo/-a** 붉은, **negro/-a** 검은)

¿Vas a adaptarte o tirar la toalla?
(너) 적응할래, 아니면 포기할래?

¿Cuál es tu portamonedas? ¿El rojo o el negro?
어떤 게 네 지갑이니? 빨간색 아니면 검정색?

❹ porque, puesto que, ya que (왜냐하면)

(**llegar** 도착하다, **tarde** 늦게, **hubo** - **haber** 동사의 단순과거 3인칭단수형, **tráfico {m}** 교통/교통체증, **centro {m}** 중심, **fin {m}** 끝, **semana {f}** 주, **fin de semana {m}** 주말, **poder** 할 수 있다, **cine {m}** 영화관, **examen {m}** 시험)

He llegado muy tarde porque hubo tráfico en el centro.
(나는) 시내에 교통체증이 심해서 늦게 도착했습니다.

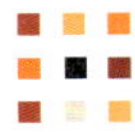

Este fin de semana no puedo ir al cine porque tengo examen.
이번 주말에는 시험이 있어서 극장에 갈 수 없습니다.

❺ por eso, por lo tanto, por consiguiente (따라서 / 그래서)

(**estudiar** 공부하다, **conseguir** 얻다, **trabajo {m}** 일/직장, **terminar** 끝마치다, **guerra {f}** 전쟁, **todo** 모두, **mundo {m}** 세계/세상, **todo el mundo** 온 세상/세상 사람들, **calmarse** 안정되다)

Él estudió mucho. Por consiguiente consiguió un buen trabajo.
그는 열심히 공부했습니다. 그래서 (그는) 좋은 일자리를 얻었습니다.

Ha terminado la guerra. Por lo tanto, todo el mundo se calma.
전쟁이 끝났습니다. 그래서 세상 모든 사람들이 안정됩니다.

❻ aunque (비록 ~ 하더라도)

(**bastante** 충분한, **tiempo {m}** 시간, **ir a ir** 갈 것이다, **concierto {m}** 콘서트, **chica {f}** 소녀, **poder** 할 수 있다, **mover** 옮기다, **caja {f}** 상자, **pesado/-a** 무거운)

Aunque no tengo bastante tiempo, voy a ir al concierto.
비록 시간이 많지는 않지만, 그래도 (나는) 콘서트에 갈 것입니다.

Aunque soy una chica, puedo mover esa caja bastante pesada.
제가 어린 소녀이기는 하지만 저 꽤나 무거운 상자를 옮길 수 있습니다.

❼ como (~ 때문에)

(**depender de** ~에 의존하다, **importación {f}** 수입, **fruta {f}** 과일, **costar** 값이 나가다, **hambre {f}** 배고픔, **nada** 아무것도 (대명사))

Como depende de la importación, esa fruta cuesta mucho.
수입에 의존하기 때문에 그 과일은 값이 비쌉니다.

Como no tengo hambre, no voy a comer nada.
배가 고프지 않기 때문에 (나는) 아무것도 안 먹을 생각입니다.

❽ no obstante (그럼에도 불구하고)

(**querer** 좋아하다, **tener que inf.** ~해야 한다, **frío {m}** 추위)

Tengo mucho tiempo. No obstante, no quiero estudiar.
(나는) 시간이 많습니다. 그럼에도 불구하고 공부를 하고 싶지는 않습니다.

Hace mucho frío. No obstante, tenemos que ir.
날씨가 많이 춥습니다. 그럼에도 불구하고 (우리는) 가야합니다.

❾ no ~ sino ...(~이 아니고 ...이다)

(**hacer** 하다, **autor/-a {m/f}** 작가, **pintor/-a {m/f}** 화가)

No lo hice yo, sino ella.
그건 내가 한 게 아니라, 그녀가 한 겁니다.

Él no es autor, sino pintor.
그는 작가가 아니고, 화가입니다.

❿ no ~ ni ... (~도 아니고 ...도 역시 아니다)

(**quedarse** 머물다/잔류하다, **aquí** 여기, **ni** ~도 아니다, **marcharse** 떠나다, **causa {f}** 이유, **saber** 알다, **interesar** 흥미를 가지다)

No quiero quedarme aquí ni marcharme.
(나는) 이곳에 머물고 싶지도 않고, 떠나고 싶지도 않습니다.

¿La causa? No la sé ni me interesa.
이유요? 알지도 못하고, 관심도 없습니다.

Capítulo 28+ Multi Plus

여러분의 스페인어가 든든해지는 코너, 멀티플러스!
연습문제와 함께 복습과 표현력 강화를 해결하세요!

1. 다음에 접속사를 모두 고르세요.

Somos coreanas (__________) vosotros sois mexicanos.

❶ porque ❷ y ❸ o ❹ pero

2. 다음 문장의 문맥상 적당한 접속사를 고르세요.

He llegado muy tarde (__________) hubo tráfico en el centro.

❶ no obstante ❷ aunque ❸ ni ❹ porque

3. 다음에 접속사를 고르세요.

No quiero quedarme aquí (__________) marcharme.

❶ nunca ❷ no ❸ ni ❹ como

4. 다음에 적당한 접속사를 고르세요.

Él no es autor, (__________) pintor.
그는 작가가 아니고, 화가입니다.

❶ sino ❷ como ❸ porque ❹ no obstante

5. 다음에 적당한 접속사를 고르세요.

(__________) depende de la importación, esa fruta cuesta mucho.
수입에 의존하기 때문에 그 과일은 값이 비쌉니다.

❶ Como ❷ Ni ❸ Por consiguiente ❹ Aunque

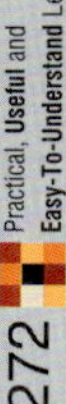

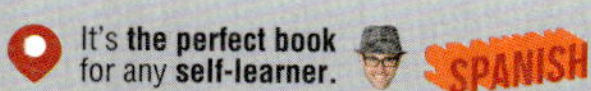

6. 다음에 적당한 표현을 고르세요. (**mojado** 젖은, **hueso {m}** 뼈)

No traigo el paraguas. (__________) estoy mojado hasta los huesos.
우산을 가져오지 않았다. 그 결과, 지금 흠뻑 젖었다.

❶ **Porque** ❷ **Por lo tanto** ❸ **Como** ❹ **Aunque**

7. 다음에 적당한 표현을 고르세요.

¿La clave de la caja fuerte? Nadie la sabe, (__________) el jefe.
금고 번호요? 그건 사장님 말고는 아무도 몰라요.

❶ **sino** ❷ **porque** ❸ **como** ❹ **ni**

8. 다음에 적당한 표현을 고르세요.

Tengo mucha hambre. (__________) voy a esperar a mi marido.
나는 무척 배가 고프다. 그럼에도 불구하고 남편을 기다릴 것이다.

❶ **O** ❷ **Como** ❸ **No obstante** ❹ **Por eso**

9. 다음에 적당한 표현을 고르세요.

He llegado muy tarde (__________) hubo mucha gente en la plaza.
(나는) 광장에 사람들이 많아서 늦게 도착했습니다.

❶ **por lo tanto** ❷ **aunque** ❸ **porque** ❹ **no obstante**

10. 다음에 적당한 표현을 고르세요.

(__________) no tengo bastante tiempo, voy a ir al concierto.
비록 시간이 많지는 않지만, 그래도 (나는) 콘서트에 갈 것입니다.

❶ **Por lo tanto** ❷ **Sino** ❸ **Porque** ❹ **Aunque**

정답 : 1. ❷❹ 2. ❹ 3. ❸ 4. ❶ 5. ❶
6. ❷ 7. ❶ 8. ❸ 9. ❸ 10. ❹

29.
Capítulo 29

스페인어의 접속사 2. (종속접속사)
Ella me pregunta si yo la conozco.

그녀는 나에게 내가 그녀를 아는지 묻습니다.

스페인어 접속사 2번째 시간은 종속접속사를 살펴보는 시간입니다. 아울러 시간을 나타내는 접속사 **cuando** 절, 조건을 나타내는 접속사 **si** 절, 양보를 나타내는 접속사 **aunque** 절을 대신해 쓸 수 있는 부정사 구문을 알아보겠습니다.

Ella me
pregunta
si yo
la conozco.

29-1. 스페인과 중남미 스페인어의 차이점!

스페인 사람들의 스페인어와 중남미 사람들의 스페인어의 차이점은 '빠르기와 발음' 입니다. 스페인 사람들이 좀 더 빠르게 말하고, 중남미 사람들이 좀 더 발음하기 쉽게 말합니다. 중남미 발음이 깔끔해서 우리가 따라 하기 좋죠. 예를 들어 **ll** 의 발음을 스페인에서는 [ㄹ] 소리가 묻어 나게 하는가 하면, 중남미에서는 지역에 따라 [이], 심지어 [ㅈ]로 발음합니다. 문법적으로는 남미 스페인어가 시제 등의 사용에 있어서 비교적 단순화 된 부분이 있습니다. 그러나 전체적으로 볼 때에는 지역 방언 수준의 가벼운 차이가 느껴질 뿐, 소통에는 아무 문제가 없죠. 몇 번 듣다보면 자연스럽게 적응할 수 있는 수준의 차이입니다.

29-2. 스페인어의 종속접속사

'종속접속사' 는 말 그대로 주절과 종속적 관계를 유지하는 하위의 절, 즉 주절에 부속되는 절을 연결하는 접속사입니다. 그러다 보니 자연스럽게 절과 절만을 연결하게 되지요. 앞서 만난 '등위접속사' 가 동등한 관계였다면, '종속접속사' 는 문장 간의 종속관계를 나타냅니다.

❶ que (~하는 것은)

(**decir** 말하다, **hermano/-a {m/f}** 형제/자매, **visitar** 방문하다, **junio {m}** 6월, **saber** 알다, **cantante {m/f}** 가수, **famoso/-a** 유명한, **participar** 참석하다, **reunión {f}** 회의, **estoy segura de** 나는(여성) ~을 확신하다, **creer** 믿다, **entre** 중에서, **celular {m}** 핸드폰, **mejor** 최고의, **calidad {f}** 품질)

Mi papá me dice que su hermano va a visitarnos en junio.
나의 아빠는 나에게 삼촌이 6월에 우리를 방문하실 거라고 말씀하신다.

Sabemos que él es un cantante muy famoso.
(우리는) 그가 아주 유명한 가수라는 것을 압니다.

Estoy segura de que Ud. va a participar en esa reunión.
(나는) 당신이 그 회의에 참석하시리라 믿습니다.

Creo que entre estos el celular de mejor calidad es el de Corea.
(나는) 이것들 중에서 최고급 휴대폰은 한국산이라고 생각합니다.

❷ si (만일 ~한다면 / 혹시 ~인지)

(**preguntar** 묻다, **salir** 나가다, **ahora mismo** 지금 당장, **a tiempo** 정시에, **excursión {f}** 소풍, **campo {m}** 야외, **conocer** 알다)

No sé si ellos son de Argentina.
그들이 아르헨티나 사람인지는 잘 모르겠습니다.

Te pregunto si vas a venir o no.
너에게 올 건지 말 건지를 묻는 거야.

Quiero saber si vamos de excursión al campo.
(나는 우리가) 야외로 소풍을 갈 것인지 알고 싶습니다.

Ella me pregunta si yo la conozco.
그녀는 나에게 내가 그녀를 아는지 묻습니다.

29-3. 접속사 절을 대신하는 부정사 구문!

접속사절 대용으로 사용할 수 있는 전치사들이 있습니다.
접속사절은 문장을 구성하는 요소들이 모두 등장할 뿐 아니라 동사를 주어에 맞게 변화시켜야 하는 데 비해, 부정사 구문을 활용하면 동사원형을 활용해 간단히 절을 대신할 수 있게 됩니다.
전치사 **al (=a+el) / de / con** 과 부정사(동사의 원형)을 연결하면 접속사 절 역할을 할 수 있습니다.

❶ al + inf. (~할 때 = cuando)

(**terminar** 끝마치다, **empezar a** ~을 시작하다, **charlar** 잡담하다, **primero/-a** 첫 번째의, **primer** 처음의 (**primero** 가 남성단수명사 앞에 놓여 어미 **o** 가 탈락된 형태), **salir** 출현하다, **sol {m}** 태양, **año {m}** 해/년, **exclamar** 외치다, **admiración {f}** 감탄, **ver** 보다, **lo** 직접목적어 3인칭단수 남성형 (목적어), **enojado/-a** 화난, **ni** ~조차도 아니다, **palabra {f}** 말/낱말, **escuchar** 듣다, **música {f}** 음악, **subir** 높이다, **volumen {m}** 볼륨, **tocadiscos {m}** 전축/오디오)

Al terminar la clase, los estudiantes empiezan a charlar.
수업이 끝나자 학생들이 잡담을 시작합니다.

Al salir el primer sol del año, todos exclaman de admiración.
새해 첫 태양이 떠오르자, 모두들 감탄사를 외칩니다.

Al verlo muy enojado, nosotros no hablamos ni una palabra.
그가 매우 화난 것을 보고, 우리는 말 한 마디 하지 않습니다.

Al escuchar la música, ella sube el volumen del tocadiscos.
음악을 들을 때, 그녀는 오디오 볼륨을 높입니다.

❷ de + inf. (만일 ~ 한다면 = si)

(**decir** 말하다, **le** 간접목적어 3인칭단수 (목적어), **seguir** 계속하다, **llegar** 도착하다, **tarde** 늦게, **despedir** 해고하다, **lo** 직접목적어 3인칭단수 남성형 (목적어), **egoísta** 이기적인, **caprichoso/-a** 변덕스러운, **perder** 잃다, **cumplir** 충족시키다, **regla {f}** 규칙, **poder** 할 수 있다, **desordenado/-a** 어수선한, **ciudad {f}** 도시)

De terminarlo, voy a decírselo a usted.
그것을 끝내면 당신에게 그 사실을 말씀드리겠습니다.

De seguir llegando tarde, voy a despedirlo.
계속 지각하면 그를 해고할 것입니다.

De ser egoísta y caprichoso, va a perder a todos los amigos.
이기적이고 변덕스러우면 친구들을 모두 잃게 될 것입니다.

De no cumplir las reglas, toda la ciudad puede ser desordenada.
규칙을 지키지 않으면 도시 전체가 무질서하게 될 수도 있습니다.

❸ con + inf. (설사 ~한다 해도 = **aunque**)

(**joven** 젊은, **bastante** 충분하게, **sabio/-a** 현명한, **apresurar** 서두르다, **paso {m}** 걸음, **demasiado** 너무, **arrepentirse** 후회하다, **recuperar** 회복하다, **situación {f}** 상황/사태, **pasar** 지내다, **biblioteca {f}** 도서관, **concentrarse** 집중하다, **servir** 쓸모가 있다, **nada** 아무것(도 없다)/무 (대명사))

Con arrepentirse, no puede recuperar la situación.
후회해도 사태를 돌이킬 수는 없습니다.

**Con pasar mucho tiempo en la biblioteca,
si no se concentran, no sirve para nada.**
도서관에 아무리 오래 있는다고 해도, 집중하지 않으면 아무런 소용없습니다.

Capítulo 29+ Multi Plus

여러분의 스페인어가 든든해지는 코너, 멀티플러스!
연습문제와 함께 복습과 표현력 강화를 해결하세요!

1. 다음에 적당한 접속사를 고르세요.

Sabemos (__________) él es un cantante muy famoso.

❶ cual ❷ quien ❸ que ❹ si

2. 다음에 적당한 접속사를 고르세요.

No sé (__________) ellos son de Argentina.

❶ si ❷ quién ❸ quienes ❹ cuál

3. 다음의 밑줄 친 부분을 대체할 부정사 구문으로 가장 적당한 표현을 고르세요.

<u>Cuando escucha</u> la música, ella sube el volumen del tocadiscos.

❶ A escuchar ❷ De escuchar ❸ Al escuchar ❹ Con escuchar

4. 다음의 밑줄 친 부분을 대체할 부정사 구문으로 가장 적당한 표현을 고르세요.

<u>Aunque es</u> muy joven, él es bastante sabio.

❶ A ser ❷ De ser ❸ Al ser ❹ Con ser

5. 다음의 밑줄 친 부분을 대체할 부정사 구문으로 적당한 표현을 고르세요.

<u>Si sigue</u> llegando tarde, voy a despedirlo.

❶ A seguir ❷ De seguir ❸ Al seguir ❹ Con seguir

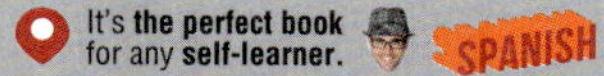

6. 다음에 적당한 표현을 고르세요.

La señora dice (__________) su esposo está enfermo.
아주머니는 그녀의 남편이 아프다고 말한다.

❶ **si** ❷ **como** ❸ **cual** ❹ **que**

7. 다음에 적당한 표현을 고르세요.

(__________) me dices tu secreto, yo también te voy a confesar mi secreto.
네 비밀을 말해주면 나도 내 비밀을 털어놓을게.

❶ **Si** ❷ **Sino** ❸ **Con** ❹ **Por**

8. 다음에 적당한 표현을 고르세요.

(__________) terminar la clase, los estudiantes empiezan a charlar.
수업이 끝나자 학생들이 잡담을 시작합니다.

❶ **Al** ❷ **Con** ❸ **De** ❹ **A**

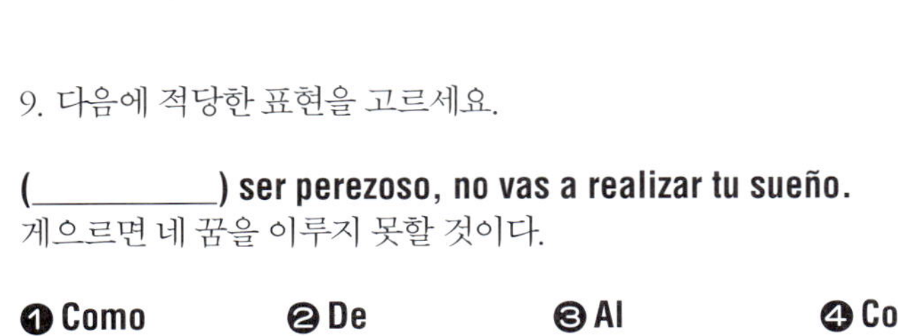

9. 다음에 적당한 표현을 고르세요.

(__________) ser perezoso, no vas a realizar tu sueño.
게으르면 네 꿈을 이루지 못할 것이다.

❶ **Como** ❷ **De** ❸ **Al** ❹ **Con**

10. 다음에 적당한 표현을 고르세요.

(__________) insistir, no puede ser aceptada tu opinión.
아무리 고집해도 네 의견은 받아들여질 수 없다.

❶ **A** ❷ **Al** ❸ **Con** ❹ **De**

정답 : 1. ❸ 2. ❶ 3. ❸ 4. ❹ 5. ❷
6. ❹ 7. ❶ 8. ❶ 9. ❷ 10. ❸

Se vendió el coche hace 3 días.

From **basic greetings** and **expressions** to **grammar** and **conversations**!

Capítulo #
30

Se vendió el coche hace 3 días.

It's the perfect book for any self-learner.

30.
Capítulo 30
스페인어 se 의 다양한 용법들
Se vendió el coche hace 3 días.

자동차는 3일 전에 팔렸습니다.

스페인어의 대명사 **se** 는 매우 유용한 표현입니다.
간접목적 대명사 **le** 의 변형된 형태로서의 **se**,
재귀동사에서 보았던 재귀대명사 **se** 외에도
5가지의 **se** 활용법이 더 있습니다.
다양한 **se** 의 사용법, 지금 시작합니다.

30-1. 스페인 사람들의 재채기!

독일 사람들은 옆에서 누가 재채기를 하면 모르는 사람이라도 **Gesundheit!** [게준트하이트!]라고 인사합니다. '건강하세요!' 라는 뜻이죠. 똑같은 풍습이 스페인에도 있습니다. 역시 처음 보는 사람일지라도 **Salud!** [살룻!] (건강하세요!)라고 말해줍니다. 그런데 보통 재채기를 한 번 하고 말지는 않죠. 그러다 보니 재미있는 것이 스페인 사람들은 재채기의 횟수에 따라서 인사를 달리 해준다는 것입니다. 그러니까 두 번을 하면 **Salud y Dinero!** (건강과 재산!), 세 번하면 **Salud y Dinero y Amor!** (건강과 재산과 사랑!)이라는 뜻으로 인사합니다. 이렇게 인사를 받은 사람은 **Gracias.** [그라씨아스.](고맙습니다.) 라고 반드시 답례해야 합니다. 인사를 받고도 시치미 뚝 떼면 더럽게 무례한 사람이 되는 거죠. (**Salud!** 은 '건배!' 라는 뜻도 있습니다.)

30-2. 스페인어의 모든 se

우리는 앞서 간접목적대명사 **se** (동사 앞에 '3인칭 직 · 간접대명사' 가 나란히 올 때 간접대명사 **le** 와 **les** 를 **se** 로 바꾸어 쓰는 것 : 제12과 참조)와 재귀대명사 **se** (자기 자신을 나타내는 재귀대명사의 대표형으로의 **se** : 제17과 참조)를 학습했습니다.
자! 그럼 지금부터는 새롭게 만나는 **se** 의 용법들을 소개하겠습니다.

❶ 수동의 se

'**ser** + 과거분사' 로 대표되는 수동문을 **se** 를 이용해서도 나타낼 수 있습니다.
이때 우리말로 주어 역할을 하는 피동주어(사물)의 수에 따라서 동사는 단수/복수형을 취하게 되며, 시제도 현재와 과거, 미래로 자유롭게 변할 수 있습니다. 다만, 어떤 시제가 되어도 **se** 는 형태가 변하지 않습니다. 또 한 가지! 동작수동태인 '**ser** + 과거분사' 문장에서와는 달리 **se** 수동문에는 웬만해선 행위자 표시(**por** ~)를 하지 않습니다.

(**abrir** 열다, **puerta {f}** 문, **construir** 짓다, **hermoso/-a** 아름다운, **chalé {m}** 작은 별장(= **chalet**), **arquitecto {m}** 건축가, **vender** 팔다, **hace** 전에, **negociante {m/f}** 상인, **librería {f}** 서점, **libro {m}** 책, **librero {m}** 서점 주인, **al fin** 마침내, **realizar** 실현하다, **sueño {m}** 꿈, **aceptar** 수용하다, **opinión {f}** 의견, **junta directiva {f}** 이사회)

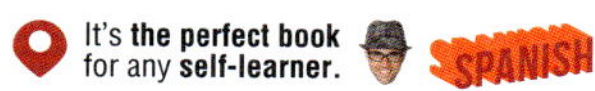

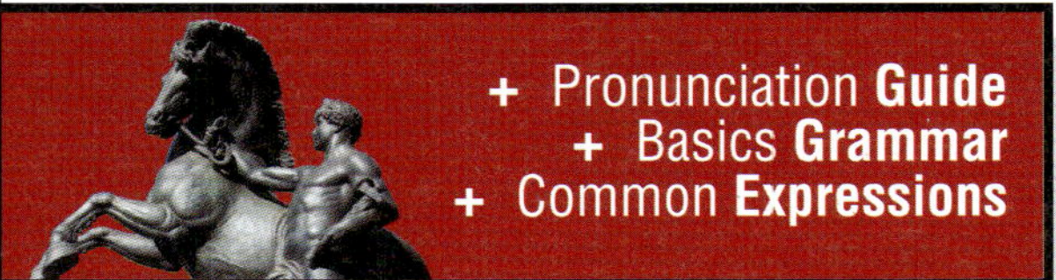

Se abrió la puerta.
그 문이 열렸습니다.

= La puerta fue abierta por la profesora.

Se construyeron estos hermosos chalés.
이 아름다운 별장들이 건축되었습니다.

= Estos hermosos chalés fueron construidos por el arquitecto.

Se vendió el coche hace 3 días.
자동차는 3일 전에 팔렸습니다.

= El coche fue vendido hace 3 días por un negociante.

En esta librería se venden muchos libros.
이 서점에서는 책이 많이 팔립니다.

= Muchos libros son vendidos en esta librería por el librero.

Al fin se realizó mi sueño.
마침내 나의 꿈이 이루어졌습니다.

= Al fin mi sueño fue realizado por mí.

Se aceptaron mis opiniones.
나의 의견이 수용되었습니다.

= Mis opiniones fueron aceptadas por la junta directiva.

❷ 비인칭의 se

비인칭의 **se** 는 일반적인 '사람들' (**la gente**, **el pueblo**)을 지칭합니다.
의미는 여러 사람이지만 어휘의 형태는 단수인 것이 특징입니다. 그래서 동사는 항상 3인칭단수 형태를 취하는 것이고요.

(**país {m}** 나라, **hispanoamericano/-a** 라틴아메리카의, **no solo ~ sino también ...** ~뿐만 아니라 ... 도 역시, **vario/-a** 각양각색의, **lugar {m}** 지역/장소, **decir** 말하다, **que** ~하는 것은 (접속사), **edificio {m}** 건물, **demasiado** 너무, **antiguo/-a** 오래된, **creer** 믿다, **precio {m}** 가격, **oro {m}** 금, **ir a inf.** ~하게 될 것이다, **seguir** 계속하다, **subir** 오르다, **mantener** 유지하다, **vida {f}** 생명, **por** ~동안, **beber** 마시다, **trago {m}** 한 모금, **agua {f}** 물, **saber** 알다, **rumor {m}** 소문/풍문, **falso/-a** 거짓의/허위의)

Se habla español en España y en muchos países hispanoamericanos.
스페인과 라틴아메리카 많은 나라에서 스페인어를 씁니다.

Se come Kimchi no solo en Corea sino también en varios lugares del mundo.
한국뿐 아니라 전 세계 각지에서 김치를 먹습니다.

Se dice que este edificio es demasiado antiguo.
사람들은 이 건물이 너무 낡았다고 말합니다.

Se cree que el precio del oro va a seguir subiendo.
사람들은 금값이 계속 오를 거라고 생각합니다.

Se mantuvo con vida por un mes bebiendo solo un trago de agua.
사람들은 1개월 동안 겨우 물 한 모금씩 마시면서 생명을 유지했습니다.

Se sabe que ese rumor es falso.
모두 그 소문이 헛소문이라는 것을 알고 있습니다.

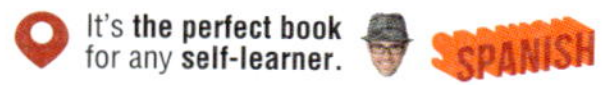

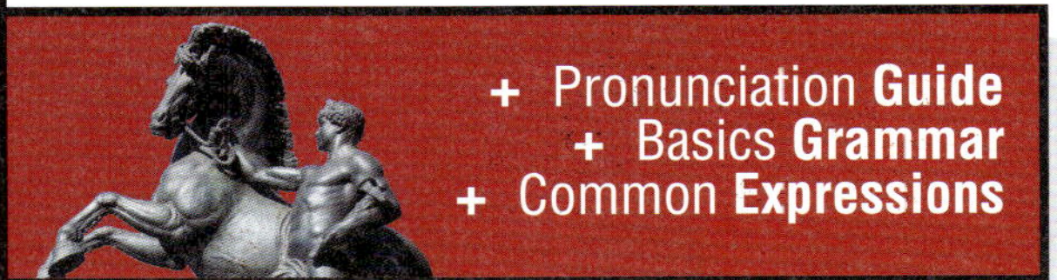

❸ 상호의 se

se 가 '서로' 의 의미로 사용될 수 있습니다.
따라서 상호의 **se** 가 쓰이는 문장이라면 주어가 둘 이상일 것이고, 당연히 동사도 항상 복수 형태를 취하겠지요. 경우에 따라서는 '서로서로' 를 나타내는 부사 표현이 추가되기도 합니다.

(**siempre** 항상, **pegar** 구타하다, **el uno al otro** 서로, **amar** 사랑하다, **profundamente** 깊이, **dos {m}** 숫자 2, **comunicar** 소통하다, **a través de** ~을 통해서, **teléfono** 전화, **rojo/-a** 붉은, **teléfono rojo {f}** 핫라인, **señor {m}** 신사, **respetar** 존경하다, **mutuamente** 상호간에, **empresa {f}** 회사, **ayudar** 도와주다, **recíprocamente** 서로, **marido {m}** 남편, **mujer {f}** 여자/아내, **criticar** 비판하다, **divorciarse** 이혼하다)

Los dos niños siempre se pegan (el uno al otro).
두 아이는 늘 서로 싸웁니다.

Esos dos jóvenes se aman profundamente.
그 두 젊은이는 서로 깊이 사랑합니다.

Las dos Coreas se comunicaron a través del teléfono rojo.
남북한은 핫라인을 통해 서로 소통했다.

Los dos señores se respetan mutuamente.
그 두 분은 서로서로 존경합니다.

Nuestras dos empresas se van a ayudar recíprocamente.
우리 두 회사는 상호 지원해 나갈 것입니다.

El marido y la mujer se criticaban mucho antes de divorciarse.
남편과 아내는 이혼 전에 서로 심하게 비난했었다.

❹ 무의지 se

화자의 의지와 무관한 일 또는 그런 느낌이나 뉘앙스를 표현할 때도 **se** 를 사용합니다. 이러한 상황에 직면한 당사자는 '간접목적대명사' 를 써서 나타내고, 무의지의 **se** 는 그 간접목적대명사 바로 앞에 써줍니다.

(**caerse** 떨어지다, **lápiz {m}** 연필, **ocurrirse** 떠오르다, **idea {f}** 아이디어, **perderse** 없어지다, **dinero {m}** 돈, **ahorrar** 저축하다, **por** ~을 위하여, **vejez {f}** 노령, 노년기, **olvidarse** 깜빡 잊다, **traer** 가져오다, **libro {m}** 책, **lectura {f}** 읽기/독서, **cerrar** 닫다/잠그다, **llave {f}** 열쇠, **gas {m}** 가스, **llave de gas {f}** 가스밸브)

Se me cayó el lápiz.
연필이 떨어졌다.

No se me ocurre ninguna buena idea.
그 어떤 좋은 아이디어도 떠오르지 않는다.

Se me perdió mi nuevo celular.
내 새 휴대폰이 없어졌다.

Se le perdió todo el dinero que había ahorrado para su vejez.
노후를 위해 저축해두었던 돈을 모두 잃어버렸다.

Se me olvidó traer el libro de lectura.
강독 책 가져오는 것을 깜빡했다.

A mi mamá se le olvidó cerrar la llave del gas.
나의 엄마는 가스밸브 잠그는 것을 잊으셨다.

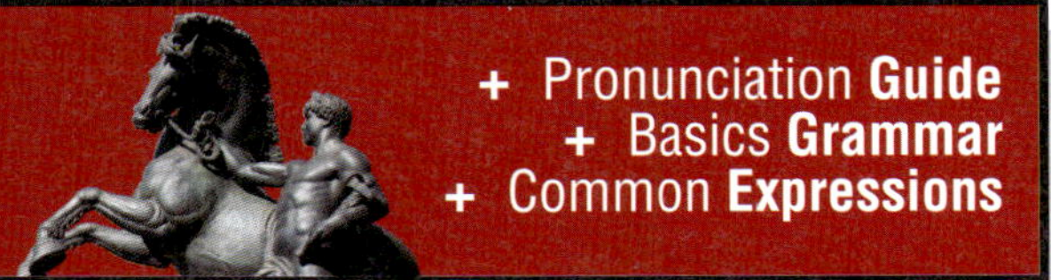

❺ 강조 **se**

se 는 동사 의미를 강조할 때도 사용합니다.
강조라는 것은 말 그대로 있으면 더욱더 강조되지만 없어도 의미가 사라지는 건 아니기 때문에, 강조의 **se** 는 때때로 생략되기도 합니다.

(**hiena {f}** 하이에나, **carne {f}** 고기, **abuelo/-a {m/f}** 조부모, **repentinamente** 갑자기, **ataque {m}** 공격/발작, **corazón {m}** 심장, **ataque al corazón {m}** 심장마비)

La hiena se comió toda la carne.
하이에나가 모든 고기를 먹어치웠다.

Mi abuelo se murió repentinamente de un ataque al corazón.
나의 할아버지가 갑자기 심장마비로 돌아가셨다.

Me voy.
나 간다!

¡Vete!
나가!

Capítulo 30+ Multi Plus

여러분의 스페인어가 든든해지는 코너, 멀티플러스!
연습문제와 함께 복습과 표현력 강화를 해결하세요!

1. 다음 중 **se** 의 용법이 다른 하나를 고르세요.

❶ Se vendió el coche hace 3 días. ❷ Al fin se realizó mi sueño.
❸ Se habla español en España. ❹ Se aceptaron mis opiniones.

2. 다음 중 **se** 의 용법이 다른 하나를 고르세요.

❶ Se sabe que ese rumor es falso.
❷ Se dice que este edificio es demasiado antiguo.
❸ Se cree que el precio del oro va a seguir subiendo.
❹ Esos dos jóvenes se aman profundamente.

3. 다음 중 **se** 의 용법이 같은 것을 고르세요.

Se come Kimchi no solo en Corea sino también en varios lugares del mundo.

❶ Se cree que estudiando mucho aprendemos rápido.
❷ Se construyeron estos hermosos chalés.
❸ En esta librería se venden muchos libros.
❹ El marido y la mujer se criticaban mucho antes de divorciarse.

4. 다음 중 **se** 의 용법이 같은 것을 고르세요.

Se me olvidó traer el libro de lectura.

❶ Las dos Coreas se comunicaron a través del teléfono rojo.
❷ La hiena se comió toda la carne.
❸ Nuestras dos empresas se van a ayudar recíprocamente.
❹ Se me perdió mi nuevo celular.

5. 다음 중 강조의 의미로 **se** 가 사용된 경우가 아닌 문장을 고르세요.

❶ ¡Vete! ❷ No se me ocurre ninguna buena idea.
❸ Mi abuelo se murió repentinamente de un ataque al corazón.
❹ Me voy.

6. 다음에 적당한 표현을 고르세요.

(__________) vivía feliz y alegremente en ese reino pacífico.
사람들은 그 평화로운 왕국에서 행복하고 즐겁게 살고 있었습니다.

❶ Me ❷ Se ❸ Nos ❹ Os

7. 다음에 적당한 표현을 고르세요.

Ya (__________) voy. Es que es demasiado tarde.
나 이제 그만 갈게. 너무 늦었네.

❶ me ❷ te ❸ se ❹ nos

8. 다음에 적당한 표현을 고르세요.

Ella (__________) dio a sus padres.
그녀는 부모님들께 그것들을 드렸다.

❶ le los ❷ les los ❸ se los ❹ ses los

9. 다음에 적당한 표현을 고르세요.

Las dos hermanas (__________) cambiaron de habitación.
두 자매는 방을 서로 바꾸었다.

❶ se ❷ les ❸ os ❹ los

10. 다음에 적당한 표현을 고르세요.

Esta mañana (__________) rompió un plato.
오늘 아침에 나는 접시를 하나 깨뜨렸다.

❶ se lo ❷ me se ❸ se me ❹ lo me

정답 :	1. ❸	2. ❹	3. ❶	4. ❹	5. ❷
	6. ❷	7. ❶	8. ❸	9. ❶	10. ❸

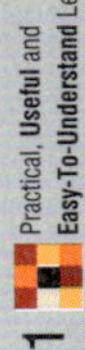

Caminando por la calle, por casualidad vi a mi primer amor.

31.
Capítulo 31

스페인어의 분사구문과 축소사 · 증대사

Caminando por la calle, por casualidad vi a mi primer amor.

길을 걷다가, 우연히 나의 첫사랑을 보았습니다.

스페인어의 현재분사 및 과거분사 형태, 그리고 각 분사를 이용한 진행형 문장과 완료시제 문장, 수동태 문장 등은 제21과와 제23과에서 이미 만나보셨습니다. 이번 시간에는 현재분사와 과거분사를 가지고 구문을 만들어 보겠습니다. 그리고 스페인어의 특징 중 하나인, 어떤 단어에 애정을 담아 정감 있게 부르는 '축소사' 와 강조 또는 역설적 의미로 크게 확대해서 부르는 '증대사' 도 함께 살펴보겠습니다.

RIA COLO

31-1. 스페인 사람 이름 톱 10

우리로 치면 '철수나 영희' 처럼 '국민이름' 들이 있습니다.
스페인 남녀 이름 베스트 **TOP 10** 을 소개합니다.

여자 이름 베스트 :
Carmen, Laura, María, Paula, Cristina, Elena, Alba, Isabel, Ana, Francisca.

남자 이름 베스트 :
David, Sergio, Pablo, Javier, Miguel, Antonio, José, Manuel, Juan, Julio.

31-2. 스페인어의 현재분사구문

제21과에서 설명드린 내용을 다시 한 번 간단하게 정리해 보면, '현재분사' 는 '동시성' 을 표현하며, '규칙과 불규칙' 형태가 있습니다. 그 중 규칙형 만드는 방법은 다음과 같습니다.

1변화동사 **(-ar) > -ando**, 2변화동사 **(-er) > -iendo**, 3변화동사 **(-ir) > -iendo**

이번 시간에 우리가 주목해야 할 것은 현재분사를 이용한 '현재분사구문' 입니다.
현재분사를 문장의 첫머리 놓으면 '시간(때) / 원인 / 조건 / 양보' 를 나타내는 분사구문을 만들 수 있습니다.

❶ 현재분사구문의 형태

현재분사구문은 기본적으로 따로 주문이 존재합니다.
즉, 하나의 문장이 현재분사구문과 주문으로 이루어지는 것이지요.

그리고 이때 주문은 그대로 놔두고, 원래 접속사가 이끌어야 하는 절의 접속사와 주어를 생략한 채 동사만 현재분사 형태로 변화시키면 '현재분사구문' 이 됩니다.
현재분사구문은 완료되지 않았거나 주절과 동시에 이루어지는 사실을 표현하지만, 구체적인 의미는 시간, 원인, 조건, 양보 등이 될 수 있습니다. 정확한 의미는 문맥으로 파악해야 합니다.

(**ser** ~이다, **delgado/-a** 날씬한, **fuerte** 힘센)

Siendo delgado, él es muy fuerte.
분사구문 주문
체구는 말랐지만, 그는 매우 힘이 셉니다.
= Aunque es delgado, él es muy fuerte.

❷ 현재분사구문의 사용법

(**caminar** 걷다, **calle {f}** 거리, **casualidad {f}** 우연, **por casualidad** 우연히, **primero/-a** 첫 번째의, **amor {m}** 사랑, **llover** 비오다, **hija {f}** 딸, **poder** 할 수 있다, **excursión {f}** 소풍, **ir de excursión** 소풍 가다, **universidad {f}** 대학교, **entrar** 들어가다, **posgrado {m}** 대학원, **dinero {m}** 돈, **portarse** 행동하다, **como** ~처럼, **millonario/-a {m/f}** 백만장자)

a) 때 : **cuando** (~할 때)

Caminando por la calle, por casualidad vi a mi primer amor.
길을 걷고 있을 때, 우연히 나의 첫사랑을 보았습니다.
= Cuando caminaba por la calle, por casualidad vi a mi primer amor.

b) 원인 : **porque**, **ya que**, **como** (~ 때문에)

Lloviendo mucho, mi hija no pudo ir de excursión.
비가 너무 많이 왔기 때문에, 나의 딸은 소풍을 갈 수 없었습니다.
= Como llovía mucho, mi hija no pudo ir de excursión.

c) 조건 : **si** (만일 ~라면)

Estudiando mucho en esta universidad, puedes entrar en el posgrado.
이 대학에서 열심히 공부하면, 대학원에 진학할 수 있습니다.
= Si estudias mucho en esta universidad, puedes entrar en el posgrado.

d) 양보 : **aunque** (~일지라도)

No teniendo mucho dinero, ellos se comportan como millonarios.
돈도 많지 않으면서, 그들은 갑부 행세를 합니다.
= Aunque no tienen mucho dinero, ellos se comportan como millonarios.

31-3. 스페인어의 과거분사 구문

과거분사는 기본적으로 '과거성' 을 포함하고 있습니다.
과거분사 역시 '규칙과 불규칙' 형태가 존재하며, 규칙형은 다음과 같이 만듭니다.

1변화동사 **(-ar) > -ado**, 2변화동사 **(-er) > -ido**, 3변화동사 **(-ir) > -ido**

과거분사의 경우 형용사적으로 쓰이기 때문에 항상 명사에 성 · 수 일치시켜야 합니다. 현재분사와 마찬가지로 과거분사 역시 문장의 첫머리에서 분사구문으로 기능할 수 있으며, 문맥에 따라서 '시간(때) / 원인 / 조건 / 양보' 로 해석될 수 있습니다.

❶ 과거분사구문의 형태

현재분사구문과 마찬가지로 주문은 그대로 놔두고, 원래 접속사가 이끌어야 하는 부사절의 접속사와 주어를 생략한 채 동사만 과거분사 형태로 변화시키면 '과거분사구문' 을 완성할 수 있습니다.

과거분사구문은 절의 내용이 이미 완료된 것을 표현합니다.

(**terminar** 끝마치다, **clase {f}** 수업, **alumno/-a** 학생, **salir** 나가다)

Terminada la clase, **los alumnos no salen de la clase.**
분사구문 주문
수업이 끝났음에도 불구하고, 학생들은 나가지 않습니다.

❷ 과거분사구문의 사용법

(**terminar** 끝내다, **conferencia {f}** 회의, **participante {m/f}** 참가자, **salir** 나가다, **comer** 먹다, **agotado/-a** 고갈된, **todo/-a** 모든, **energía {f}** 에너지, **poder** 할 수 있다, **correr** 달리다, **más** 더욱, **vez {f}** 번, **usado/-a** 사용된, **artículo** 물건, **nunca** 결코 ~ 아니다, **reembolsar** 환불하다, **preparar** 준비하다, **corto/-a** 짧은, **tiempo {m}** 시간, **fiesta {f}** 파티, **perfecto/-a** 완벽한)

a) 때 : **cuando** (~할 때)

Terminada la conferencia,
todos los participantes salieron a comer.
회의가 끝나자, 모든 참가자들이 식사를 하러 나갔다.
= Después de haber terminado la conferencia,
todos los participantes salieron a comer.

b) 원인 : **porque**, **ya que**, **como** (~ 때문에)

Agotada toda la energía, ya no puedo correr más.
에너지가 완전히 고갈되었기 때문에, 더 이상 뛸 수가 없다.
= Como fue agotada toda la energía, ya no puedo correr más.

c) 조건 : **si** (만일 ~라면)

Una vez usado, el artículo nunca puede ser reembolsado.
한 번이라도 사용했다면, 본 제품은 환불이 불가합니다.
= Si se había usado una vez, el artículo nunca puede ser reembolsado.

d) 양보 : **aunque** (~일지라도)

Preparada en un corto tiempo, la fiesta fue perfecta.
짧은 시간 동안 준비했을지라도, 파티는 완벽했다.
= Aunque se había preparado en un corto tiempo, la fiesta fue perfecta.

31-4. 스페인어의 축소사와 증대사

스페인어에는 '축소사', '증대사' 라는 재미있는 표현이 있습니다.
알아두면 그야말로 훨씬 더 '현지인스러워지는' 효과 좋은 표현들, 지금 소개합니다.

❶ 축소사

'축소사' 는 어휘에 '축소어미' 를 붙여서 '대상에 대한 애정을 담는 표현' 입니다.
축소어미로는 **-ito/-ita, -cito/-cita, -illo/-illa** (남성/여성)이 있습니다.

chico ➔ **chiquito** (소년)
momento ➔ **momentito** (순간)
Juan ➔ **Juanito** (후안)
perro ➔ **perrito** (개)

señora ➔ **señorita** (부인 ➔ 아가씨)
mamá ➔ **mamita** (엄마)
Ana ➔ **Anita** (아나)
gata ➔ **gatita** (고양이)

joven ➔ **jovencito** (젊은이)

Carmen ➔ **Carmencita** (까르멘)

paso ➔ **pasillo** (통행)

pájaro ➔ **pajarillo** (새)

(**abrir** 열다, **ventana {f}** 창문, **esperar** 기다리다, **pajarillo {m}** 새 (**pájaro**의 축소형), **azul** 파란, **momentito {m}** 순간 (**momento**의 축소형))

Abro la ventana y espero a ese pajarillo azul.
나는 창문을 열고 그 파랑새를 기다립니다.

¡Un momentito, por favor!
잠깐만요!

❷ 증대사

'증대사' 는 어휘 고유의 의미를 증대시켜 대상의 의미를 강조하거나, 혹은 역설적으로 대상에 대한 경멸을 담아낼 수 있는 표현입니다. 증대사 어미로는 **-ón/-ona** 가 있습니다.

hombre ➔ **hombrón** (남자)
casa ➔ **casona** (집)
silla ➔ **sillón** (의자)
mujer ➔ **mujerona** (여자)
chaqueta ➔ **chaquetón** (재킷)
chuleta ➔ **chuletón** (갈비)

soltero ➔ **solterón** (독신남 ➔ 노총각)
soltera ➔ **solterona** (독신녀 ➔ 노처녀)

charla ➔ **charlatán** (잡담 ➔ 수다쟁이/사기꾼) (예외 형태)

(**habitación {f}** 방, **mesa {f}** 책상, **sillón {m}** 의자, **cómodo/-a** 편안한, **charlatán {m/f}** 수다쟁이, **así que** 따라서, **nunca** 결코 아니다, **decir** 말하다 (**diga** 는 2인칭단수 부정명령형), **secreto {m}** 비밀)

En su habitación hay una mesa y un sillón muy cómodo.
그의 방에는 탁자와 정말 편안한 큰 의자가 하나 있습니다.

Esa chica es una charlatana. Así que nunca le diga un secreto.
걔는 수다쟁이야. 그러니까 절대로 비밀을 말하면 안 돼.

Capítulo 31+ Multi Plus

여러분의 스페인어가 든든해지는 코너, 멀티플러스!
연습문제와 함께 복습과 표현력 강화를 해결하세요!

1. 다음과 같은 의미의 문장을 고르세요.

Aunque es delgado, él es muy fuerte.

❶ Sido delgado, él es muy fuerte.
❷ Siendo delgado, él es muy fuerte.
❸ Al ser delgado, él es muy fuerte.
❹ Ser delgado, él es muy fuerte.

2. 다음과 같은 의미의 문장을 고르세요.

No teniendo mucho dinero, ellos se comportan como millonarios.

❶ Cuando no tienen mucho dinero, ellos se comportan como millonarios.
❷ Sino tienen mucho dinero, ellos se comportan como millonarios.
❸ Aunque no tienen mucho dinero, ellos se comportan como millonarios.
❹ Ya que no tienen mucho dinero, ellos se comportan como millonarios.

3. 다음의 해석이 맞는 것을 고르세요.

Preparada en un corto tiempo, la fiesta fue perfecta.

❶ 짧은 시간 동안 준비했음에도 불구하고, 파티는 완벽했다.
❷ 짧은 시간 동안 준비한다면, 파티는 완벽할 것이다.
❸ 짧은 시간 동안 준비했더니, 파티는 완벽했다.
❹ 짧은 시간 동안 준비했음에도 불구하고, 파티는 완벽할 것이다.

4. 다음에 올바른 표현을 고르세요.

한 번이라도 사용했다면, 본 제품은 환불이 불가합니다.
Una vez (__________), el artículo nunca puede ser reembolsado.

❶ usada **❷ usar** **❸ usado** **❹ usando**

5. 어휘와 축소사의 연결이 잘못된 것을 고르세요.

❶ mamá → mamita
❷ joven → jovencito
❸ paso → pasillo
❹ silla → sillón

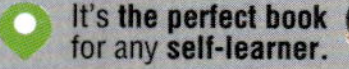

6. 다음에 적당한 표현을 고르세요.

(Jugar :__________) en la calle sin abrigo, mi hijo pescó un resfriado.
외투도 안 입고 길에서 놀다가 내 아들이 감기에 걸렸다.

❶ Es jugado ❷ Jugando ❸ Está jugando ❹ Juega

7. 다음에 적당한 표현을 고르세요.

(Pasear :__________) por el parque miro el cielo claro de otoño.
공원을 산책하다가 청명한 가을 하늘을 올려다 본다.

❶ Peseo ❷ Paseando ❸ He pasado ❹ Paseado

8. 다음에 적당한 표현을 고르세요.

Una vez (visitar :__________) nunca van a olvidar este lugar tan hermoso.
일단 한 번 방문하고 나면 모두들 너무도 아름다운 이곳을 잊지 않게 될 것이다.

❶ visitado ❷ visitando ❸ visito ❹ visitó

9. 다음에 적당한 표현을 고르세요.

(Terminar :__________) todo el trabajo, Cenicienta se preparó para ir a la fiesta.
모든 준비를 끝냈기 때문에 신데렐라는 파티에 갈 준비를 했다.

❶ Terminando ❷ Ha terminado ❸ Terminado ❹ Terminar

10. 다음 중 **momento** 의 축소형을 고르세요.

❶ momenito ❷ momencito ❸ momencillo ❹ momentito

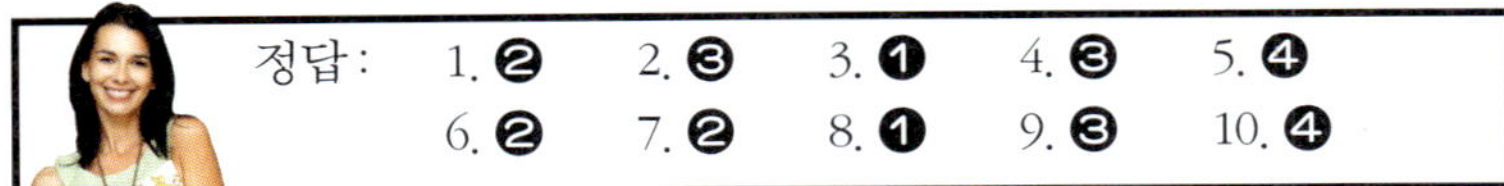

정답: 1. ❷ 2. ❸ 3. ❶ 4. ❸ 5. ❹
6. ❷ 7. ❷ 8. ❶ 9. ❸ 10. ❹

32.
Capítulo 32

스페인어의 시제 (미래와 미래완료)

Tú lo harás para mí.

넌 날 위해 그 일을 할 거야.

Tú lo harás para mí.

앞에서 **'ir a** 동사원형' (~할 것이다) 미래를 표현했었습니다.
이번 시간에는 본격적으로 '미래시제' (단순미래와 미래완료)에 대해 살펴보겠습니다.
여러분의 스페인어가 미래를 만나는 시간입니다.

 32-1. 스페인 무적함대!

'무적함대' (**La armada invencible**)라 부르는 스페인 축구!
마침내 **UEFA EURO 2008** 우승을 기점으로 '무관의 제왕' 딱지를 떼어버립니다. 이후 스페인 축구의 무적행진은 더 높은 목표를 설정하고, 과녁을 정조준하며, 순항 중입니다. 스페인 축구가 지금의 막강화력을 복원하게 된 원인은 지역감정의 극복과 감독의 융합능력, 선수 간의 친화력이 주효했습니다. 자로 잰 쇼트 패스와 젊은 피의 기동력을 현대축구의 최상급 전술로 만든 것이 바로 스페인입니다.

 32-2. 스페인어의 단순미래

스페인어의 미래는 바라보는 시점에 따라 2가지로 나눌 수 있습니다.
하나는 현재 시점에서 바라보는 미래를 표현하는 '단순미래' 이고, 다른 하나는 과거 시점에서 바라보는 미래인 '가정미래' 입니다. 이번 과에서는 순수한 미래 시제인 '단순미래' 에 그 초점을 맞춰보겠습니다. '단순미래' 를 만들려면 역시 동사변형이 필요한데요, '규칙형과 불규칙형' 이 있습니다.

❶ 단순미래 규칙형 : 어미변화 규칙은 **-é / -ás / -á / -emos / -éis / -án** 입니다.

hablar : hablaré hablarás hablará hablaremos hablaréis hablarán
comer : comeré comerás comerá comeremos comeréis comerán
vivir : viviré vivirás vivirá viviremos viviréis vivirán

❷ 단순미래 불규칙형 : 3가지 유형으로 나뉩니다.

a) 어미에 **d** 를 첨가하는 형태

poner : pondré pondrás pondrá pondremos pondréis pondrán
salir : saldré saldrás saldrá saldremos saldréis saldrán
tener : tendré tendrás tendrá tendremos tendréis tendrán
venir : vendré vendrás vendrá vendremos vendréis vendrán

b) 어미의 모음 **e** 가 탈락하는 형태

haber : habré habrás habrá habremos habréis habrán

poder : podré podrás podrá podremos podréis podrán
querer : querré querrás querrá querremos querréis querrán
saber : sabré sabrás sabrá sabremos sabréis sabrán

c) 원형의 어근이 변화하는 형태

decir : diré dirás dirá diremos diréis dirán
hacer : haré harás hará haremos haréis harán

32-3. 단순미래의 활용

❶ 미래의 행위나 상태를 표현한다!

(**nunca** 결코 ~아니다, **más** 더 많이, **contigo** 너와 함께, **llegar** 도착하다, **mañana por la mañana** 내일 아침, **salir** 나가다, **temprano** 일찍, **a tiempo** 정시에, **reunión {f}** 회의, **negociante {m/f}** 상인/딜러, **poder** 할 수 있다, **mostrar** 보여주다, **segundo/-a** 두 번째의, **mano {f}** 손, **de segunda mano** 중고의, **cansado** 고단한, **por eso** 그래서, **dormir** 자다, **profundamente** 깊게)

Nunca hablaré más contigo.
더 이상은 너랑 말하지 않을 거야.

Mañana comeremos en este restaurante italiano.
내일 우리는 이 이탈리안 식당에서 식사할 것입니다.

Mis hijos llegarán mañana por la mañana.
나의 자녀들은 내일 아침에 도착할 것입니다.

Ellas saldrán muy temprano para llegar a tiempo a la reunión.
그 여자들은 제시간에 회의에 도착하기 위해 아주 일찍 나갈 것입니다.

Ese negociante le podrá mostrar un buen coche de segunda mano.
그 딜러가 좋은 중고차를 보여드릴 수 있을 것입니다.

Mi papá está muy cansado, por eso dormirá profundamente.
나의 아빠는 많이 고단하셔서, 깊이 주무실 것입니다.

❷ 실현가능성이 높은 추측을 표현한다!

(**jugador {m}** 선수, **ganar** 이기다, **partido {m}** 경기, **ya que** ~때문에, **equipo {m}** 팀, **enemigo/-a** 적의, **débil** 약한, **temporada {f}** 시즌/계절, **tan** 이렇게, **cálido/-a** 더운, **haber** 있다, **nadie** 아무도, **parque {m}** 공원, **echar** 부어넣다, **sermón {m}** 설교, **aunque** ~일지라도, **biblioteca {f}** 도서관, **leer** 읽다, **ser** ~이다, **señorita {f}** 숙녀/아가씨, **tener** 가지다, **unos** 대략, **año {m}** 년/세)

Los jugadores coreanos ganarán el partido ya que el equipo enemigo es muy débil.
한국 선수들은 상대팀이 매우 약하기 때문에 경기에 이길 것입니다.

En esta temporada tan cálida, no habrá nadie en el parque.
이렇게 무더운 계절에는 공원에 아무도 없을 것입니다.

Mi mamá me echará un sermón.
나의 엄마는 나에게 설교를(=잔소리를) 하실 것입니다.

Aunque ese chico está en la biblioteca, no leerá el libro.
걔는 몸은 도서관에 있지만 책은 안 볼 거야.

Serán las diez de la noche.
밤 10시일 것입니다.

Esa señorita tendrá unos veinticinco años.
그 아가씨는 대략 25세쯤 되었을 것입니다.

❸ 완곡한 명령을 표현한다!

(**lo** 그것을, **hacer** 하다, **la próxima semana** 다음 주, **tarde** 늦게, **clase {f}** 수업, **dejar** 그만두다, **fumar** 담배 피우다, **salud {f}** 건강, **durante** ~동안에, **vacaciones {f/pl}** 방학/휴가, **abuela {f}** 할머니, **enfermo/-a** 아픈, **bueno** 좋은, **decir** 말하다, **verdad {f}** 진실, **callar** 조용히 하다, **estudiar** 공부하다, **gramática {f}** 문법)

Tú lo harás para mí.
넌 날 위해 그 일을 할 거다. ➔ 해라!

En la próxima semana, no llegarás tarde a la clase.
다음 주에 너는 수업에 늦지 않을 거다. ➔ 늦지 마라!

Dejará de fumar por la salud.
(당신은) 건강 때문에 담배를 끊을 겁니다. ➔ 끊으세요!

Durante las vacaciones estarás con tu abuela enferma.
방학 동안에 너는 편찮으신 할머니와 함께 있을 거다. ➔ 함께 있어라!

Bueno. Ahora me dirás la verdad.
좋아. 이제 너는 나에게 진실을 말할 거다. ➔ 말해라!

Te callarás y estudiarás la gramática de español.
너는 입을 다물고 스페인어 문법을 공부할 거다. ➔ 공부해라!

32-4. 스페인어의 미래완료

스페인어의 '미래완료' 시제는 미래의 어느 시점을 기준으로 하여 동작 또는 상태가 이미 완료되었음을 표현합니다. 아울러 현재 어떤 동작 또는 상태가 완료되었을 것으로 추측할 때도 사용합니다. '미래완료를 만드는 방법' 은 '**haber** 의 미래형 + 과거분사' 이며, 이때 '과거분사' 는 형용사적으로 사용된 게 아니라 단순히 시제를 나타내는 기능만 담당하고 있으므로 성수 변화를 하지 않습니다.

(**haber** 의 미래형 : **habré / habrás / habrá / habremos / habréis / habrán**)
(**hora {f}** 시간/시각, **avión {m}** 비행기, **partir** 출발하다, **próximo** 다음, **alumno/-a {m/f}** 학생, **leer** 읽다, **listo/-a** 똑똑한, **tarea {f}** 과제)

A esa hora, el avión ya habrá partido para Madrid.
그 시각에 마드리드 행 비행기는 이미 출발했을 것입니다. (미래완료)

El avión partirá para Madrid.
마드리드 행 비행기가 출발할 것입니다. (단순미래)

El próximo mes mis alumnos habrán leído Don Quijote de La Mancha.
다음 달이면 나의 학생들은 '돈키호테' 를 다 읽었을 것입니다. (미래완료)

Mis alumnos leerán Don Quijote de La Mancha.
나의 학생들은 '돈키호테' 를 읽을 것입니다. (단순미래)

Ese chico muy listo habrá terminado la tarea antes de las dos.
매우 영특한 그 아이는 2시가 되기 전에 이미 과제를 끝마쳤을 것입니다. (미래완료)

Ese chico muy listo terminará la tarea.
매우 영특한 그 아이는 과제를 끝마칠 것입니다. (단순미래)

Capítulo 32+ Multi Plus

여러분의 스페인어가 든든해지는 코너, 멀티플러스!
연습문제와 함께 복습과 표현력 강화를 해결하세요!

1. 다음 중 동사의 원형과 미래형 3인칭 복수형이 잘못 짝지어 진 것을 고르세요.

❶ poner - ponerán ❷ querer - querrán ❸ vivir - vivirán ❹ hacer - harán

2. 다음 중 동사의 미래형이 갖는 기능이 아닌 것을 고르세요.

❶ 미래의 행위나 상태를 표현한다!
❷ 실현가능성이 높은 추측을 표현한다!
❸ 이루어질 수 없는 희망을 표현한다!
❹ 완곡한 명령을 표현한다!

3. 다음을 스페인어로 옮긴 것 중 의미가 다른 문장을 고르세요.

더 이상은 너랑 말하지 않을 거야.

❶ No voy a hablar más contigo.
❷ Nunca hablaré más contigo.
❸ Nunca hablé más contigo.
❹ Nunca voy a hablar más contigo.

4. 다음 문장을 스페인어로 적절하게 옮긴 것을 고르세요.

그 시각에 마드리드 행 비행기는 이미 출발했을 겁니다.

❶ A esa hora, el avión ya hará partido para Madrid.
❷ A esa hora, el avión ya ha partido para Madrid.
❸ A esa hora, el avión ya hay partido para Madrid.
❹ A esa hora, el avión ya habrá partido para Madrid.

5. 다음에 어휘를 올바르게 짝지은 것을 고르세요.

El próximo mes mis alumnos(   ) leído Don Quijote de La Mancha.
Ese chico muy listo (   ) terminado la tarea antes de las dos.

❶ habrá - habrá
❷ habrán - habrá
❸ habrá - habrán
❹ habrán - habrán

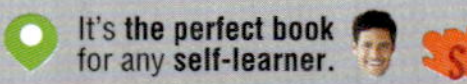

6. 다음에 적당한 표현을 고르세요.

(__________) el coche viejo por uno nuevo el próximo año.
나는 내년에 차를 새로 바꿀 것이다.

❶ He cambiado **❷ Estoy cambiando** **❸ Cambiar** **❹ Cambiaré**

7. 다음에 적당한 표현을 고르세요.

Mi hermano menor (__________) muy temprano mañana por la mañana.
내 동생은 내일 아침에 아주 일찍 일어날 것이다.

❶ se levantará **❷ levantando** **❸ se levanta** **❹ se está levantado**

8. 다음에 적당한 표현을 고르세요.

(__________) de la universidad en ferero del año que viene.
우리는 내년 2월에 대학을 졸업할 것이다.

❶ Nos hemos graduado **❷ Nosotros graduamos**
❸ Nos habremos graduados **❹ Nos graduaremos**

9. 다음에 적당한 표현을 고르세요.

Los alumnos (__________) este libro en 3 semanas.
학생들은 3주면 이 책을 다 읽었을 것이다.

❶ leerán **❷ están leyendo** **❸ están leídos** **❹ habrán leído**

10. 다음에 적당한 표현을 고르세요.

Este fin de semana mi hijo menor (__________) dieciocho años.
이번 주말이면 작은 애가 열여덟 살이 되어 있을 것이다.

❶ ha cumplido **❷ habrá cumplido** **❸ está cumpliendo** **❹ está cumplido**

정답 : 1. ❶ 2. ❸ 3. ❸ 4. ❹ 5. ❷
6. ❹ 7. ❶ 8. ❹ 9. ❹ 10. ❷

33.
Capítulo 33
스페인어의 관계사 (2)
Tengo algo que hacer.
(나는) 뭔가 할 일이 있습니다.

제18과에 이어서 관계사 두 번째 시간입니다.
두 문장을 이어주는 연결 도우미 '관계사' 중
관계대명사 **que** 와 **quien**, **cual**,
관계부사인 **cuando** 와 **donde** 등에 이어
이번 과에서는 좀 더 다채로운 방법으로
두 문장을 결속해보겠습니다.
바로 '관계대명사' **lo que** 와
'관계형용사' **cuyo** / **cuya** 를 통해서입니다.
아울러 '부정사 관계구문' **que** + 동사원형의
사용법도 살펴보겠습니다.

Tengo algo que hacer.

 33-1. 스페인 축구와 태양계!

스페인 축구는 '모래알을 빚어 만든 다이아몬드의 전설' 입니다! 스타플레이어에 의존하는 방식이 아니라 포지션 별 최고 기량의 플레이어의 총합관계, 이것이 바로 스페인 팀입니다. 그런데 그 수준과 자원이 웬만한 국가대표 팀 서넛은 너끈히 만들 수 있을 정도라는 것이죠. 그러다 보니 스쿼드 전체의 화력이 태양계를 넘어설 수준에 이릅니다. 스페인 축구가 지구수비대일 수밖에 없는 이유이지요.

 33-2. 스페인어의 관계대명사 복습

복습 삼아서 제18과에서 다뤘던 관계대명사(1)을 간략하게 정리하고 시작하겠습니다.

(**universidad {f}** 대학교, **aprender** 배우다, **visitar** 방문하다, **simpático/-a** 호감이 가는, **saber** 알다, **venir** 오다, **salir** 떠나다, **pronto** 곧)

❶ 관계대명사 **que** : 선행사 사람/사물 모두에 사용, 성수변화 X
관계대명사 **que** 는 보편적으로 가장 많이 사용하는데요, 선행사가 사람이거나 사물일 때 모두에 사용하는 전천후 멀티 플레이어입니다. 성수에 따른 변화도 없습니다.

El profesor que me da este libro es mexicano.
내게 이 책을 준 교수는 멕시코 사람입니다.

La universidad en la que aprendo español está en Seúl.
(내가) 스페인어를 배우는 대학은 서울에 있습니다.

❷ 관계대명사 **quien** : 선행사 사람에만 사용, 수변화 O
관계대명사 **quien** 은 오로지 '인간' 만 상대합니다!
선행사에 따라 수변화를 하기 때문에 단수형은 **quien**, 복수형은 **quienes** 입니다.

Visito a mi amiga, quien es muy simpática.
(나는) 친구를 방문하는데, 그 친구는 매우 호감이 갑니다.

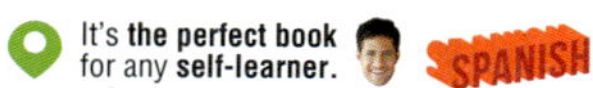

Quien habla mucho sabe poco.
말이 많은 사람은 아는 게 적다. (=빈 수레가 요란하다.)

❸ 관계대명사 **el cual / la cual / los cuales / las cuales** : 선행사가 둘 이상일 경우, 성수변화 O
선행사가 여럿일 경우에, 선택적으로 사용할 수 있습니다. 성과 수에 따라서 4가지로 나뉩니다. 골라! 골라! 쓰셔요~! ·0·

Vienen Juan y Rosa, la cual va a salir pronto.
로사와 후안이 오는데, 그들 중 로사는 곧 갈 것입니다.

33-3. 스페인어의 관계대명사 **lo que**

'관계대명사 **lo que**' 는 앞의 문장 전체 혹은 문장의 일부를 선행문으로 받을 때 사용합니다.
이때 선행문 부분이 전치사를 동반하고 있다면 '전치사 + **lo que**' 의 형태가 되고, 때때로 **lo cual** 의 형태로 사용하기도 합니다. 우리말로 해석하면, 앞의 문장 전체의 내용을 '~하는 것' 이 되지요.

(**abuela {f}** 할머니, **enfermo/-a** 아픈, **pena** 고통, **al fin** 마침내, **conseguir** 얻다, **trabajo {m}** 직장, **hacer** 만들다, **feliz** 행복한, **padres {pl}** 부모, **cumplir** 실천하다, **parque {m}** 공원, **atracción {f}** 유인, **parque de atracciones {m}** 놀이공원, **esposa {f}** 부인, **elogiar** 칭찬하다, **todavía** 아직, **montar** 타다, **bicicleta {f}** 자전거, **poder** 할 수 있다, **salir** 떠나다, **viaje {m}** 여행)

Mi abuela está muy enferma, lo que me da pena.
나의 할머니가 많이 편찮으신데, 그 사실이 나를 가슴 아프게 만듭니다.

Al fin he conseguido el trabajo en Samsung, lo que hace feliz a mis padres.
마침내 (나는) 삼성에 취직했고, 그 사실이 내 부모님을 행복하게 만듭니다.

Cumplí la promesa con mi hijo de ir al parque de atracciones, de lo que mi esposa me elogió mucho.
(나는) 나의 아들과 놀이공원에 가겠다던 약속을 지켰고,
그 일에 대해 내 아내가 나를 많이 칭찬했습니다.

Todavía no sé montar en bicicleta, por lo cual no puedo salir de viaje en bicicleta con mis amigos.
아직 나는 자전거를 탈 줄 모르는데, 그 때문에 내 친구들과 자전거여행을 갈 수 없습니다.

33-4. 스페인어의 관계형용사!

'관계형용사' 란 '관계사 기능을 가진 형용사' 로 소유의 의미를 가지고 있습니다.
관계형용사는 뒤에 따라오는 수식할 명사에 성 · 수를 일치시켜야 합니다. 소유형용사도 명사 앞에 위치했던 것과 마찬가지로 관계형용사도 자신이 수식해야 할 명사 앞에 위치합니다. 형용사이다 보니 수식하는 명사의 성수에 따라 각각 **cuyo**, **cuya**, **cuyos**, **cuyas** 의 4가지로 변합니다. 아울러 전치사를 동반하여 함께 사용할 수도 있습니다.

명사 + **cuyo** / **cuya** + 명사
명사 + 전치사 + **cuyo** / **cuya** + 명사

(**historia {f}** 역사, **más** 이상, **nacionalidad {f}** 국적, **imaginar** 상상하다, **primo {m}** 사촌, **teatro {m}** 극장, **dueño {m}** 소유자, **vecino {m}** 이웃, **fama {f}** 명성, **nivel {m}** 수준, **mundial** 세계적인, **salón {m}** 거실, **entrada {f}** 입구, **salón de entrada** 로비, **estatua {f}** 동상, **pueblo {m}** 마을, **natal** 출생지의, **pueblo natal {m}** 고향, **también** 역시, **nacer** 태어나다, **primer - primero** 가 남성단수명사 앞에서 어미 **o** 가 탈락한 형태, **amor {m}** 사랑, **primer amor {m}** 첫사랑)

Soy de Corea, cuya historia es de más de 5,000 años.
나는 한국인이며, 한국의 역사는 반만 년 이상입니다.

Aquel profesor enseña el español, cuya nacionalidad no puedo imaginar.
저 교수는 스페인어를 가르치며, 그의 국적을 나는 짐작할 수가 없습니다.

Mis primos están en el teatro cuyo dueño es mi vecino.
내 사촌들은 극장에 있고, 그곳의 소유자는 나의 이웃입니다.

Él es un autor cuya fama es de nivel mundial.
그는 작가이며, 그의 명성은 세계적인 수준입니다.

El hotel en cuyo salón de entrada hay una estatua de Don Quijote es el Hotel Hilton.
로비에 돈키호테 동상이 서 있는 호텔은 힐튼 호텔입니다.

Aquella chica en cuyo pueblo natal yo también nací es mi primer amor.
저 소녀의 고향에서 나 역시 태어났으며, 그 소녀가 나의 첫사랑입니다.

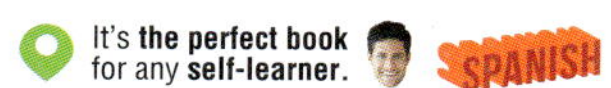

33-5. 스페인어의 부정사 관계구문

'관계대명사' 는 '선행사 + **que hago** ~' 와 같이 동사가 인칭변화를 합니다.
'관계부사' 역시 '선행사 + **en donde hago** ~' 처럼 동사변화를 동반하죠. 그런데 '부정사(동사원형) 관계구문' 은 말 그대로 '선행사 + **que** + 부정사(**inf.**)' 가 옵니다. 동사변화가 필요없는 표현이죠.
'부정사 관계구문' 은 '비특정적 선행사' 일 때만 사용할 수 있습니다.
비특정적 선행사란 영어의 **something**, **anything**, **much**, **little** ... 과 같은 것들입니다.
비특정적 선행사가 등장해서 부정사의 목적어 노릇을 하면 '부정사 관계구문' 을 사용하시면 됩니다.

비특정적 선행사 : **algo**, **nada**, **mucho**, **poco**, **un**, **unos**, **dos** ...
선행사 = 부정사의 목적어 역할을 함 (**inf.**할 ~)
algo que inf. (**inf.**할 무엇)
unos ~ que inf. (**inf.**할 몇 가지 ~)

(**algo** 어떤 것, **nada** 아무것도 아닌 것, **mucho** 많은, **poco** 적은, **confesar** 고백하다, **nevera {f}** 냉장고, **tener** 가지고 있다, **comer** 먹다, **hoy** 오늘, **hacer** 하다, **dinero {m}** 돈, **gastar** 지불하다, **pantalón {m}** 바지, **planchar** 다림질하다, **quedar** 남아있다, **problema {m}** 문제, **resolver** 해결하다)

Tengo algo que hacer.
(나는) 뭔가 할 일이 있습니다.

En la nevera no tenemos nada que comer.
(우리는) 냉장고에 먹을 것이 아무것도 없습니다.

No puedo ir al cine porque hoy tengo mucho que hacer.
(나는) 오늘 해야 할 일이 많아서 극장에 갈 수 없습니다.

Tengo poco dinero que gastar.
(나는) 쓸 돈이 거의 없습니다.

Tengo cuatro pantalones que planchar.
(나는) 다림질할 바지가 4벌 있습니다.

Nos quedan unos problemas que resolver.
우리에게는 풀어야 할 몇 가지 문제가 있습니다.

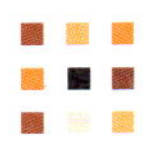

Capítulo 33+ Multi Plus

여러분의 스페인어가 든든해지는 코너, 멀티플러스!
연습문제와 함께 복습과 표현력 강화를 해결하세요!

1. 다음 문장의 관계대명사가 적절치 않은 문장을 고르세요.

❶ Visito a mi amiga, quien es muy simpático.
❷ Quien habla mucho sabe poco.
❸ Vienen Juan y Rosa, que va a salir pronto.
❹ La universidad en la que aprendo español está en Seúl.

2. 다음에 공통적으로 들어갈 표현을 고르세요.

Tengo algo (__________) hacer.
Tengo cuatro pantalones (__________) planchar.

❶ quien ❷ como ❸ cuyo ❹ que

3. 다음에 적당한 관계사를 고르세요.

Mi abuela está muy enferma, (__________) me da pena.

❶ cuya ❷ quien ❸ la cual ❹ lo que

4. 다음 중 관계형용사의 사용이 올바른 것을 고르세요.

❶ Soy de Corea, cuya historia es de más de 5,000 años.
❷ Él es autor cuyo fama es de nivel mundial.
❸ Aquella chica de cuya pueblo natal yo también nací es mi primer amor.
❹ Aquel profesor es de español, cuyo nacionalidad no puedo imaginar.

5. '(우리는) 냉장고에 먹을 것이 아무것도 없습니다.' 에 대한 올바른 표현을 고르세요.

En la nevera no tenemos (____________________) comer.

❶ nada que ❷ algo que ❸ nada para ❹ unos para

6. 다음에 적당한 표현을 고르세요.

Los alumnos (__________) estudiaron mucho recibieron buenas notas en este examen.
공부를 열심히 한 학생들이 이번 시험에서 좋은 성적을 거두었다.

❶ que **❷ quien** **❸ los cuales** **❹ con que**

7. 다음에 적당한 표현을 고르세요.

(__________) necesitan urgentemente son medicinas y agua potable.
시급하게 필요한 것은 의약품과 식수이다.

❶ Que **❷ Lo que** **❸ Quien** **❹ Los que**

8. 다음에 적당한 표현을 고르세요.

Ese hombre, (__________) hijos son diablos, es vecino nuestro.
아이들이 장난꾸러기인 그 남자는 우리 이웃이다.

❶ cuyo **❷ cuya** **❸ cuyos** **❹ cuyas**

9. 다음에 적당한 표현을 고르세요.

Tengo poco dinero (__________) gastar.
나는 쓸 돈이 거의 없습니다.

❶ que **❷ cuya** **❸ lo que** **❹ quien**

10. 다음에 적당한 표현을 고르세요.

Mis alumnos saben entender este texto escrito en español.
Pero todavía tienen mucho (__________).
우리 학생들은 스페인어로 된 이 글을 이해할 수 있다. 그러나 여전히 배울 게 많다.

❶ aprender **❷ que aprender** **❸ que aprenden** **❹ aprenden**

정답 : 1. ❸ 2. ❹ 3. ❹ 4. ❶ 5. ❶
6. ❶ 7. ❷ 8. ❸ 9. ❶ 10. ❷

Te voy a amar para siempre.

34.

Capítulo 34

스페인어의 전치사와 전치사구

Te voy a amar para siempre.

난 널 영원히 사랑할 거야.

'전치사' 는 명사(대명사) 앞에 위치하면서 의미 정보를 만들어 내는 중요한 품사입니다.
스페인어의 다양한 전치사를 만나보도록 하겠습니다.

 34-1. 스페인 국가대표 축구선수!

그냥 그 이름을 읽는 것만으로도 가슴이 터질듯 뿌듯해지는 지구 최강 스쿼드!
Selección de fútbol de España
Iker Casillas, Xavi Hernández, Xabi Alonso, Sergio Ramos, Fernando Torres, Carles Puyol, David Villa, Andrés Iniesta, Cesc Fabregas, David Silva, Carlos Marchena, Joan Capdevila, Sergio Busquets, Santi Cazorla, Gerard Piqué ...
Real Federación Española de Fútbol (RFEF)

 34-2. 스페인어의 전치사!

'전치사 + 명사' 형태의 '전치사구'는 쓰임새가 높습니다.
세트로 기억해두면 활용하기에 좋죠. 비록 전치사구가 문장에서 핵심 정보는 아니지만 추가적인 정보원으로서의 기능을 제대로 담당하고 있습니다. 익히 알고 있는 **a** 와 **con** 은 제외하고, 그밖의 대표적인 스페인어 전치사들을 모아 정리했습니다.

(**luchar** 싸우다, **cáncer {m}** 암, **estómago {m}** 위, **máquina {f}** 기계, **escribir** 쓰다, **fue - ser** 동사의 과거 3인칭단수, **producido/-a producir** 의 과거분사, **contar** 세다, **tres** 숫자 3, **imagen {f}** 영상, **pantalla {f}** 화면/모니터, **fallar** 실패하다, **vario/-a** 각양각색의, **vez {f}** 회/번, **presentación {f}** 전시/상영, **barco {m}** 배, **recreo {m}** 기분전환, **barco de recreo {m}** 유람선, **marido {m}** 남편, **dinero {m}** 돈, **emergencia {f}** 비상사태, **página {f}** 페이지/쪽, **votar** 투표하다, **mismo** 같은, **candidato {m}** 입후보자, **hijo/-a {m/f}** 아들/딸, **hacer** 하다, **tiempo {m}** 시간, **paseo {m}** 산책, **dar un paseo** 산책하다, **parque{m}** 공원, **ley {f}** 법, **violar** 위반하다, **regla {f}** 규칙, **circulación {f}** 교통, **deber** 해야하다, **pagar** 지불하다, **multa {f}** 벌금)

❶ **contra** (~에 반하여)

Mi amiga está luchando contra el cáncer de estómago.
내 친구는 위암으로 투병하고 있습니다.

❷ **de** (~로부터 : 명사와 명사 연결)

Esta máquina de escribir fue producida en China.
이 타자기는 중국에서 만들어졌습니다.

❸ **desde ~ hasta ~** (~로부터 ~까지)

Voy a contar desde uno hasta tres.
하나부터 셋까지 셀게.

❹ **durante** (~ 동안)

La imagen de la pantalla falló varias veces durante la presentación.
상영되는 동안 화면의 영상이 여러 차례 나갔습니다.

❺ **en** (~장소에 / ~을 타고)

Ellos vinieron a Corea en barco de recreo.
그들은 유람선을 타고 한국에 왔습니다.

❻ **entre** (~ 사이에)

Mi marido pone su dinero de emergencia entre las páginas de un libro.
남편은 비상금을 책 속에 끼워 놓습니다.

❼ **excepto / salvo** (~을 제외하고)

Todos votaron al mismo candidato excepto tú.
너 빼고 모두 같은 후보에 투표했어.

❽ **para** (~을 향해 / ~를 위해)

¡Hijo mío! ¿Para qué lo has hecho?
얘야! 도대체 무엇을 위해 그런 일을 한 거니?

❾ **por** (~를 통하여 / ~ 이유로)

Cuando tengo un poco de tiempo, doy un paseo por el parque.
시간이 좀 있으면 공원을 산책합니다.

⑩ **según** (~을 따라서)

Según la ley, cuando violamos las reglas de circulación debemos pagar una multa.
법에 따라, 교통법규를 위반하면 벌금을 내야합니다.

34-3. 스페인어의 전치사 숙어!

전치사와 함께 두세 단어로 이루어진 전치사 숙어를 소개합니다. 활용도 높은 표현들입니다.

(**tío {m}** 삼촌, **morir** 죽다, **causa {f}** 이유, **ataque {m}** 발작, **cardiaco/-a** 심장의, **pesar {m}** 고통, **tormenta {f}** 폭풍우, **dejar** 그만두다, **rescatar** 구조하다, **sobreviviente {m/f}** 생존자, **levantarse** 일어나다, **salir** 나오다, **sol {m}** 태양, **cenar** 저녁식사하다, **padres {pl}** 부모님, **caminar** 걷다, **salud {f}** 건강, **motivo {m}** 이유, **desaprobación {f}** 반대, **despedirse** 헤어지다, **modo {m}** 방식, **partir** 출발하다, **ahora** 지금, **mismo** 당장, **general** 일반적인, **mujer {f}** 여성, **coreano/-a** 한국의, **fino/-a** 세련된, **elegante** 우아한, **gracia {f}** 은혜, **sacrificio {m}** 희생, **graduarse** 졸업하다, **universidad {f}** 대학교, **siempre** 항상, **amar** 사랑하다, **estudiante {m/f}** 학생, **excelente** 빼어난, **conversación {f}** 회화)

❶ **a causa de** (~ 때문에)

Mi tío ha muerto a causa de un ataque cardiaco.
나의 삼촌은 심장마비 때문에 돌아가셨습니다.

❷ **a pesar de** (~에도 불구하고)

A pesar de la tormenta, no dejaron de rescatar a los sobrevivientes.
폭풍우에도 불구하고, (사람들은) 생존자 구출을 멈추지 않았습니다.

❸ **antes de** (시간상 : ~의 앞에)

Mi mamá se levanta antes de salir el sol.
나의 엄마는 해가 뜨기도 전에 일어나신다.

❹ **después de** (시간상 : ~의 뒤에)

Después de cenar, mis padres caminan un poco para la salud.
저녁식사 후에 부모님은 건강을 위해 좀 걸으십니다.

❺ **con motivo de** (~를 계기로/~ 때문에)

Con motivo de la desaprobación de los padres, los dos se despidieron.
부모님들의 반대로 두 사람은 헤어졌습니다.

❻ **de todos modos** (하여튼/아무튼)

De todos modos, voy a partir ahora mismo.
하여튼, 나는 지금 당장 떠날 것입니다.

❼ **en general** (일반적으로 = **generalmente**)

En general, las mujeres coreanas son finas y elegantes.
일반적으로 한국여성들은 세련되고 우아합니다.

❽ **gracias a** (~ 덕분에)

Gracias al sacrificio de mis padres, me he graduado de la universidad.
부모님의 헌신 덕분에 나는 대학을 졸업했습니다.

❾ **para siempre** (영원히)

Te voy a amar para siempre.
난 널 영원히 사랑할 거야.

❿ **sobre todo** (특히)

Ella es una estudiante muy excelente, sobre todo en la conversación.
그녀는 매우 빼어난 학생, 특히 회화에 뛰어난 학생입니다.

Capítulo 34+ Multi Plus

여러분의 스페인어가 든든해지는 코너, 멀티플러스!
연습문제와 함께 복습과 표현력 강화를 해결하세요!

1. 다음에 올바른 전치사구를 고르세요.

저녁식사 후에 부모님은 건강을 위해 좀 걸으신다.
(______________________) cenar,
mis padres caminan un poco para la salud.

❶ Después de ❷ Gracias a ❸ Antes de ❹ De todos modos

2. 다음에 올바른 전치사구를 고르세요.

폭풍우에도 불구하고, 사람들은 생존자 구출을 멈추지 않았다.
(______________________) la tormenta,
no dejaron de rescatar a los sobrevivientes.

❶ En general ❷ A causa de ❸ Con motivo de ❹ A pesar de

3. 다음에 올바른 전치사구를 고르세요.

부모님의 헌신 덕분에 나는 대학을 졸업했다.
(______________________) sacrificio de mis padres,
me he graduado de la universidad.

❶ Para siempre el ❷ Gracias al ❸ Después del ❹ A causa del

4. 다음에 적당한 전치사를 고르세요.

Cuando tengo un poco de tiempo, doy un paseo(____________) el parque.

❶ según ❷ para ❸ por ❹ desde

5. 다음에 적당한 전치사를 고르세요. (**excepto** 제외하고)

Todos votaron al mismo candidato (____________) tú.

❶ excepto ❷ durante ❸ de ❹ contra

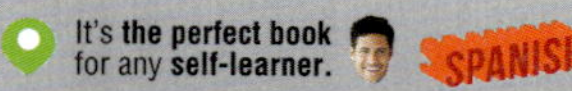

6. 다음에 적당한 전치사를 고르세요.

Ellos vinieron a Corea (__________) avión.
그들은 비행기를 타고 한국에 왔습니다.

❶ con ❷ en ❸ según ❹ para

7. 다음에 적당한 전치사를 고르세요.

Mi amiga está luchando (__________) el cáncer de hígado.
내 친구는 간암으로 투병하고 있습니다.

❶ contra ❷ con ❸ bajo ❹ para

8. 다음에 적당한 전치사구를 고르세요.

(__________) esa experiencia, empecé a aprender español.
그 경험을 계기로 나는 스페인어를 배우기 시작했다.

❶ Antes de ❷ Con motivo de ❸ Después de ❹ En general

9. 다음에 적당한 전치사구를 고르세요.

(__________) la ayuda de mi amigo, he terminado el trabajo.
친구의 도움 덕분에 나는 일을 끝냈다.

❶ De todas maneras ❷ Sobre todo ❸ Gracias a ❹ A pesar de

10. 다음에 적당한 전치사를 고르세요.

A mí me gustan mucho los animales, (__________) los perros.
나는 동물들, 특히 개를 좋아합니다.

❶ para ❷ entre ❸ excepto ❹ sobre todo

정답 : 1. ❶ 2. ❹ 3. ❷ 4. ❸ 5. ❶
6. ❷ 7. ❶ 8. ❷ 9. ❸ 10. ❹

¿Cuál es tu número de teléfono?

35. Capítulo 35

스페인어의 숫자 총정리

¿Cuál es tu número de teléfono?

네 전화번호가 뭐니?

이번과는 지난 제14과에서 도전했던, '숫자'를 다시 한번 정리하는 시간입니다. 전화번호, 사칙연산, 분수, 소수에 이르기까지 숫자가 필요한 모든 생활표현들을 함께 정리하면서 전체 35과, 대단원의 마무리를 해보겠습니다.

35-1. 여러분의 또 다른 경쟁력 스페인어!

스페인과 에스파냐, 서반아가 서로 다른 나라인 줄 알았던 어떤이가 스페인 문학에 감동하고, 스페인 축구에 열광하며, 마침내 스페인과 중남미를 향해 미래의 꿈을 펼치는 것을 보았습니다. 본 교재의 학습자 여러분과도 스페인/스페인어에 대한 열정을 공유하고자 이렇게 35과를 달려 왔고요.
여러분의 열혈 스페인어가 그리고 스페인에 대한 애정이 여러분의 또 다른 경쟁력이 되어드릴 것이라 믿습니다.

35-2. 스페인어의 숫자

❶ 전화번호 읽고 쓰기

스페인어 숫자는 0(**cero**)에서 시작하고, 16~29는 연음이 되며, 그 중 **-s** 로 끝나는 숫자는 마지막 모음에 강세가 붙었습니다. (제10과 참조)
자, 그럼 이제 전화번호 한번 읽어볼까요?
스페인 식 전화번호 읽는 방법은 아주 단순합니다. 첫째, 그냥 하나씩 읽어줍니다. 둘째, 둘씩 끊어 읽습니다. 이때 끊기의 기준은 항상 맨 뒤이며, 세 자리 숫자를 읽을 때에는 '한 자리 숫자+두 자리 숫자' 식으로 읽으면 됩니다. 하나씩 읽기보다 두 자리씩 읽는 게 훨씬 일반적입니다.

¿Cuál es tu número de teléfono?
네 전화번호가 뭐니?

Mi número de teléfono es 010-234-5678.
내 전화번호는 010-234-5678이야.

하나씩 읽기 ➔ **cero, uno, cero, dos, tres, cuatro, cinco, seis, siete, ocho**

둘씩 끊어 읽기 ➔ **cero, diez, dos, treinta y cuatro, cincuenta y seis, setenta y ocho.**

Es el 02-2173-2960.
02-2173-2960입니다.

하나씩 읽기 ➔ **cero, dos, dos, uno, siete, tres, dos, nueve, seis, cero.**

둘씩 끊어 읽기 ➔ **cero, dos, veintiuno, setenta y tres, veintinueve, sesenta.**

❷ 연도 읽고 쓰기

연도는 전화번호와는 달리 천 단위부터 차례대로 읽습니다.

Hoy es el 11 de septiembre de 2015.
오늘은 2015년 9월 11일입니다.
➔ **~once de septiembre de dos mil quince.**

La Copa Mundial se realizó en 2002 en Corea.
2002년 월드컵이 한국에서 열렸습니다.
➔ **~ dos mil dos ~**

❸ 큰 수 읽고 쓰기

이번에는 제법 큰 수에 도전해보겠습니다.
대부분의 숫자는 수형용사로 쓰이기 때문에 명사 앞에 숫자를 그냥 써주면 되지만, '백만' 의 경우는 좀 특이합니다. '백만' 은 명사로만 쓰이기 때문에 뒤에 또 다른 명사가 이어 나올 경우 '~ **millones de** + 명사' 의 형태로 말해야 합니다.

1,000,000 : un millón
2,000,000 : dos millones
3,000,000 : tres millones

10,000,000 : diez millones
100,000,000 : cien millones
10,000,000,000 : diez mil millones

(**habitante {m}** 주민, **vivir** 살다, **ciudad {f}** 도시, **depositar** 예치하다, **banco {m}** 은행)

¿Cuántos habitantes viven en esta ciudad?
이 도시에는 주민이 얼마나 삽니까?

En esta ciudad viven cuarenta y cinco millones de habitantes.
이 도시에는 4천5백만의 주민이 살고 있습니다.

Depositéé diez millones de wones en este banco.
(나는) 이 은행에 1천만 원을 예치했습니다.

35-3. 스페인어의 사칙연산!

이번엔 생활 수학에 도전해 보겠습니다!
스페인어 사칙연산은요, 더하기 ➔ **más**, 빼기 ➔ **menos**, 곱하기 ➔ **por**, 나누기 ➔ **dividido por** 입니다.

3 + 12 = 15
➔ **tres más doce son quince.**

27 - 13 = 14
➔ **veintisiete menos trece son catorce.**

6 × 7 = 42
➔ **seis por siete son cuarenta y dos.**

24 ÷ 4 = 6
➔ **veinticuatro dividido por cuatro son seis.**

35-4. 스페인어의 분수와 소수!

스페인어의 분수 읽는 법은 2가지입니다.
일반적인 규칙에 따라 읽는 법과 영어의 **half (1/2)**, **quarter (1/4)** 처럼 정형화된 방식으로 읽는 법이 그것입니다.

1) 규칙에 따른 분수 읽는 법은 '분자' 는 '기수' 로 읽고, '분모' 는 '서수' 로 읽으면 됩니다.
이때, 분자가 복수면 분모도 복수로 읽습니다.

3/5 ➔ tres quintos
5/6 ➔ cinco sextos
1 3/5 ➔ uno y tres quintos
2 5/8 ➔ dos y cinco octavos

2) 정형화된 분수는 대부분 일상생활 속에서 매우 빈번하게 쓰이는 표현들이니 그냥 소리 내어 반복하면서 익히시기를 강추합니다!

1/2 ➔ un medio (= la mitad)
1/3 ➔ un tercio (= una tercera parte)
1/4 ➔ un cuarto (= una cuarta parte)
1/5 ➔ un quinto (= una quinta parte)

3) 스페인어에서는 숫자를 쓸 때 소수점 자리에 '점' 을 찍지 않고 '콤마' 를 찍습니다. 물론 읽을 때에도 '점' **punto** 라고 읽지 않고 '콤마' **coma** 라고 읽죠. 실생활에서는 **coma** 대신 **con** 으로도 읽습니다.
그리고 정말 특이한 것 한 가지! 우리는 소수점 이하를 숫자 하나씩 차례로 읽지요. '삼 쩜 일 사' 이런 식으로요. 그런데 스페인어에서는 소수점 둘째 자리까지 이어지는 경우 소수점 이하를 십 단위로 묶어서 읽습니다.

0,7 ➔ cero coma siete (= cero con siete)
4,5 ➔ cuatro coma cinco (= cuatro con cinco)
3,14 ➔ tres coma catorce (= tres con catorce)
12,4 ➔ doce coma cuatro (= doce con cuatro)

Capítulo 35+ Multi Plus

여러분의 스페인어가 든든해지는 코너, 멀티플러스!
연습문제와 함께 복습과 표현력 강화를 해결하세요!

1. '2015년' 을 스페인어로 올바르게 읽은 것을 고르세요.

❶ **dos cero uno cinco** ❷ **dos y quince**
❸ **dos mil quince** ❹ **veinte y quince**

2. 다음 중 아라비아 숫자와 스페인어 표기의 연결이 잘못 짝지어진 것을 고르세요.

❶ **15 - quince** ❷ **3.000 - tres miles**
❸ **1.000.000 - un millón** ❹ **3.000.000 - tres millones**

3. 다음 사칙연산을 잘못 읽은 문장을 고르세요.

❶ **3 + 14 = 17 ➔ tres más catorce son diecisiete.**
❷ **37 - 24 = 13 ➔ treinta y siete menos veinticuatro son trece.**
❸ **9 × 8 = 72 ➔ nueve por ocho son setenta y dos.**
❹ **21 ÷ 3 = 7 ➔ veintiuno dividido tres son siete.**

4. 다음 분수의 읽기가 잘못된 문장을 고르세요.

❶ **1/2 ➔ un medio (= la mitad)**
❷ **1/3 ➔ un tercio (= una tercera parte)**
❸ **1/4 ➔ un cuatro (= una cuarta parte)**
❹ **1/5 ➔ un quinto (= una quinta parte)**

5. 소수 3,14는 스페인어로 **tres coma catorce** 로 읽을 수 있습니다.
동일한 숫자를 읽는 다른 방법으로 올바른 것을 고르세요.

❶ **tres con catorce** ❷ **tres con uno y cuatro**
❸ **tres para catorce** ❹ **tres para uno y cuatro**

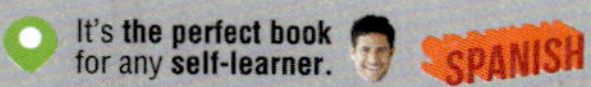

6. 다음 문장의 연도를 정확히 읽은 것을 고르세요.

Hoy es 7 de noviembre de 2015.
오늘은 2015년 11월 7일입니다.

❶ **doscientos trece** ❷ **dos mil quince** ❸ **veinte trece** ❹ **dos mil uno tres**

7. 다음 밑줄 친 숫자를 우리말로 정확히 읽은 것을 고르세요.

En esta ciudad viven <u>cuarenta y cinco millones</u> de habitantes.

❶ 사천오백만 ❷ 사백오십만 ❸ 사십오만 ❹ 사만오천

8. 다음 수식을 스페인어로 정확히 읽은 것을 고르세요.

6 × 7 = 42

❶ **Seis por siete son cuarenta y dos.**
❷ **Seis más siete son cuatro y dos.**
❸ **Seis dividido por siete son cuarenta y dos.**
❹ **Seis por siete son cuarentaidos.**

9. 다음 중 분수의 읽는 방식이 잘못된 것을 고르세요.

❶ **1 3/5 → uno y tres quinto**
❷ **4/6 → cuatro sextos**
❸ **2/5 → dos quintos**
❹ **2 5/8 → dos y cinco octavos**

10. 다음 중 숫자 읽기가 잘못된 것을 고르세요.

❶ **10,000,000 → diez millones**
❷ **24 ÷ 4 = 6 → veinticuatro dividido por cuatro es seis**
❸ **12,4 → doce coma cuatro**
❹ **1/3 → un tercio**

정답 : 1. ❸ 2. ❷ 3. ❹ 4. ❸ 5. ❶
6. ❷ 7. ❶ 8. ❶ 9. ❶ 10. ❷

it's the perfect book
for any self-learner

The **quickest way** for **slow learners**!

생활회화, 여행회화 능력
강화를 위한 해결책 1. (부록)

청취력, 회화능력 강화를 위해 준비한 MP3용 스크립트입니다. 본문에 소개된 문장을 선별하여 정리하였으며, 문법 설명용 문장은 구어체 또는 회화용 문장으로 대체된 것도 있습니다. 학습자 편의와 손쉽고 빠른 검색을 위해 모든 문장은 일련번호로 정리했습니다.

It's **the perfect book** for any **self-learner.**

생활회화, 여행회화 능력
강화를 위한 해결책 2. (부록)

전체 스크립트는 여러분의 모바일 디바이스에서도 보실 수 있도록 PDF로 제공됩니다. 부록으로 제공된 CD를 확인하여 주십시오. PDF를 보면서, MP3를 들으면서! ^_^

Capítulo 01
스페인어가 대세, 제2외국어!
El español
스페인어

01-01 **Castilla**
까스띠야

01-02 **Cataluña**
까딸루냐

01-03 **Galicia**
갈리시아

01-04 **País Vasco**
빠이스 바스꼬

01-05 **Madrid**
마드리드

01-06 **Barcelona**
바르셀로나

01-07 **Miguel de Cervantes**
세르반테스

01-08 **Gabriel García Márquez**
가르시아 마르케스

01-09 **Mario Vargas Llosa**
요사

01-10 **Camilo José Cela**
셀라

01-11 **Diego Velázquez**
벨라스케스

01-12 **Pablo Picasso**
파블로 피카소

01-13 **Joan Miró**
호안 미로

01-14 **Salvador Dalí**
살바도르 달리

01-15 **Luis Buñuel**
루이스 부뉴엘

01-16 **Pedro Almodóvar**
페드로 알모도바르

01-17 **Javier Bardem**
하비에르 바르뎀

01-18 **Penélope Cruz**
페넬로페 크루즈

01-19 **Lionel Messi**
리오넬 메시

01-20 **Iker Casillas**
이케르 카시야스

01-21 **Xavi Hernández**
사비 에르난데즈

01-22 **La Armada Invencible**
무적함대

01-23 **¿Hola?**
안녕?

01-24 **¿Qué tal?**
안녕? / 안녕하세요?

01-25 **¿Cómo está?**
안녕하세요? (존대어)

01-26 **¿Cómo estás?**
안녕?

01-27 **¿Cómo están?**
여러분 안녕하세요? (그분들 안녕하시죠?)

01-28 **Mucho gusto.**
반갑습니다! (처음 만났을 때)

01-29 **Buenos días.**
안녕하세요! (아침)

01-30 **Buenas tardes.**
안녕하세요! (낮, 오후)

01-31 **Buenas noches.**
안녕하세요! (해가 진 다음)

01-32 **¡Hasta luego!**
다음에 또 만나요!

01-33 **¡Hasta pronto!**
곧 또 봐요!

01-34 **¡Hasta mañana!**
내일 또 봐요!

01-35 **¡Hasta la vista!**
또 볼 때까지 안녕!

01-36 **¡Adiós!**
안녕!

01-37 **¡Chao!**
안녕!

Capítulo 02
완전 반갑다, 스페인어의 알파벳!
Alfabetos
알파벳

Alfabetos

A a	B b	C c
D d	E e	F f
G g	H h	I i
J j	K k	L l
M m	N n	Ñ ñ
O o	P p	Q q
R r	S s	T t
U u	V v	W w
X x	Y y	Z z

02-01 A **abuelo** 할아버지 **amigo** 친구

02-02 E **eco** 메아리 **enero** 1월

02-03 I **igual** 같은 **interesante** 흥미로운

02-04 O **oficina** 사무실 **oro** 황금

02-05 U **uno** 1 **uva** 포도

02-06 Y **yate** 요트 **yerno** 사위

02-07 **bailar** 춤추다

02-08 **dinero** 돈

02-09 **falda** 치마

02-10 **mamá** 엄마

02-11 **nombre** 이름

02-12 **sol** 태양

02-13 **verano** 여름

02-14 **examen** 시험

02-15 **pan** 빵

02-16 **turista** 관광객

02-17 **libro** 책

02-18 **lluvia** 비

02-19 **río** 강

02-20 **ferrocarril** 철도

02-21 **zapatería** 신발가게

02-22 **zorro** 여우

02-23 **huevo** 달걀

02-24 **Kuwait** 쿠웨이트

02-25 **whisky** 위스키

02-26 **camión** 트럭

02-27 **cena** 저녁식사

02-28 **guante** 장갑

02-29 **gente** 사람들

02-30 **guerra** 전쟁

02-31 **pingüino** 펭귄

02-32 **joven** 청년

02-33 **señora** 부인

02-34 **queso** 치즈

02-35 **quizá** 아마

Capítulo 03
스페인어 발음 완전정복!
Gracias.
감사합니다.

03-01 **sol**
태양

03-02 **fin**
끝

03-03 **ca-ma**
침대

03-04 **me-sa**
테이블

03-05 **can-ción**
노래

com-pa-ñe-ro
동료

03-06 **pa-se-o**
산책

03-07 **po-e-ma**
시(詩)

03-08 **ciu-dad**
도시

03-09 **rui-se-ñor**
나이팅게일

03-10 **pa-pel**
종이

03-11 **com-pu-ta-do-ra**
컴퓨터

03-12 **u-ni-ver-si-dad**
대학교

03-13 **cor-ba-ta**
넥타이

03-14 **i-ma-gen**
이미지

03-15 **lu-nes**
월요일

03-16 **pa-e-lla**
빠에야

03-17 **pia-no**
피아노

03-18 **rui-nas**
유적

03-19 **a-zú-car**
설탕

03-20 **co-ra-zón**
심장

03-21
Jaime se llevó la copa a los labios. Su aspecto contrastaba con la vigorosa humanidad de su cliente. La nariz ligeramente aguileña bajo una frente despejada y noble, el cabello blanco pero todavía abundante, las manos finas y cuidadas, transmitían un aire de serena dignidad.

Arturo Pérez-Reverte <El maestro de esgrima>

03-22 **Gracias.**
감사합니다.

03-23 **Muchas gracias.**
대단히 감사합니다.

03-24 **De nada.**
천만에요.

03-25 **Es mi placer.**
저의 기쁨이죠.

03-26 **Perdón.**
미안합니다. / 죄송합니다.

03-27 **Perdóneme.**
죄송합니다. (존대어)

03-28 **Lo siento mucho.**
죄송합니다.

03-29 **Está bien.**
괜찮습니다.

03-30 **Por favor.**
부탁합니다. (**Please.**)

03-31 **Con su permiso.**
실례합니다.

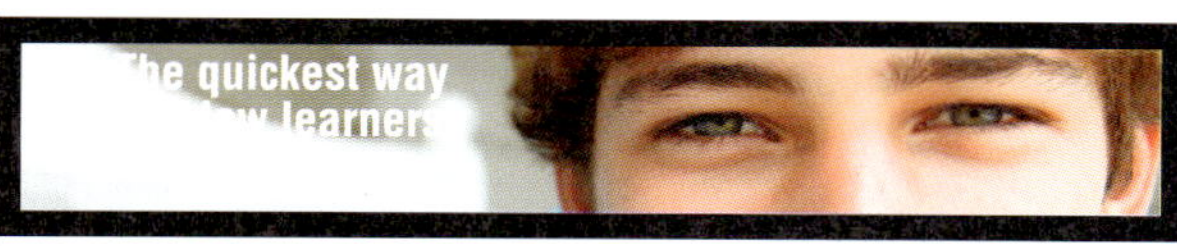

Capítulo 04
진짜 초보 학습자를 위한 '친절한 스페인어 오리엔테이션'
(Yo) Aprendo español.
나는 스페인어를 배웁니다.

04-01 **(Yo) Soy coreano / coreana.**
나는 한국남자/여자입니다.

04-02 **(Yo) Aprendo español.**
나는 스페인어를 배웁니다.

04-03 **Ella vive en la casa bonita.**
그녀는 그 예쁜 집에서 삽니다.

04-04 **(Yo) Puedo hablar español.**
나는 스페인어를 말할 수 있습니다.

Capítulo 05/06 (해당 문장 없음)

Capítulo 07
스페인어 주격인칭대명사와 동사 (1)
Yo soy estudiante.
나는 학생입니다.

07-01 **Esto es una corbata.**
이것은 넥타이입니다. (정체성)

07-02 **Yo soy estudiante.**
나는 학생입니다. (신분)

07-03 **Ella es enfermera.**
그녀는 간호사입니다. (직업)

07-04 **Ella es bonita y alegre.**
그녀는 예쁘고 쾌활합니다. (본질적 속성 : 외모, 성격)

07-05 **El planeta es redondo.**
지구는 둥글다. (불변의 진리)

07-06 **Hoy es lunes.**
오늘은 월요일입니다. (요일)

07-07 **Son 10 euros.**
10 유로입니다. (가격)

07-08 **Yo soy de Busan, Corea del Sur.**
나는 한국, 부산 출신입니다. (고향, 출신지)

07-09 **Este café es de Guatemala.**
이 커피는 과테말라 산(産)입니다. (국적)

07-10 **Messi es del FC Barcelona.**
메시는 FC 바르셀로나 소속입니다. (소속)

07-11 **Este edificio es de hierro y hormigón.**
이 빌딩은 철근과 콘크리트로 되어있다. (원재료)

07-12 **Aquel collar de perlas es de Isabel.**
저 진주목걸이는 이사벨의 것이다. (소유의 주체)

07-13 **El juicio es mañana a las 2.**
재판은 내일 2시에 열린다. (개최시간)

07-14 **La ventana está cerrada.**
창문은 닫혀 있습니다. (현재 상태)

07-15 **Estas bufandas están baratas.**
이 스카프들은 싸다. (잠정적 속성)

07-16 **La comida está muy rica.**
음식이 참 맛있다. (주관적 느낌)

07-17 **Los alumnos están en la biblioteca.**
학생들은 도서관에 있습니다. (구체적 위치-도서관)

Ahora estamos en primavera.
지금은 봄입니다. (추상적 위치-봄이라는 계절)

07-18 **Pedro :** **Buenos días, Rosa.**
안녕, 로사?

¿Cómo estás?
어떻게 지내?

07-19 **Rosa :** **Bien, gracias.**
잘 지내, 고마워.

Y ¿tú?
그런데, 너는?

07-20 **Pedro :** **Bien.**
잘 지내.

Capítulo 08
스페인어의 의문문, 부정문, 감탄문 만들기
¿De dónde eres tú?
넌 어디에서 왔니?

08-01 **¿Tú eres español?**
너는 스페인 사람이니?

08-02 **¿María está bien?**
마리아는 잘 있니?

08-03 **Tú eres español, ¿no?**
너 스페인 사람, 아니니?

08-04 **María está bien, ¿verdad?**
마리아 잘 있는 거, 맞지?

08-05 **¿Eres tú español?**
너는 스페인 사람이니?

08-06 **¿Está bien María ?**
마리아는 잘 있니?

08-07 **¿De dónde eres tú?**
너는 어디 사람이니?

08-08 **¿Cómo está María?**
마리아는 어떻게 지내니?

08-09 **¿De dónde eres tú?**
넌 어디에서 왔니?

08-10 **Soy de Madrid.**
난 마드리드에서 왔어.

08-11 **¿Cómo está María?**
마리아는 어떤가요?

08-12 **Ella está enferma.**
그녀는 아픕니다.

08-13 **¿Eres tú español?**
너는 스페인사람이니?

08-14 **Sí. Soy de Madrid.**
응. 마드리드 출신이야.

08-15 **¿Está bien María?**
마리아는 괜찮습니까?

08-16 **No. Ella está enferma.**
아니오. 그녀는 아픕니다.

08-17 **Tú eres español.**
너는 스페인 사람이다.

08-18 **Tú no eres español.**
너는 스페인 사람이 아니다.

08-19 **Él está cansado.**
그는 피곤합니다.

08-20 **Él no está cansado.**
그는 피곤하지 않습니다.

08-21 **No gritamos en la clase.**
우리는 교실에서 소리치지 않습니다.

08-22 **No gritamos nunca en la clase.**
우리는 교실에서 절대로 소리치지 않습니다.

08-23 **¡Qué alegría!**
와, 신난다!

08-24 **¡Qué lástima!**
아, 안타깝다!

08-25 **¡Qué bonita!**
와, 예쁘다!

08-26 **¡Qué guapo!**
와, 잘생겼다!

08-27 **¡Hombre!**
어머나! / 아이고머니! / 야! / 음... 글쎄.

Capítulo 09
스페인어의 핵, 3가지 규칙동사!
Subimos al tren para Toledo.
우리는 톨레도행 기차에 탑니다.

09-01 **Yo soy coreano/-a.**
나는 한국 남자/여자입니다.

09-02 **Nosotros/-as somos coreanos/-as.**
우리는 한국 남자/여자입니다.

09-03 **Somos coreanos.**
(우리는) 한국인입니다.

09-04 **Ellos son españoles.**
그들은 스페인 사람들입니다.

09-05 **El profesor habla bien el coreano.**
교수님은 한국어를 잘 하십니다.

09-06 **Los alumnos cantan las canciones.**
학생들이 노래를 부릅니다.

09-07 **Los jóvenes bailan en el club.**
젊은이들이 클럽에서 춤을 춥니다.

09-08 **Visitamos a la profesora Kim.**
(우리는) 김 교수님을 방문합니다.

09-09 **Yo como carne y tú comes frutas.**
나는 고기를 먹고 너는 과일을 먹는다.

09-10 **¿Qué aprendéis?**
(너희들은) 무엇을 배우니?

09-11 **No bebemos alcohol en la universidad.**
(우리는) 대학교 내에서 술을 마시지 않습니다.

09-12 **Ellos venden unos libros españoles.**
그들은 스페인 책들을 팝니다.

09-13 **Vivo en un piso en Seúl.**
(나는) 서울의 한 아파트에 삽니다.

09-14 **El tren parte a las 11.**
기차는 11시에 출발한다.

09-15 **Abrimos las ventanas.**
(우리는) 창문을 엽니다.

09-16 **Subimos al tren para Toledo.**
(우리는) 톨레도행 기차에 탑니다.

Capítulo 10
스페인어의 접속사와 수사
Carmen habla español, francés y alemán.
까르멘은 스페인어, 프랑스어, 독일어를 합니다.

10-01 **Carmen habla español, francés y alemán.**
까르멘은 스페인어와 프랑스어, 그리고 독일어를 합니다.

10-02 **Vivo en Seúl y ella vive en Busan.**
(나는) 서울에 살고, 그녀는 부산에 삽니다.

10-03 **¿Tomas café o té?**
커피 마셔, 또는 차 마셔?

10-04 **¿Es usted mexicano o colombiano?**
당신은 멕시코인입니까, 아니면 콜롬비아인입니까?

10-05 **Leo la novela pero no entiendo nada.**
(나는) 소설책을 읽지만, 하나도 이해하지 못합니다.

10-06 **Ella canta pero yo no canto.**
그녀는 노래하지만, 나는 노래하지 않습니다.

10-07 **3.000 $: tres mil dólares**
3천 달러

10-08 **7,35% : siete coma treinta y cinco por ciento**
7.35%

10-09 **3.000.000 Won : tres millones de wones**
3백만 원

10-10 **El rey don Juan Carlos I**
돈 후안 까를로스 1세 국왕

10-11 **La Segunda Guerra Mundial**
제2차 세계대전

10-12 **¿Qué hora es?**
지금 몇 시입니까?

10-13 **Es la una.**
1시입니다.

10-14 **Son las cuatro.**
4시입니다.

10-15 **Son las tres y veinte.**
3시 20분입니다.

10-16 **Son las cinco y media.**
5시 30분입니다.

10-17 **¿Qué fecha es hoy?**
오늘은 며칠입니까?

10-18 **Es siete de febrero.**
2월 7일입니다.

10-19 **Es veinte de diciembre.**
12월 20일입니다.

10-20 **Es primero de enero.**
1월 1일입니다.

10-21 **¿Qué día es hoy?**
오늘은 무슨 요일입니까?

10-22 **Hoy es lunes.**
오늘은 월요일입니다.

The quickest way for slow learners!

Capítulo 11
스페인어 인칭대명사의 소유격과 전치격!
Estoy feliz con mi familia.
(나는) 가족과 함께 행복합니다.

11-01 **¿De quién es ese coche?**
그 차는 누구의 차입니까?

11-02 **Es su coche.**
그의 차입니다.

11-03 **Es el coche del señor Kim.**
김씨의 차입니다.

11-04 **¿Para quién es este paquete postal?**
이 소포는 누구를 위한 (누구에게 온) 것입니까?

11-05 **Es su paquete postal.**
그의 소포입니다.

11-06 **Es el paquete postal de mi mamá.**
우리 엄마를 위한 겁니다.

11-07 **Ella está contenta con su familia.**
그 여자는 그녀의 가족과 더불어 만족합니다.

11-08 **Este coche grande es de mi Padre.**
이 큰 차는 나의 아버지의 것입니다.

11-09 **El hombre piensa en ella.**
그 남자는 그녀 생각을 합니다.

11-10 **El tren llega tarde por ellos.**
기차는 그들 때문에 늦게 도착합니다.

11-11 **Mi mamá prepara la cena para mí.**
나의 엄마는 나를 위해 저녁식사를 준비합니다.

11-12 **Ahora mi madre está conmigo.**
지금 나의 어머니는 나와 함께 계십니다.

11-13 **Tu novio siempre está contigo.**
네 남자친구는 항상 너와 함께 있다.

11-14 **La señorita lleva sus maletas consigo.**
숙녀분 자신이 그녀의 가방들을 가져갑니다.

11-15 **Los jugadores llevan las raquetas consigo.**
선수들은 라켓을 손수 들고 갑니다.

11-16 **Ellos estudian español para sí mismos.**
그들은 자신을 위해 스페인어를 배웁니다.

11-17 **Él siempre piensa en sí mismo.**
그는 항상 그 자신을 생각합니다.

The quickest way for slow learners!

Capítulo 12
스페인어 인칭대명사의 목적격과 불규칙동사 (1)
Te quiero.
너를 사랑해.

12-01 **Voy al cine con mis hermanos.**
(나는) 나의 형제들과 영화관에 갑니다.

12-02 **Vas a la universidad los sábados.**
(너는) 토요일마다 대학교에 간다.

12-03 **Los chicos van a ir a la playa.**
아이들은 바다에 가려고 합니다.

12-04 **Voy a cenar en un restaurante chino.**
(나는) 중국식당에서 저녁식사를 하려고 합니다.

12-05 **Tengo dos hermanos.**
(나는) 형제가 둘 있습니다.

12-06 **El profesor tiene una mesa grande.**
교수님은 큰 책상을 하나 가지고 있습니다.

12-07 **Tengo que regresar a la oficina.**
(나는) 사무실로 돌아가야 합니다.

12-08 **Tienes que preparar las respuestas.**
(너는) 답변들을 준비해야 해.

12-09 **Tengo frío.**
(나는) 춥습니다.

12-10 **No tenemos calor.**
(우리는) 덥지 않습니다.

12-11 **¿Tenéis hambre?**
(너희들) 배고프니?

12-12 **Tengo mucho sueño.**
(나는) 많이 졸립니다.

12-13 **Tengo dolor de cabeza.**
(나는) 머리가 아픕니다.

12-14 **Tengo dolor de estómago.**
(나는) 배가 아픕니다.

12-15 **Te quiero.**
너를 사랑해.

12-16 **El profesor nos invita a la cena.**
교수님이 우리를 저녁 식사에 초대합니다.

12-17 **Él me regala una rosa.**
그는 나에게 장미 한 송이를 선물합니다.

12-18 **Ella me muestra una foto.**
그녀는 나에게 사진 하나를 보여줍니다.

12-19 **Te quiero a ti.**
(나는) 너를 사랑해.

12-20 **Le doy un regalo a Carmen.**
(나는) 까르멘에게 선물을 줍니다.

12-21 **Él me entrega a mí los documentos.**
그가 나에게 서류들을 건넵니다.

12-22 **Él le regala a su novia unas flores.**
그는 연인에게 꽃을 선물합니다.

12-23 **Carmen me lo presta.**
까르멘이 나에게 그것을 빌려줍니다.

12-24 **Ella te lo da.**
그녀가 너에게 그것을 준다.

12-25 **Juan se lo regala.**
후안이 그녀에게 그것을 선물한다.

12-26 **Mi papá se los da.**
나의 아빠가 그들에게 그것들을 주신다.

Capítulo 13
스페인어의 불규칙동사 (2)
¿Qué tiempo hace hoy?
오늘 날씨 어때요?

13-01 **¿Haces la ensalada de tomate?**
(너는) 토마토 샐러드를 만드니?

13-02 **Los niños hacen un ruido tremendo.**
아이들이 요란한 소리를 냅니다.

13-03 **Hago yoga todos los días.**
(나는) 매일 요가를 합니다.

13-04 **Hacemos ejercicios de noche.**
(우리는) 밤에 운동합니다.

13-05 **¿Qué tiempo hace hoy?**
오늘 날씨 어때요?

13-06 **Hace calor en la playa.**
해변은 덥습니다.

13-07 **Hace viento en la Isla Jeju.**
제주도에는 바람이 붑니다.

13-08 **En Londres llueve mucho.**
런던에는 비가 많이 옵니다.

13-09 **En África casi no llueve.**
아프리카에는 거의 비가 오지 않습니다.

13-10 **En Bangkok nunca nieva.**
방콕에는 눈이 오지 않습니다.

13-11 **Mañana va a nevar mucho.**
내일은 눈이 많이 올 것입니다.

13-12 **El cielo está nublado.**
하늘에 구름이 끼었습니다.

13-13 **El cielo está despejado.**
하늘이 맑습니다.

13-14 **He comido hamburguesa.**
(나는) 햄버거를 먹었습니다.

13-15 **He comprado unos libros.**
(나는) 책을 몇 권 샀습니다.

13-16 **En el parque hay muchos árboles.**
공원에 나무들이 많이 있습니다.

13-17 **No hay nadie en casa.**
집에 아무도 없습니다.

13-18 **Los gatos están bajo la mesa.**
고양이들이 탁자 밑에 있습니다.

13-19 **Hay varios tipos de personas.**
많은 유형의 사람들이 있습니다.

13-20 **España está en Europa.**
스페인은 유럽에 있습니다. (위치 표현)

13-21 **Hay unos alumnos en la clase.**
교실에 몇몇 학생들이 있습니다.

Capítulo 14
스페인어의 불규칙동사 (3)
Entendemos español.
(우리는) 스페인어를 압니다.

14-01 **¿Piensas en tu familia?**
(너는) 너의 가족을 생각하니?

14-02 **Nosotros entendemos español.**
우리는 스페인어를 압니다.

14-03 **Lo siento mucho.**
죄송합니다. / 유감입니다.

14-04 **Ella enciende la luz.**
그녀가 불을 켭니다.

14-05 **Adquiero un coche de segunda mano.**
(나는) 중고차 한 대를 구입합니다.

14-06 **El policía inquiere la causa del accidente.**
경찰이 사고의 원인을 조사합니다.

14-07 **Ella me cuenta una historia.**
그녀가 나에게 이야기 하나를 해줍니다.

14-08 **Me muestran unas fotos.**
(그들이) 나에게 사진 몇 장을 보여줍니다.

14-09 **Los niños juegan al fútbol.**
아이들이 축구를 합니다.

14-10 **Él y yo jugamos a las cartas.**
그와 나는 카드놀이를 합니다.

14-11 **Esta máquina no sirve para nada.**
이 기계는 아무 짝에도 쓸모가 없습니다.

14-12 **Los alumnos repiten las palabras.**
학생들은 단어를 반복합니다.

14-13 **Tengo dos ordenadores.**
(나는) 컴퓨터를 두 대 가지고 있습니다.

14-14 **(Vengo de Chile y)**
Esos vinos vienen de Chile.
(나는 칠레에서 왔고) 그 와인들은 칠레 산입니다.

14-15 **Pongo la carta sobre la mesa.**
(나는) 편지를 책상 위에 놓습니다.

14-16 **El tren sale a las seis.**
기차는 6시에 떠납니다.

14-17 **Él nunca dice la verdad.**
그는 결코 진실을 말하지 않습니다.

14-18 **Los niños no oyen la música.**
아이들은 음악을 듣지 않습니다.

14-19 **Hablo español.**
(나는) 스페인어를 합니다.

14-20 **Las señoras hablan mucho.**
아주머니들은 말이 많습니다.

14-21 **¿Puede hablar inglés?**
영어 할 줄 아세요?

14-22 **Dice la verdad.**
(그는/그녀는) 진실을 말합니다.

14-23 **Ella dice algo.**
그녀는 뭔가를 말합니다.

14-24 **No lo digo yo.**
그 말 한 건 내가 아니야.

The quickest way for slow learners!

Capítulo 15
스페인어의 의문사, 불규칙동사
¿Adónde vais?
(너희들은) 어디 가니?

15-01 **¿Cuándo termina la clase?**
수업은 언제 끝납니까?

15-02 **Termina a las once.**
11시에 끝납니다.

15-03 **¿Cuándo empiezan las telenoticias?**
TV 뉴스는 언제 시작합니까?

15-04 **Empiezan a las nueve.**
9시에 시작합니다.

15-05 **¿Dónde está mi bicicleta?**
나의 자전거는 어디에 있습니까?

15-06 **Está al lado del árbol.**
나무 옆에 있습니다.

15-07 **¿De dónde viene este ruido raro?**
이 이상한 소리는 어디서 납니까?

15-08 **Viene de aquella caja grande.**
저 커다란 상자 속에서 납니다.

15-09 **¿Adónde vais?**
(너희들은) 어디 가니?

15-10 **Vamos a la estación de tren.**
(우리는) 기차역에 가.

15-11 **Vamos al almacén.**
(우리는) 백화점에 가.

15-12 **¿Con quién vas a ir al cine?**
누구와 함께 영화관에 가려고 하니?

15-13 **Con mi amigo.**
내 친구랑.

15-14 **¿Con quienes juegas al fútbol?**
누구와 함께 축구 하니?

15-15 **¿Con quién hablo (yo)?**
누구세요? (전화통화 할 때)

15-16 **¿Qué tiempo hace hoy?**
오늘 날씨는 어때요?

15-17 **¿Qué dice el periódico?**
신문에 무슨 기사가 났어요?

15-18 **¿Para qué enciende la luz?**
무엇 하려고 불을 켜십니까?

15-19 **Para leer el libro antes de dormir.**
자기 전에 독서 좀 하려고요.

15-20 **¿Cuál es tu nombre?**
너의 이름은 뭐니?

15-21 **Mi nombre es Susi.**
내 이름은 수시야.

15-22 **¿Cómo estás?**
어떻게 지내니?

15-23 **Muy bien.**
아주 잘 지내.

15-24 **¿Por qué no viene el autobús?**
버스가 왜 안 옵니까?

15-25 **Porque nieva mucho.**
폭설 때문입니다.

15-26 **¿Cuántos alumnos vienen?**
학생 몇 명이 옵니까?

15-27 **¿Cuántos años tienes?**
(너는) 몇 살이니?

The quickest way for slow learners!

Capítulo 16
스페인어의 독특한 기타 불규칙동사!
Yo sé tocar el piano.
나는 피아노를 칠 줄 압니다.

16-01 **Lo conozco solo de nombre.**
그를 이름으로만 압니다.

16-02 **Él conduce un camión.**
그는 트럭을 운전합니다.

16-03 **En Corea, producen muchos coches.**
한국에서는 자동차를 많이 생산합니다.

16-04 **No sé cuáles son mis zapatos.**
어느 것이 내 신발인지 모르겠습니다.

16-05 **Veo tu tarjeta.**
(나는) 너의 명함을 본다.

16-06 **No sé cuáles son mis zapatos.**
어느 것이 내 신발인지 모르겠습니다.

16-07 **No sé nadar.**
(나는) 수영할 줄 모릅니다.

16-08 **Yo sé tocar el piano.**
나는 피아노를 칠 줄 압니다.

16-09 **Conozco bien a Margarita.**
(나는) 마르가리따를 잘 압니다.

16-10 **Conocemos muy bien Madrid.**
(우리는) 마드리드를 아주 잘 압니다.

16-11 **Todavía no conocemos Buenos Aires.**
(우리는) 아직 부에노스아이레스를 가본 적 없습니다.

16-12 **Me gusta viajar.**
(나는) 여행을 좋아합니다.

16-13 **Nos gustan las bicicletas.**
(우리는) 자전거를 좋아합니다.

16-14 **¿Te gusta esquiar?**
(너) 스키 좋아하니?

16-15 **Sí, me gusta esquiar.**
응. (나) 스키 좋아해.

16-16 **A Monica le gusta ir al cine.**
모니카는 영화관에 가는 것을 좋아합니다.

16-17 **A mis hijos les gustan los perros.**
나의 아이들은 개를 좋아합니다.

16-18 **Me duele mucho el corazón.**
(나는) 마음이 너무 아픕니다.

16-19 **Me duelen los dientes.**
(나는) 이가 아픕니다.

16-20 **No me extraña.**
(나에게는) 이상하지 않습니다. (이상할 것 없습니다.)

16-21 **No me importa.**
(나에게는) 중요하지 않습니다. (나는 상관없습니다.)

16-22 **A mí no me interesa ese asunto.**
(나에게는) 그 일이 관심 없습니다.
(그 문제에 관심 없습니다.)

Capítulo 17
스페인어의 재귀동사 표현!
Me levanto a las siete.
나는 7시에 일어납니다.

17-01 **Yo levanto a mis hijos.**
나는 나의 아이들을 일으킵니다.

17-02 **Me levanto temprano.**
(나는) 일찍 일어납니다.

17-03 **Me levanto.**
나는 일어납니다.

17-04 **Te duchas.**
너는 샤워한다.

17-05 **Él se sienta.**
그는 앉습니다.

17-06 **Me levanto a las siete.**
나는 7시에 일어납니다.

17-07 **Te duchas muy rápido.**
너는 매우 빠르게 샤워한다.

17-08 **Me peino en mi cuarto.**
나는 내 방에서 머리를 빗습니다.

17-09 **Me pongo un abrigo porque hace frío.**
나는 날씨가 추워서 외투를 입습니다.

17-10 **Además, me pongo un sombrero.**
게다가 나는 모자까지 씁니다.

17-11 **Se sienta aquí.**
(그는) 여기 앉습니다.

17-12 **Me acuesto a las once.**
나는 11시에 잡니다.

17-13 **Mi esposo se afeita en el cuarto de baño.**
나의 남편은 욕실에서 면도합니다.

17-14 **Mi prima se casa este mes.**
나의 사촌이 이번 달에 결혼합니다.

17-15 **Mi familia se sienta para desayunar.**
나의 가족이 아침식사를 위해 앉습니다.

17-16 **Antes de comer algo, me lavo las manos.**
음식을 먹기 전에 나는 손을 씻습니다.

17-17 **Antes de dormir, se limpian los pies.**
자기 전에 그들은 발을 씻습니다.

17-18 **¿Te arrepientes de algo?**
너 뭔가 후회하는구나?

17-19 **Mi amigo se jacta de su buena nota.**
나의 친구가 성적이 잘 나왔다고 잘난체합니다.

17-20 **Los empleados se quejan de la comida.**
직원들이 음식에 대해 불평합니다.

17-21 **Esos chicos se burlan de mí.**
그 아이들이 나를 놀립니다.

Capítulo 18
스페인어 관계사
La chica que está allí es mi hermana.
저기 있는 소녀는 나의 누나입니다.

18-01 **La chica que está allí es mi hermana.**
저기 있는 소녀는 나의 누나입니다.

18-02 **El profesor que me da este libro es de México.**
나에게 이 책을 준 교수는 멕시코 사람입니다.

18-03 **Me gustan aquellas frutas que están sobre la mesa.**
나는 탁자 위에 있는 저 과일들을 좋아합니다.

18-04 **La universidad en la que aprendo español está en Seúl.**
내가 스페인어를 배우는 대학교는 서울에 있습니다.

18-05 **Voy a visitar la casa en la que viven mis padres.**
(나는) 나의 부모님이 사시는 집을 방문할 것입니다.

18-06 **Me gusta mucho la actriz a la que tú conoces.**
나는 네가 아는 그 여배우를 무척 좋아해.

18-07 **Visito a mi amiga, quien está enferma.**
(나는) 나의 친구를 방문하는데, 그 친구는 아픕니다.

18-08 **Visito a mi amiga, quien está enferma.**
(나는) 나의 친구를 방문하는데, 그 친구는 아픕니다.

18-09 **Visito a mi amiga que está enferma.**
(나는) 나의 아픈 친구를 방문합니다.

18-10 **Esa alumna con quien estudio español es argentina.**
내가 같이 스페인어를 공부하는 그 학생은 아르헨티나 사람입니다.

18-11 **Quien habla mucho sabe poco.**
말이 많은 사람은 아는 게 적다. (빈 수레가 요란하다.)

18-12 **A quien madruga, Dios le ayuda.**
일찍 일어나는 사람, 그 사람을 신이 돕는다.

18-13 **Vienen Rosa y Juan, el cual es cubano.**
로사와 후안이 옵니다, 그 중 후안은 쿠바 사람입니다.

18-14 **Vienen Juan y Rosa, la cual va a salir pronto.**
로사와 후안이 옵니다, 그 중 로사는 곧 갈 것입니다.

18-15 **Es la hora cuando tenemos que terminar la clase.**
우리가 수업을 끝내야 할 시간입니다.

18-16 **En el momento cuando duermen todos no tenemos que tocar el piano.**
모든 사람들이 잠든 시간에는 피아노를 치면 안 됩니다.

18-17 **Me gusta la primavera cuando florece.**
나는 꽃이 피는 봄이 좋습니다.

18-18 **Es muy impresionante este momento cuando sale el primer sol del año.**
새해의 첫 해가 떠오르는 이 순간은 매우 감동적입니다.

18-19 **Esta es la universidad donde yo estudio.**
이곳이 내가 공부하는 대학입니다.

18-20 **El museo donde estamos ahora es muy famoso.**
우리가 지금 찾은 이 박물관은 아주 유명합니다.

18-21 **Recuerdo todos los sitios.**
모든 곳들을 기억합니다.

18-22 **Voy a todos los sitios.**
모든 곳들을 가봅니다.

18-23 **Recuerdo todos los sitios a donde voy.**
(나는) 가본 곳들을 모두 기억합니다.

18-24 **La universidad (en) donde estudio es muy moderna.**
(내가) 공부하는 대학은 매우 현대적입니다.

18-25 **Voy a visitar la casa en la que viven mis padres.**
(나는) 부모님이 계시는 집을 방문할 것입니다.

Capítulo 19
스페인어 지시대명사와 부사구
Me gusta ésta.
나는 이것이 좋습니다.

19-01 **Me gusta ésta.**
나는 이것이 좋습니다.

19-02 **¿Qué es esto?**
이것은 무엇입니까?

19-03 **Ésas son de Juan.**
그것들은 후안의 것입니다.

19-04 **Ella no lo tiene.**
그녀는 그것을 가지고 있지 않습니다.

19-05 **Este coche es un Hyundai. Pero, aquél es un Kia.**
이 자동차는 현대차입니다.
그러나 저것은 기아차입니다.

19-06 **Éste es mi amigo y aquél es mi primo.**
이쪽은 나의 친구이고, 저쪽은 나의 사촌입니다.

19-07 **Esa niña habla bien el español.**
그 소녀는 스페인어를 잘 합니다.

19-08 **Nos levantamos temprano.**
우리는 일찍 일어납니다.

19-09 **Ese cantante canta muy bien.**
그 가수는 노래를 매우 잘 부릅니다.

19-10 **Ella anda demasiado rápido.**
그녀는 너무 빨리 걷습니다.

19-11 **Tu hermana es muy guapa.**
너의 누나는 아주 예쁘다.

19-12 **El examen es demasiado difícil.**
시험이 너무 어렵습니다.

19-13 **Política y económicamente, tenemos dificultad.**
정치와 경제적으로 곤란을 겪고 있습니다.

19-14 **Ella habla clara y firmemente.**
그녀는 천천히 그리고 단호하게 말합니다.

19-15 **Los alumnos charlan con alegría.**
학생들이 쾌활하게 담소합니다.

19-16 **El ladrón huye con rapidez.**
도둑이 재빨리 달아납니다.

19-17 **Me acuesto muy temprano a veces.**
나는 가끔 아주 일찍 잡니다.

19-18 **Los trenes llegan a tiempo.**
기차들은 정시에 도착합니다.

19-19 **Estudio todo el día para el examen.**
(나는) 하루 종일 시험을 위해 공부합니다.

19-20 **Vamos a la piscina a pie.**
(우리는) 수영장에 걸어서 갑니다.

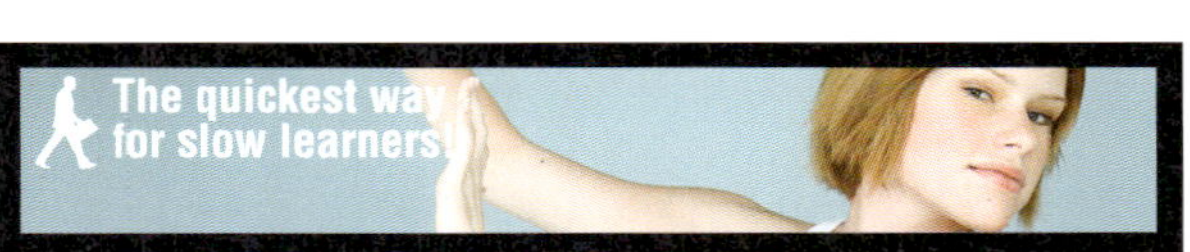

Capítulo 20
스페인어 회화능력 폭발, 동사구!
¿Puedes ayudarme?
(나) 좀 도와줄 수 있니?

20-01 **¿Puedes ayudarme?**
나 좀 도와줄 수 있니?

20-02 **Yo puedo realizar ese plan.**
나는 그 계획을 실현할 수 있습니다.

20-03 **Ellos pueden hablar español.**
그들은 스페인어를 할 수 있습니다.

20-04 **No podemos aparcar el coche aquí.**
우리는 여기에 차를 세울 수 없습니다.

20-05 **Debemos llegar a la estación a tiempo.**
(우리는) 역에 정시에 도착해야 합니다.

20-06 **Debes aparcar el coche en el aparcamiento.**
(너는) 차를 주차장에 주차해야 해.

20-07 **Vosotros debéis presentar la tarea hasta el viernes.**
너희들은 금요일까지 과제 제출해야 한다.

20-08 **Ellas deben regresar a casa hasta las once.**
그녀들은 열한 시까지 집에 돌아가야 합니다.

20-09 **¿Quieres ir al mar o a la montaña?**
(너는) 바다로 가고 싶니, 또는 산으로 가고 싶니?

20-10 **Quiero conocer España y América Latina.**
(나는) 스페인과 라틴아메리카에 가보고 싶습니다.

20-11 **Él siempre quiere ir al cine con ella.**
그 남자는 늘 그 여자와 극장에 가고 싶어 합니다.

20-12 **Ese muchacho quiere ser futbolista.**
그 소년은 축구선수가 되고 싶어 합니다.

20-13 **Esos dos hombres comienzan a pelear.**
그 두 남자가 싸우기 시작합니다.

20-14 **El bebé empieza a llorar.**
아기가 울기 시작합니다.

20-15 **La pianista empieza a tocar el piano.**
피아니스트가 피아노를 치기 시작합니다.

20-16 **La máquina comienza a funcionar.**
기계가 작동하기 시작합니다.

The quickest way for slow learners!

Capítulo 21
스페인어의 현재분사!
¿Qué están haciendo ustedes?
당신들은 뭘 하고 계십니까?

21-01 **Ella canta tocando el piano.**
그녀는 피아노를 치면서 노래합니다.

21-02 **Mi mamá descansa viendo la telenovela.**
나의 엄마는 연속극을 보면서 쉽니다.

21-03 **Las chicas disfrutan en la playa tomando el sol.**
소녀들이 해변에서 일광욕을 하면서 즐깁니다.

21-04 **Los adolescentes estudian escuchando la música.**
청소년들은 음악을 들으면서 공부합니다.

21-05 **Por la mañana, mi padre toma un café leyendo el periódico.**
아침에 나의 아버지는 신문을 읽으면서 커피를 마십니다.

21-06 **La secretaria habla por teléfono tomando notas.**
비서가 메모를 하면서 전화통화를 합니다.

21-07 **Ella hace ejercicio comiendo algo.**
그녀는 뭔가를 먹으면서 운동을 합니다.

21-08 **¿Qué están haciendo ustedes?**
당신들은 뭘 하고 계십니까?

21-09 **Estamos hablando sobre la situación económica actual.**
(우리는) 현 경제상황에 대해 이야기하는 중입니다.

21-10 **Los diputados están discutiendo en la Asamblea General.**
국회의원들이 의회에서 논쟁을 벌이고 있습니다.

21-11 **Los jóvenes están bebiendo cerveza en el bar después del examen.**
젊은이들이 시험을 끝내고 바에서 맥주를 마시고 있다.

21-12 **La autora está escribiendo su nueva novela.**
그 여류작가는 그녀의 새 소설을 쓰고 있습니다.

21-13 **Los aviones están preparando el despegue del aeropuerto.**
비행기들이 공항으로부터의 이륙을 준비 중입니다.

21-14 **Don Quijote va caminando hacia el molino.**
돈키호테는 풍차를 향해 계속 걸어가고 있습니다.

21-15 **Va anocheciendo muy rápido.**
아주 빨리 밤이 되어가고 있습니다.

21-16 **No podemos salir. Sigue lloviendo.**
외출할 수 없습니다. 계속 비가 옵니다.

21-17 **Mis abuelos siguen teniendo muy buena salud.**
우리 조부모님께서는 계속해서 아주 좋은 건강상태를 유지하고 계십니다.

21-18 **Ellos continúan estudiando español.**
그들은 계속해서 스페인어를 공부하고 있습니다.

21-19 **¿Continúas trabajando? ¡Ya son las nueve de la noche!**
계속 일하는 중이야? 벌써 밤 아홉신데!

21-20 **Llevo 12 años viviendo aquí en Seúl con mi familia.**
(나는) 여기 서울에서 가족과 함께 12년째 살고 있습니다.

21-21 **Mi hermano lleva 5 meses trabajando en México.**
나의 동생은 멕시코에서 5개월째 일하고 있습니다.

Capítulo 22
스페인어의 비교급!
Yo soy más bonita que aquella actriz.
내가 저 여배우보다 더 예뻐요.

22-01 **Yo soy más bonita que aquella actriz.**
내가 저 여배우보다 더 예쁩니다.

22-02 **Ella es más alta que yo, pero soy más pesada que ella.**
그녀가 나보다 키가 크지만, 무게는 내가 더 나갑니다.

22-03 **Tengo más libros que él.**
(나는) 그보다 더 많은 책을 가지고 있습니다.

22-04 **Él es millonario, así que tiene más dinero que yo.**
그는 백만장자다, 그래서 나보다 돈이 더 많습니다.

22-05 **Ese jugador corre más rápido que yo.**
그 선수는 나보다 더 빨리 뜁니다.

22-06 **Mi mamá siempre se levanta más temprano que mi papá.**
우리 엄마는 아버지보다 늘 더 일찍 일어납니다.

22-07 **Corea es menos grande que España.**
한국은 스페인보다 덜 큽니다.

22-08 **Esta bufanda es menos cara que aquella.**
이 스카프는 저것보다 덜 비쌉니다.

22-09 **Yo bebo menos agua que mi amigo.**
나는 내 친구보다 물을 덜 마십니다.

22-10 **Ella gasta menos dinero que yo.**
그녀는 나보다 돈을 덜 씁니다.

22-11 **Yo estudio menos que mi compañera.**
나는 내 친구보다 공부를 덜 합니다.

22-12 **Mi mamá duerme menos que yo.**
우리 엄마는 나보다 잠을 덜 잡니다.

22-13 **En esa reunión van a participar más de treinta personas.**
그 회의에는 30명 이상이 참여할 것입니다.

22-14 **En el bolsillo, tengo menos de 20,000 wones.**
내 주머니에는 2만원도 없습니다.

22-15 **Mi coche no tiene tanto espacio como el suyo.**
내 차는 그의 차만큼의 공간이 없습니다.

22-16 **No tengo tanta fama como ella.**
나는 그녀만큼의 명성을 갖고 있지 못합니다.

22-17 장동건 **es tan alto como** 조인성.
장동건은 조인성만큼 큽니다.

22-18 김태희 **es tan guapa como yo.**
김태희는 나만큼 예쁩니다.

22-19 **Mi hijo corre tan rápido como mi esposo.**
내 아들은 내 남편만큼 빨리 뜁니다.

22-20 **Ella me recibe tan calurosamente como su hija.**
그녀는 그녀의 딸만큼 따뜻하게 나를 맞이합니다.

22-21 **Carlos es el más inteligente en esta clase.**
까를로스는 우리 반에서 가장 총명합니다.

22-22 **Este edificio es el más moderno de todos.**
이 건물이 모든 건물들 중에서 가장 모던합니다.

22-23 **Rodríguez es el empleado más trabajador entre todos.**
로드리게스는 모든 직원들 중 가장 열심히 일하는 직원입니다.

22-24 **Seúl es la ciudad más populosa en Corea.**
서울은 대한민국에서 가장 인구가 많은 도시입니다.

The quickest way for slow learners!

Capítulo 23

스페인어의 현재완료와 수동태!

¿Ya has terminado toda la tarea?

(너) 벌써 과제를 다 한 거야?

23-01 **Esa habitación bien ordenada es la mía.**
잘 정돈된 그 방은 내 방입니다.

23-02 **Esa cantante es una persona muy abierta y simpática.**
그 가수는 매우 열려있고 호감이 가는 사람입니다.

23-03 **Mi jefe está satisfecho de los resultados del proyecto.**
우리 상사는 프로젝트의 결과에 만족해합니다.

23-04 **Hace tres minutos ha partido el tren. El tren ha partido hace tres minutos.**
기차가 3분 전에 떠났습니다.

23-05 **Hemos estado en Madrid.**
(우리는) 마드리드에 다녀왔습니다.

23-06 **Han estado de pie desde las dos.**
(그들은) 2시부터 계속 서 있는 중입니다.

23-07 **Esta tarde he estado en el Museo Nacional del Prado.**
(나는) 오늘 오후에 프라도 박물관에 있었습니다.

23-08 **¿Ya has terminado toda la tarea?**
(너) 벌써 과제를 다 한 거야?

23-09 **Hoy hemos visto a esa actriz en el Festival de Cine de Jeonju.**
오늘 전주영화제에서 그 여배우를 보았습니다.

23-10 **El viento cierra la puerta.**
바람이 문을 닫습니다.

23-11 **La puerta es cerrada por el viento.**
문이 바람에 의해 닫힙니다.

23-12 **Un alumno lleva los libros.**
한 학생이 책들을 옮깁니다.

23-13 **Los libros son llevados por un alumno.**
책들은 한 학생에 의해 옮겨집니다.

23-14 **El florero está roto.**
꽃병이 깨져있습니다.

23-15 **La fiesta está bien preparada.**
파티는 잘 준비되어 있습니다.

23-16 **La calle está cortada.**
길이 끊겨 있습니다.

23-17 **El horario está apretado.**
스케줄이 꽉 차 있습니다.

Capítulo 24
스페인어의 '동사 + 명사' 관용구와 가정문!
¿Quieres tomar el almuerzo conmigo?
나랑 점심 할래?

24-01 **Esa comida extraña les da (un) asco.**
그들에게는 그 이상한 음식이 역겹습니다.

24-02 **Me gusta mucho dar un paseo por la playa con mi marido.**
나는 남편과 해변을 산책하는 걸 무척 좋아합니다.

24-03 **Me da vergüenza hablar mal de él.**
그의 험담을 하는 것이 (나는) 부끄럽습니다.

24-04 **Antes de partir, tenemos que hacer la maleta.**
출발 전에 가방을 꾸려야만 합니다.

24-05 **Estoy haciendo un gran esfuerzo por conseguir un empleo.**
(나는) 일자리를 얻기 위해 열심히 노력하고 있습니다.

24-06 **Vamos a hacer un viaje este fin de semana por la Isla de Jeju.**
(우리는) 이번 주말에 제주도로 여행을 가려고 합니다.

24-07 **Después de hacer ejercicio, tengo dolor de agujetas.**
(나는) 운동을 하고 나서 근육이 아픕니다.

24-08 **Tengo prisa por llegar a la estación a tiempo.**
(나는) 정시에 역에 도착하려고 서두릅니다.

24-09 **Tengo ganas de tomar unas cañas.**
(나는) 생맥주 한 잔을 하고 싶습니다.

24-10 **Ahora, pueden tomar asiento.**
이제 (여러분들은) 앉으셔도 됩니다.

24-11 **¿Quieres tomar el almuerzo conmigo?**
(너) 나랑 점심 할래?

24-12 **El gobierno tiene que tomar medidas urgentes contra este asunto.**
정부는 이 사안에 대항할 시급한 조치를 취해야만 합니다.

24-13 **No me gustan los artículos de moda. Prefiero lo antiguo.**
나는 유행하는 상품은 좋아하지 않는다. 오래된 것이 좋다.

24-14 **Tenemos que preparar todo lo necesario.**
(우리는) 필요한 것을 모두 준비해야 합니다.

24-15 **He perdido a un amigo en un accidente.**
(나는) 친구를 사고로 잃었습니다.

24-16 **Lo siento.**
그것 유감입니다.

24-17 **¿Sabes dónde están mis llaves?**
(너는) 내 열쇠들이 어디 있는지 아니?

24-18 **No. No lo sé.**
아니. 그건 모르겠는 걸.

24-19 **Todavía no puedo entender lo de ayer.**
(나는) 아직도 어제의 그 일을 이해할 수 없습니다.

24-20 **Es inaceptable lo de ahora.**
지금의 이 일을 받아들일 수가 없습니다.

24-21 **Como tú sabes, ella toma lo de siempre.**
너도 알다시피, 그 여자는 언제나 그것을 마신다.

24-22 **Si quieres salir de aquí, voy a permitirlo.**
(네가) 지금 여기에서 나가고 싶다면, 내가 그 일을 허락해줄게.

24-23 **Si llueve mañana, no podemos hacer una excursión.**
내일 비가 오면, 야유회는 갈 수 없습니다.

24-24 **Si tú vas a España, puedes experimentar la auténtica cultura española.**
네가 만일 스페인에 간다면,
진정한 스페인 문화를 경험할 수 있을 거야.

Capítulo 25
스페인어의 시제 (단순과거)
Al ver la película yo lloré.
영화를 보면서 나는 울었습니다.

25-01 **Las chicas dieron un paseo en la playa.**
소녀들은 해변에서 산책을 했습니다.

25-02 **Mis primas cantaron tocando el piano.**
나의 사촌들은 피아노를 치며 노래를 불렀습니다.

25-03 **Al ver la película yo lloré.**
영화를 보면서 나는 울었습니다.

25-04 **El chofer no quiso conducir el coche por la noche.**
그 운전기사는 밤에 운전하고 싶지 않았습니다.

25-05 **¿Qué te trajo ese hombre con gabardina?**
레인코트를 입은 그 남자가 네게 무엇을 가져왔니?

25-06 **Ellos leyeron el periódico en voz alta.**
그들은 신문을 큰 소리로 읽었습니다.

25-07 **Ella vivió cinco meses en Barcelona.**
그 여자는 바르셀로나에서 5개월간 살았습니다.

25-08 **Mi mamá trabajó en Samsung durante dos años.**
나의 엄마는 삼성에서 2년간 일했습니다.

25-09 **Las chicas estudiaron en la Ciberuniversidad Hankuk por 4 años.**
여학생들은 사이버한국외대에서 4년간 공부했습니다.

25-10 **Mi abuelo fumó durante 30 años.**
나의 할아버지는 30년 동안이나 흡연했습니다.

25-11 **Buscaron a su hijo perdido durante 3 años.**
그들은 잃어버린 아들을 3년간 찾았습니다.

25-12 **Visitó tres países durante 10 días.**
(그는) 10일 동안 3개국을 돌았습니다.

25-13 **Compramos una camisa para mi mamá.**
(우리는) 엄마를 위해 셔츠를 하나 샀습니다. (단순과거)

25-14 **Esta tarde hemos comprado una camisa para mi mamá.**
(우리는) 오늘 오후에 엄마에게 드릴 셔츠를
하나 샀습니다.

25-15 **La ceremonia de inauguración terminó a las once y media.**
개막식은 11:30에 끝났습니다.

25-16 **Todavía no ha terminado la ceremonia de inauguración.**
아직은 개막식이 끝나지 않았습니다.

25-17 **Murió el Papa.**
교황께서 승하하셨습니다.

25-18 **Ha muerto el Papa.**
교황께서 승하하셨습니다.

25-19 **Ya partió el tren para Pusan.**
부산행 열차가 벌써 출발했습니다.

25-20 **Ya ha partido el tren para Pusan.**
부산행 열차가 벌써 출발했습니다.

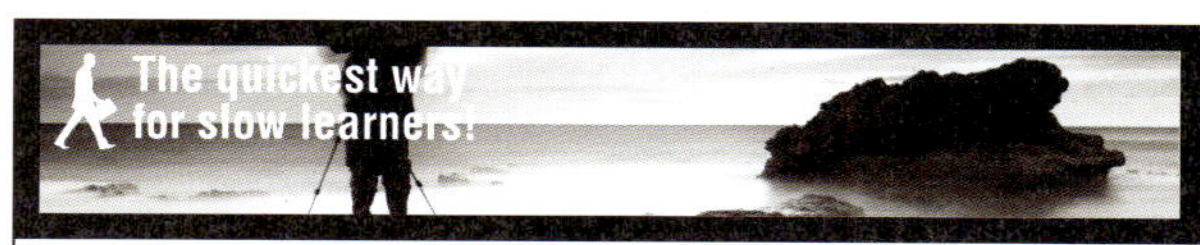

Capítulo 26
스페인어의 시제 (불완료과거)
Cuando era pequeña, tenía muchos amigos.
나는 어렸을 때 친구가 많았습니다.

26-01 **Ayer yo estudiaba español durante todo el día.**
나는 어제 하루 종일 스페인어 공부를 하고 있었다.

26-02 **En aquel entonces, nosotros éramos demasiado jóvenes.**
그 당시, 우리는 너무 젊었다.

26-03 **Cuando yo era pequeña, tenía muchos amigos.**
나는 어렸을 때 친구가 많았다.

26-04 **En ese momento yo comía con mis amigos en un restaurante italiano.**
그 시각에 나는 친구들과 함께 이탈리아 식당에서 식사 중이었다.

26-05 **Los niños jugaban al fútbol en ese campo de deportes.**
아이들은 그 운동장에서 축구를 하곤 했습니다.

26-06 **Durante la adolescencia, yo enojaba mucho a mi madre.**
사춘기에 나는 어머니한테 매우 짜증을 내곤 했습니다.

26-07 **Durante un descanso, los estudiantes iban al café.**
휴식시간에 학생들은 카페로 가곤 했습니다.

26-08 **Ella iba a pie hasta la universidad para bajar de peso.**
그녀는 체중을 줄이기 위해 학교까지 걸어가곤 했습니다.

26-09 **Eran las seis y media de la tarde.**
오후 여섯 시 반이었다.

26-10 **Hacía mucho frío y empezaba a caer aguanieve.**
날씨는 매우 추웠고, 진눈깨비가 떨어지기 시작했다.

26-11 **Las carreteras estaban llenas de coches.**
도로는 온통 자동차로 장사진을 이루고 있었다.

26-12 **En la acera, mucha gente caminaba con paraguas.**
인도에서는 많은 사람들이 우산을 들고 걸어가고 있었다.

26-13 **Estuvimos por dos meses en Barcelona.**
(우리는) 두 달 동안 바르셀로나에 있었습니다.

26-14 **Mientras estábamos en Barcelona, aprendimos español en una academia.**
(우리는) 바르셀로나에 있는 동안 한 어학원에서 스페인어를 배웠습니다.

26-15 **Ese director de reparto consiguió un hombre muy talentoso.**
그 캐스팅 디렉터는 매우 재능 있는 남자를 찾았습니다.

26-16 **Ese director de reparto conseguía (los) hombres muy talentosos.**
그 캐스팅 디렉터는 매우 재능 있는 사람들을 찾아내곤 했습니다.

26-17 **El tráfico en la ciudad fue un problema muy grave.**
도시 교통 문제는 매우 심각했습니다.

26-18 **El tráfico en la ciudad cada vez era peor.**
도시 교통난이 갈수록 심각해지고 있었다.

26-19 **Cuando me llamó por teléfono mi mamá, yo veía la tele.**
엄마가 나에게 전화하셨을 때, 나는 TV를 보고 있었습니다.

26-20 **Cuando caminaba pensando en ella, de repente ella apareció.**
(내가) 그녀 생각을 하며 길을 걷고 있는데, 갑자기 그녀가 나타났습니다.

Capítulo 27

스페인어의 시제 (과거완료 & 직전과거)

Cuando llegué, mi jefe ya había salido del trabajo.

내가 도착했을 때, 나의 상사는 이미 퇴근했습니다.

27-01 **Cuando llegué a su casa, ella ya había partido para el aeropuerto.**
(내가) 그녀의 집에 도착했을 때,
그녀는 이미 공항으로 떠난 뒤였습니다.

27-02 **En aquel entonces, ya había enfriado su amor.**
그 당시에 이미 그의 사랑이 식어버렸다.

27-03 **Ya habían comido cuando su hijo les invitó a la comida.**
아들이 식사에 초대했을 때,
그들은 이미 식사를 마쳤습니다.

27-04 **Cuando llegué, mi jefe ya había salido del trabajo.**
내가 도착했을 때, 나의 상사는 이미 퇴근했습니다.

27-05 **Cuando se despertó, ya había salido el sol.**
그가 잠에서 깨었을 때는 이미 해가 뜬 뒤였습니다.

27-06 **A esa hora, ya me había recuperado completamente.**
그 시각에 나는 이미 완전히 회복했습니다.

27-07 **Tan pronto como él hubo subido, el tren partió.**
그가 올라타자마자 기차가 출발했습니다.

27-08 **Tan pronto como se hubo graduado de la universidad, él consiguió un buen trabajo.**
대학교를 졸업하자마자 그는 좋은 직장을 구했습니다.

27-09 **En cuanto hubo regresado a casa, él se acostó.**
집으로 돌아오자마자 그는 잠자리에 들었습니다.

27-10 **En cuanto se hubo acostado, él empezó a roncar.**
그는 눕자마자 코를 골기 시작했습니다.

27-11 **No tengo duda sobre su implicación.**
나는 그의 연루 사실에 대해 의심치 않습니다.

27-12 **Nadie va a esperarnos en la estación.**
아무도 역에서 우리를 기다리지 않을 것입니다.

27-13 **No hay nadie en este castillo abandonado.**
이 버려진 성에는 아무도 없습니다.

27-14 **Nosotras no salimos nunca por la noche.**
우리는 밤에 절대로 외출하지 않습니다.

27-15 **Las actrices comieron poco para bajar de peso.**
여배우들은 체중감소를 위해
거의 아무 것도 먹지 않았습니다.

27-16 **En mi saco tenía un poco de vino.**
내 자루 속에 약간의 포도주가 들어 있었다.

27-17 **El hombre es demasiado viejo para hacer ese tipo de trabajo.**
그 남자는 너무 나이 들어서
그런 종류의 일을 할 수 없습니다.

27-18 **Esa tarea era demasiado complicada para terminar solo en un día.**
그 과제는 너무 복잡해서
하루 만에 끝낼 수 없었습니다.

27-19 **Ella apenas habló con las personas de la misma mesa.**
그 여자는 같은 테이블 사람들과
거의 아무 말도 하지 않았습니다.

27-20 **Después de despedirse de su novia, apenas piensa en ella.**
그는 여자 친구와 헤어진 뒤
그녀 생각을 거의 하지 않습니다.

Capítulo 28

스페인어의 접속사 1. (등위접속사)

¿Vas a adaptarte o tirar la toalla?

(너) 적응할래, 아니면 포기할래?

28-01 **el español y el francés**
스페인어와 프랑스어

28-02 **Nosotros somos coreanos y vosotros sois mexicanos.**
우리는 한국인이고, 너희들은 멕시코인이다.

28-03 **Tengo dos libros y un cuaderno.**
나는 책 두 권과 공책 한 권을 가지고 있습니다.

28-04 **Aprender español es difícil pero es muy interesante.**
스페인어를 배우는 것은 어렵지만 아주 재미있습니다.

28-05 **En el pasado él fue autor, pero hoy en día no escribe.**
과거에 그는 작가였으나, 요즘은 글을 쓰지 않습니다.

28-06 **Lo siento mucho, pero ya no tenemos las entradas.**
정말 죄송합니다만, 이제 입장권이 없습니다.

28-07 **¿Vas a adaptarte o tirar la toalla?**
(너) 적응할래, 아니면 포기할래?

28-08 **¿Cuál es tu portamonedas? ¿El rojo o el negro?**
어떤 게 네 지갑이니? 빨간색 아니면 검정색?

28-09 **He llegado muy tarde porque hubo tráfico en el centro.**
(나는) 시내에 교통체증이 심해서 늦게 도착했습니다.

28-10 **Este fin de semana no puedo ir al cine porque tengo examen.**
이번 주말에는 시험이 있어서 극장에 갈 수 없습니다.

28-11 **Él estudió mucho. Por consiguiente consiguió un buen trabajo.**
그는 열심히 공부했습니다.
그래서 (그는) 좋은 일자리를 얻었습니다.

28-12 **Ha terminado la guerra. Por lo tanto, todo el mundo se calma.**
전쟁이 끝났습니다.
그래서 세상 모든 사람들이 안정됩니다.

28-13 **Aunque no tengo bastante tiempo, voy a ir al concierto.**
비록 시간이 많지는 않지만,
그래도 (나는) 콘서트에 갈 것입니다.

28-14 **Aunque soy una chica, puedo mover esa caja bastante pesada.**
제가 어린 소녀이기는 하지만 저 꽤나 무거운 상자를 옮길 수 있습니다.

28-15 **Como depende de la importación, esa fruta cuesta mucho.**
수입에 의존하기 때문에 그 과일은 값이 비쌉니다.

28-16 **Como no tengo hambre, no voy a comer nada.**
배가 고프지 않기 때문에 (나는) 아무것도 안 먹을 생각입니다.

28-17 **Tengo mucho tiempo. No obstante, no quiero estudiar.**
(나는) 시간이 많습니다. 그럼에도 불구하고 공부를 하고 싶지는 않습니다.

28-18 **Hace mucho frío. No obstante, tenemos que ir.**
날씨가 많이 춥습니다.
그럼에도 불구하고 (우리는) 가야합니다.

28-19 **No lo hice yo, sino ella.**
그건 내가 한 게 아니라, 그녀가 한 겁니다.

28-20 **Él no es autor, sino pintor.**
그는 작가가 아니고, 화가입니다.

28-21 **No quiero quedarme aquí ni marcharme.**
(나는) 이곳에 머물고 싶지도 않고,
떠나고 싶지도 않습니다.

28-22 **¿La causa? No la sé ni me interesa.**
이유요? 알지도 못하고, 관심도 없습니다.

Capítulo 29

스페인어의 접속사 2. (종속접속사)

Ella me pregunta si yo la conozco.

그녀는 나에게 내가 그녀를 아는지 묻습니다.

29-01 **Mi papá me dice que su hermano va a visitarnos en junio.**
나의 아빠는 나에게 삼촌이 6월에 우리를 방문하실 거라고 말씀하신다.

29-02 **Sabemos que él es un cantante muy famoso.**
(우리는) 그가 아주 유명한 가수라는 것을 압니다.

29-03 **Estoy segura de que Ud. va a participar en esa reunión.**
(나는) 당신이 그 회의에 참석하시리라 믿습니다.

29-04 **Creo que entre estos el celular de mejor calidad es el de Corea.**
(나는) 이것들 중에서 최고급 휴대폰은 한국산이라고 생각합니다.

29-05 **No sé si ellos son de Argentina.**
그들이 아르헨티나 사람인지는 잘 모르겠습니다.

29-06 **Te pregunto si vas a venir o no.**
너에게 올 건지 말 건지를 묻는 거야.

29-07 **Quiero saber si vamos de excursión al campo.**
(나는 우리가) 야외로 소풍을 갈 것인지 알고 싶습니다.

29-08 **Ella me pregunta si yo la conozco.**
그녀는 나에게 내가 그녀를 아는지 묻습니다.

29-09 **Al terminar la clase, los estudiantes empiezan a charlar.**
수업이 끝나자 학생들이 잡담을 시작합니다.

29-10 **Al salir el primer sol del año, todos exclaman de admiración.**
새해 첫 태양이 떠오르자, 모두들 감탄사를 외칩니다.

29-11 **Al verlo muy enojado, nosotros no hablamos ni una palabra.**
그가 매우 화난 것을 보고, 우리는 말 한 마디 하지 않습니다.

29-12 **Al escuchar la música, ella sube el volumen del tocadiscos.**
음악을 들을 때, 그녀는 오디오 볼륨을 높입니다.

29-13 **De terminarlo, voy a decírselo a usted.**
그것을 끝내면 당신에게 그 사실을 말씀드리겠습니다.

29-14 **De seguir llegando tarde, voy a despedirlo.**
계속 지각하면 그를 해고할 것입니다.

29-15 **De ser egoísta y caprichoso, va a perder a todos los amigos.**
이기적이고 변덕스러우면 친구들을 모두 잃게 될 것입니다.

29-16 **De no cumplir las reglas, toda la ciudad puede ser desordenada.**
규칙을 지키지 않으면 도시 전체가 무질서하게 될 수도 있습니다.

29-17 **Con arrepentirse, no puede recuperar la situación.**
후회해도 사태를 돌이킬 수는 없습니다.

29-18 **Con pasar mucho tiempo en la biblioteca, si no se concentran, no sirve para nada.**
도서관에 아무리 오래 있는다고 해도, 집중하지 않으면 아무런 소용없습니다.

Capítulo 30

스페인어 **se** 의 다양한 용법들

Se vendió el coche hace 3 días.

자동차는 3일 전에 팔렸습니다.

30-01 **Se abrió la puerta.**
그 문이 열렸습니다.

30-02 **Se construyeron estos hermosos chalés.**
이 아름다운 별장들이 건축되었습니다.

30-03 **Se vendió el coche hace 3 días.**
자동차는 3일 전에 팔렸습니다.

30-04 **En esta librería se venden muchos libros.**
이 서점에서는 책이 많이 팔립니다.

30-05 **Al fin se realizó mi sueño.**
마침내 나의 꿈이 이루어졌습니다.

30-06 **Se aceptaron mis opiniones.**
나의 의견이 수용되었습니다.

30-07 **Se habla español en España y en muchos países hispanoamericanos.**
스페인과 라틴아메리카 많은 나라에서 스페인어를 씁니다.

30-08 **Se come Kimchi no solo en Corea sino también en varios lugares del mundo.**
한국뿐 아니라 전 세계 각지에서 김치를 먹습니다.

30-09 **Se dice que este edificio es demasiado antiguo.**
사람들은 이 건물이 너무 낡았다고 말합니다.

30-10 **Se cree que el precio del oro va a seguir subiendo.**
사람들은 금값이 계속 오를 거라고 생각합니다.

30-11 **Se mantuvo con vida por un mes bebiendo solo un trago de agua.**
사람들은 1개월 동안 겨우 물 한 모금씩 마시면서 생명을 유지했습니다.

30-12 **Se sabe que ese rumor es falso.**
모두 그 소문이 헛소문이라는 것을 알고 있습니다.

30-13 **Los dos niños siempre se pegan (el uno al otro).**
두 아이는 늘 서로 싸웁니다.

30-14 **Esos dos jóvenes se aman profundamente.**
그 두 젊은이는 서로 깊이 사랑합니다.

30-15 **Las dos Coreas se comunicaron a través del teléfono rojo.**
남북한은 핫라인을 통해 서로 소통했다.

30-16 **Los dos señores se respetan mutuamente.**
그 두 분은 서로서로 존경합니다.

30-17 **Nuestras dos empresas se van a ayudar recíprocamente.**
우리 두 회사는 상호 지원해 나갈 것입니다.

30-18 **El marido y la mujer se criticaban mucho antes de divorciarse.**
남편과 아내는 이혼 전에 서로 심하게 비난했었다.

30-19 **Se me cayó el lápiz.**
연필이 떨어졌다.

30-20 **No se me ocurre ninguna buena idea.**
그 어떤 좋은 아이디어도 떠오르지 않는다.

30-21 **Se me perdió mi nuevo celular.**
내 새 휴대폰이 없어졌다.

30-22 **Se le perdió todo el dinero que había ahorrado para su vejez.**
노후를 위해 저축해두었던 돈을 모두 잃어버렸다.

30-23 **Se me olvidó traer el libro de lectura.**
강독 책 가져오는 것을 깜빡했다.

30-24 **A mi mamá se le olvidó cerrar la llave del gas.**
나의 엄마는 가스밸브 잠그는 것을 잊으셨다.

30-25 **La hiena se comió toda la carne.**
하이에나가 모든 고기를 먹어치웠다.

30-26 **Mi abuelo se murió repentinamente de un ataque al corazón.**
나의 할아버지가 갑자기 심장마비로 돌아가셨다.

30-27 **Me voy.**
나 간다!

30-28 **¡Vete!**
나가!

Capítulo 31

스페인어의 분사구문과 축소사 · 증대사

**Caminando por la calle,
por casualidad vi a mi primer amor.**
길을 걷다가, 우연히 나의 첫사랑을 보았습니다.

31-01 **Siendo delgado, él es muy fuerte.**
체구는 말랐지만, 그는 매우 힘이 셉니다.

31-02 **Caminando por la calle,
por casualidad vi a mi primer amor.**
길을 걷고 있을 때, 우연히 나의 첫사랑을 보았습니다.

31-03 **Lloviendo mucho,
mi hija no pudo ir de excursión.**
비가 너무 많이 왔기 때문에,
나의 딸은 소풍을 갈 수 없었습니다.

31-04 **Estudiando mucho en esta universidad,
puedes entrar en el posgrado.**
이 대학에서 열심히 공부하면,
대학원에 진학할 수 있습니다.

31-05 **No teniendo mucho dinero,
ellos se comportan como millonarios.**
돈도 많지 않으면서, 그들은 갑부 행세를 합니다.

31-06 **Terminada la clase,
los alumnos no salen de la clase.**
수업이 끝났음에도 불구하고,
학생들은 나가지 않습니다.

31-07 **Terminada la conferencia,
todos los participantes salieron a comer.**
회의가 끝나자,
모든 참가자들이 식사를 하러 나갔다.

31-08 **Agotada toda la energía,
ya no puedo correr más.**
에너지가 완전히 고갈되었기 때문에,
더 이상 뛸 수가 없다.

31-09 **Una vez usado,
el artículo nunca puede ser reembolsado.**
한 번이라도 사용했다면, 본 제품은 환불이 불가합니다.

31-10 **Preparada en un corto tiempo,
la fiesta fue perfecta.**
짧은 시간 동안 준비했을지라도, 파티는 완벽했다.

31-11 **Abro la ventana y espero a
ese pajarillo azul.**
나는 창문을 열고 그 파랑새를 기다립니다.

31-12 **¡Un momentito, por favor!**
잠깐만요!

31-13 **En su habitación hay una mesa y
un sillón muy cómodo.**
그의 방에는 탁자와
정말 편안한 큰 의자가 하나 있습니다.

31-14 **Esa chica es una charlatana.
Así que nunca le diga un secreto.**
걔는 수다쟁이야.
그러니까 절대로 비밀을 말하면 안 돼.

Capítulo 32
스페인어의 시제 (미래와 미래완료)
Tú lo harás para mí.
넌 날 위해 그 일을 할 거야.

32-01 **Nunca hablaré más contigo.**
더 이상은 너랑 말하지 않을 거야.

32-02 **Mañana comeremos en este restaurante italiano.**
내일 우리는 이 이탈리안 식당에서 식사할 것입니다.

32-03 **Mis hijos llegarán mañana por la mañana.**
나의 자녀들은 내일 아침에 도착할 것입니다.

32-04 **Ellas saldrán muy temprano para llegar a tiempo a la reunión.**
그 여자들은 제시간에 회의에 도착하기 위해 아주 일찍 나갈 것입니다.

32-05 **Ese negociante le podrá mostrar un buen coche de segunda mano.**
그 딜러가 좋은 중고차를 보여드릴 수 있을 것입니다.

32-06 **Mi papá está muy cansado, por eso dormirá profundamente.**
나의 아빠는 많이 고단하셔서, 깊이 주무실 것입니다.

32-07 **Los jugadores coreanos ganarán el partido ya que el equipo enemigo es muy débil.**
한국 선수들은 상대팀이 매우 약하기 때문에 경기에 이길 것입니다.

32-08 **En esta temporada tan cálida, no habrá nadie en el parque.**
이렇게 무더운 계절에는 공원에 아무도 없을 것입니다.

32-09 **Mi mamá me echará un sermón.**
나의 엄마는 나에게 잔소리를 하실 것입니다.

32-10 **Aunque ese chico está en la biblioteca, no leerá el libro.**
걔는 몸은 도서관에 있지만 책은 안 볼 거야.

32-11 **Serán las diez de la noche.**
밤 10시일 것입니다.

32-12 **Esa señorita tendrá unos veinticinco años.**
그 아가씨는 대략 25세쯤 되었을 것입니다.

32-13 **Tú lo harás para mí.**
넌 날 위해 그 일을 할 거다. ➔ 해라!

32-14 **En la próxima semana, no llegarás tarde a la clase.**
다음 주에 너는 수업에 늦지 않을 거다. ➔ 늦지 마라!

32-15 **Dejará de fumar por la salud.**
(당신은) 건강 때문에 담배를 끊을 겁니다. ➔ 끊으세요!

32-16 **Durante las vacaciones estarás con tu abuela enferma.**
방학 동안에 너는 편찮으신 할머니와 함께 있어라!

32-17 **Bueno. Ahora me dirás la verdad.**
좋아. 이제 너는 나에게 진실을 말해라!

32-18 **Te callarás y estudiarás la gramática de español.**
너는 입을 다물고 스페인어 문법을 공부해라!

32-19 **A esa hora, el avión ya habrá partido para Madrid.**
그 시각에 마드리드 행 비행기는 이미 출발했을 것입니다.

32-20 **El avión partirá para Madrid.**
마드리드 행 비행기가 출발할 것입니다.

32-21 **El próximo mes mis alumnos habrán leído Don Quijote de La Mancha.**
다음 달이면 나의 학생들은 '돈키호테'를 다 읽었을 것입니다.

32-22 **Mis alumnos leerán Don Quijote de La Mancha.**
나의 학생들은 '돈키호테'를 읽을 것입니다.

32-23 **Ese chico muy listo habrá terminado la tarea antes de las dos.**
매우 영특한 그 아이는 2시가 되기 전에 이미 과제를 끝마쳤을 것입니다.

32-24 **Ese chico muy listo terminará la tarea.**
매우 영특한 그 아이는 과제를 끝마칠 것입니다.

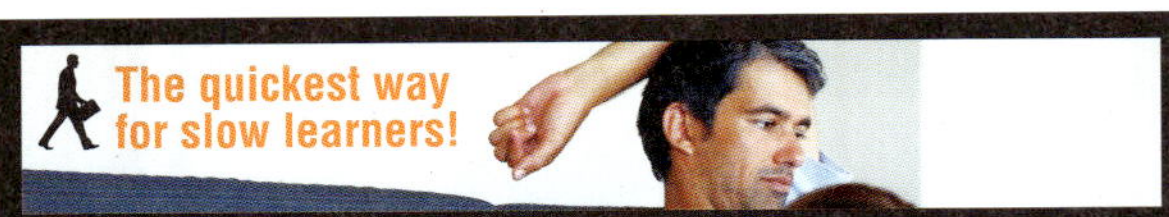

Capítulo 33

스페인어의 관계사 (2)

Tengo algo que hacer.

(나는) 뭔가 할 일이 있습니다.

33-01 **El profesor que me da este libro es mexicano.**
내게 이 책을 준 교수는 멕시코 사람입니다.

33-02 **La universidad en la que aprendo español está en Seúl.**
(내가) 스페인어를 배우는 대학은 서울에 있습니다.

33-03 **Visito a mi amiga, quien es muy simpática.**
(나는) 친구를 방문하는데,
그 친구는 매우 호감이 갑니다.

33-04 **Quien habla mucho sabe poco.**
말이 많은 사람은 아는 게 적다. (=빈 수레가 요란하다.)

33-05 **Vienen Juan y Rosa, la cual va a salir pronto.**
로사와 후안이 오는데, 그들 중 로사는 곧 갈 것입니다.

33-06 **Mi abuela está muy enferma, lo que me da pena.**
나의 할머니가 많이 편찮으신데,
그 사실이 나를 가슴 아프게 만듭니다.

33-07 **Al fin he conseguido el trabajo en Samsung, lo que hace feliz a mis padres.**
마침내 (나는) 삼성에 취직했고,
그 사실이 내 부모님을 행복하게 만듭니다.

33-08 **Cumplí la promesa con mi hijo de ir al parque de atracciones, de lo que mi esposa me elogió mucho.**
(나는) 나의 아들과 놀이공원에 가겠다던 약속을
지켰고, 그 일에 대해 내 아내가 나를 많이
칭찬했습니다.

33-09 **Todavía no sé montar en bicicleta, por lo cual no puedo salir de viaje en bicicleta con mis amigos.**
아직 나는 자전거를 탈 줄 모르는데,
그 때문에 내 친구들과 자전거여행을 갈 수 없습니다.

33-10 **Soy de Corea, cuya historia es de más de 5,000 años.**
나는 한국인이며, 한국의 역사는 반만 년 이상입니다.

33-11 **Aquel profesor enseña el español, cuya nacionalidad no puedo imaginar.**
저 교수는 스페인어를 가르치며,
그의 국적을 나는 짐작할 수가 없습니다.

33-12 **Mis primos están en el teatro cuyo dueño es mi vecino.**
내 사촌들은 극장에 있고,
그곳의 소유자는 나의 이웃입니다.

33-13 **Él es un autor cuya fama es de nivel mundial.**
그는 작가이며, 그의 명성은 세계적인 수준입니다.

33-14 **El hotel en cuyo salón de entrada hay una estatua de Don Quijote es el Hotel Hilton.**
로비에 돈키호테 동상이 서 있는 호텔은
힐튼 호텔입니다.

33-15 **Aquella chica en cuyo pueblo natal yo también nací es mi primer amor.**
저 소녀의 고향에서 나 역시 태어났으며,
그 소녀가 나의 첫사랑입니다.

33-16 **Tengo algo que hacer.**
(나는) 뭔가 할 일이 있습니다.

33-17 **En la nevera no tenemos nada que comer.**
(우리는) 냉장고에 먹을 것이 아무것도 없습니다.

33-18 **No puedo ir al cine porque hoy tengo mucho que hacer.**
(나는) 오늘 해야 할 일이 많아서
극장에 갈 수 없습니다.

33-19 **Tengo poco dinero que gastar.**
(나는) 쓸 돈이 거의 없습니다.

33-20 **Tengo cuatro pantalones que planchar.**
(나는) 다림질할 바지가 4벌 있습니다.

33-21 **Nos quedan unos problemas que resolver.**
우리에게는 풀어야 할 몇 가지 문제가 있습니다.

Capítulo 34
스페인어의 전치사와 전치사구
Te voy a amar para siempre.
난 널 영원히 사랑할 거야.

34-01 **Mi amiga está luchando contra el cáncer de estómago.**
내 친구는 위암으로 투병하고 있습니다.

34-02 **Esta máquina de escribir fue producida en China.**
이 타자기는 중국에서 만들어졌습니다.

34-03 **Voy a contar desde uno hasta tres.**
하나부터 셋까지 셀게.

34-04 **La imagen de la pantalla falló varias veces durante la presentación.**
상영되는 동안 화면의 영상이 여러 차례 나갔습니다.

34-05 **Ellos vinieron a Corea en barco de recreo.**
그들은 유람선을 타고 한국에 왔습니다.

34-06 **Mi marido pone su dinero de emergencia entre las páginas de un libro.**
남편은 비상금을 책 속에 끼워 놓습니다.

34-07 **Todos votaron al mismo candidato excepto tú.**
너 빼고 모두 같은 후보에 투표했어.

34-08 **¡Hijo mío! ¿Para qué lo has hecho?**
얘야! 도대체 무엇을 위해 그런 일을 한 거니?

34-09 **Cuando tengo un poco de tiempo, doy un paseo por el parque.**
시간이 좀 있으면 공원을 산책합니다.

34-10 **Según la ley, cuando violamos las reglas de circulación debemos pagar una multa.**
법에 따라, 교통법규를 위반하면 벌금을 내야합니다.

34-11 **Mi tío ha muerto a causa de un ataque cardiaco.**
나의 삼촌은 심장마비 때문에 돌아가셨습니다.

34-12 **A pesar de la tormenta, no dejaron de rescatar a los sobrevivientes.**
폭풍우에도 불구하고, (사람들은) 생존자 구출을 멈추지 않았습니다.

34-13 **Mi mamá se levanta antes de salir el sol.**
나의 엄마는 해가 뜨기도 전에 일어나신다.

34-14 **Después de cenar, mis padres caminan un poco para la salud.**
저녁식사 후에 부모님은 건강을 위해 좀 걸으십니다.

34-15 **Con motivo de la desaprobación de los padres, los dos se despidieron.**
부모님들의 반대로 두 사람은 헤어졌습니다.

34-16 **De todos modos, voy a partir ahora mismo.**
하여튼, 나는 지금 당장 떠날 것입니다.

34-17 **En general, las mujeres coreanas son finas y elegantes.**
일반적으로 한국여성들은 세련되고 우아합니다.

34-18 **Gracias al sacrificio de mis padres, me he graduado de la universidad.**
부모님의 헌신 덕분에 나는 대학을 졸업했습니다.

34-19 **Te voy a amar para siempre.**
난 널 영원히 사랑할 거야.

34-20 **Ella es una estudiante muy excelente, sobre todo en la conversación.**
그녀는 매우 빼어난 학생,
특히 회화에 뛰어난 학생입니다.

Capítulo 35
스페인어의 숫자 총정리
¿Cuál es tu número de teléfono?
네 전화번호가 뭐니?

35-01 **¿Cuál es tu número de teléfono?**
네 전화번호가 뭐니?

35-02 **Mi número de teléfono es 010-234-5678.**
내 전화번호는 010-234-5678이야.

35-03 **Es el 02-2173-2960.**
02-2173-2960입니다.

35-04 **Hoy es el 11 de septiembre de 2015.**
오늘은 2015년 9월 11일입니다.

35-05 **La Copa Mundial se realizó en 2002 en Corea.**
2002년 월드컵이 한국에서 열렸습니다.

35-06 **¿Cuántos habitantes viven en esta ciudad?**
이 도시에는 주민이 얼마나 삽니까?

35-07 **En esta ciudad viven cuarenta y cinco millones de habitantes.**
이 도시에는 4천5백만의 주민이 살고 있습니다.

35-08 **Deposité diez millones de wones en este banco.**
(나는) 이 은행에 1천만 원을 예치했습니다.

참고 : 제03과 3-4 (37 page) 읽기연습자료 해석

Jaime se llevó la copa a los labios. Su aspecto contrastaba con la vigorosa humanidad de su cliente. La nariz ligeramente aguileña bajo una frente despejada y noble, el cabello blanco pero todavía abundante, las manos finas y cuidadas, transmitían un aire de serena dignidad.

Arturo Pérez-Reverte <El maestro de esgrima>

해석 :

하이메가 술잔을 입술로 가져갔다. 그의 외모는 원기가 넘쳐흐르는 그의 고객들과는 대조를 이룬다. 시원하고 기품 있는 이마선과 그 아래로 자리 잡은 매부리코, 하얗게 샜지만 아직 숱이 풍성한 머리카락, 잘 관리해 온 섬세한 손, 이 모든 것들이 그에게 차분한 품격을 부여하고 있는 것이었다.

P
BUS

Start speaking the second language in minutes!

Aprendo español.

The best and quickest way
to communicate in a new language!
Learn to understand and speak Languages quickly and easily!
+ Pronunciation Guide
+ Basics Grammar
+ Common Expressions